反思性实践
——职后教师教育模块课程研究

胡红梅　著

科 学 出 版 社
北　京

内 容 简 介

课程建设是职后教师教育的核心工作之一。本书针对当前职后教师教育课程的各种问题，从职后教师学习过程与工作过程相统一的角度，借鉴职业教育模块课程的思路，设计了培养“反思性实践者”的课程体系。在课程内容上坚持“阶段式问题导向”，在课程实施上采用“融合式探究导向”，在课程评价上尝试“贯通式发展导向”，为职后教师教育课程开发提供了学术指导。

本书可供幼儿教师、幼儿教育管理者、高校学前教育专业师生及关注幼儿教师专业发展的学者参考和使用。

图书在版编目（CIP）数据

反思性实践：职后教师教育模块课程研究/胡红梅著. —北京：科学出版社，2019.11

ISBN 978-7-03-062806-0

Ⅰ. ①反… Ⅱ. ①胡… Ⅲ. ①教师教育-研究 Ⅳ. ①G65

中国版本图书馆 CIP 数据核字（2019）第 239832 号

责任编辑：王 彦 辛 桐 / 责任校对：陶丽荣
责任印制：吕春珉 / 封面设计：东方人华平面设计部

科学出版社出版
北京东黄城根北街 16 号
邮政编码：100717
http://www.sciencep.com
三河市骏杰印刷有限公司印刷
科学出版社发行 各地新华书店经销
*
2019 年 11 月第 一 版 开本：B5（720×1000）
2019 年 11 月第一次印刷 印张：13
字数：253 000

定价：84.00 元

（如有印装质量问题，我社负责调换〈骏杰〉）
销售部电话 010-62136230 编辑部电话 010-62130750

序

国之大计，教育为本；教育大计，教师为本。中国社会全面进入新时代，教育事业的改革与发展也开启了新的征程。在新时代、新征程的教育改革与发展中，教师的发展成为了教育发展的问题中心。正如习近平总书记在 2018 年 9 月 10 日全国教育大会上提出的“教师是人类灵魂的工程师，是人类文明的传承者，承载着传播知识、传播思想、传播真理，塑造灵魂、塑造生命、塑造新人的时代重任”，在中国，职前教师的发展伴随着师范生教师教育体系的改革而不断发展，并且取得了显著的成效。但是，相比较于师范生的教师教育，职后教师教育和发展却问题丛生。在职后教师教育中，无论是硬件服务与制度安排，还是课程设置与师资队伍，都存在着各种各样的问题，而其中最核心的就是职后教师教育课程的问题。在这样的时代背景下，胡红梅博士运用实证研究的方法，构建了职后教师教育的课程体系，为职后教师教育提供了良好的学术借鉴。本书是胡红梅博士根据其博士学位论文修改而成，也是胡红梅博士多年来在基础教育领域组织和实施职后教师教育的心得体会、经验与智慧的总结，可以说，这是一本有思想、有情怀、有水平的学术专著。

有思想，用理论指导实践的经验升华。胡红梅博士是一个有思想的实践者，就像她书中所说的“反思性实践”，她自己也在引领职后教师发展的过程中不断实践、不断反思。仅仅就本书来说，胡红梅博士借助成人学习理论、模块课程理论以及实践性知识理论，将职后教师学习特征与工作过程相结合，开发了培养“反思性实践者”的职后教师教育模块课程。这样的探索和研究很有思想，也很有见地。特别是她围绕着培养“反思性实践者”的课程目标，设计了“阶段式问题导向”的职后教师教育课程结构，尝试了“融合式探究导向”的职后教师教育课程实施路径以及“贯通式发展导向”的职后教师教育课程评价模式。这是非常有创意、有思想的学术表达，也是充满智慧的学术成果。

有情怀，用心血解决问题的实践探索。胡红梅博士长期在重庆第二师范学院从事教师教育工作，拥有丰富的教师教育经验。本书不仅是她用四年时间写成的 20 万字，更是她在教师教育工作中，用心血去解决问题而得出的实践智慧。本书中有很多颇具新意和大胆的立论，都是她在反复实践中总结出来的切实可行的方法。书中大量丰富的案例、生动的访谈以及入木三分的问题剖析，都是胡红梅博士用心、用情、用智慧去思考问题、分析问题和解决问题之后，而得出的实践智慧和学术结论。因此，这是一本有情怀的著作，是作者用心血探究实践问题的智慧精华。

有水平，用功夫表达故事的学术结晶。尽管胡红梅博士在学业和工作上都有着十分艰巨的任务，但是这并没有影响胡红梅博士对学术严谨、认真的探索。在本书中，胡红梅博士用了大量的量化研究、案例分析，可以说学术方法到位。在逻辑结构上，借助泰勒的课程结构模式，分析了职后教师教育课程的目标、内容、结构、实施与评价，而且在不同的研究内容上，她总能用最精练的语言明确核心观点，组织翔实的论据论证。从历史分析，到现实调查，再到问题解决，整本专著体现了胡红梅博士良好的学术基本功，也体现了她表达学术故事的水平。

人无完人，文无完文。在这样一个系统的、复杂的研究探索中，胡红梅博士的研究也难免存在着一些缺憾。一是对于课程体系的实践效果缺乏体现，仅仅停留在理论建构层次；二是在案例分析上，可能实践案例太多，案例的精细化解读不够。当然，也有其他小的瑕疵。然而，瑕不掩瑜，这依旧是一本成功的，有思想、有情怀、有水平的学术专著，值得教育行业内的人仔细研读！

我也相信，胡红梅博士也会在她后期的学术研究和实践工作中，对这项研究中未做完的工作、未说清楚的问题继续进行深度的探索和研究。我们也希望，借此书为引子，引发更多的教育学者研究职后教师教育的理论与实践问题，为教师的成长和发展，贡献每一个学术人的力量！

朱德全

2018 年 9 月

前　言

中国传统的“师范教育”已经转向现代意义上的“教师教育”，教师培养已经逐渐从“职业型”转变成了“职业生涯型”。因此，“成就每一个教师的职业生涯”是“师范教育可以兴邦”最简单的逻辑。基于对建设高素质教师队伍和实现中国“教育梦”的追问，也是对教师教育“低效率”与“高投入”相悖的忧虑，更是出于个人工作的实践困惑与职后教师教育模块课程研究的理论自觉，本书在职后教师教育模块课程是影响教师教育质量和教师专业发展的重要因素，面向反思实践的职后教师教育模块课程能够把教师培养成“反思性实践者”的基础上，运用多元研究方法对职后教师教育模块课程研究进行了理论探索和实践分析，围绕职后教师教育模块课程研究，致力于把中小学教育教学工作者培养成为“反思性实践者”，从而成就教师的职业生涯。本书在编写上具有以下特点。

第一，理论基础清晰、扎实。本书首先厘清了模块课程、职后教师教育、反思性实践者这三个基本概念，然后从教师实践知识与职后教师教育模块课程研究缘起、职后教师教育模块课程的理念与取向的相关研究、职后教师教育模块课程的内容与结构的相关研究和职后教师教育模块课程的实施与评价的相关研究这四个方面，展开了文献综述，并对文献进行了相关评述。在此基础之上，本书探寻了本研究相关的理论基础，以成人学习理论作为教师生涯发展的动力与支撑，把模块课程理论作为现代学习方式的变革与选择，从“实践”课程理论中寻找面向实践的课程编制法则。

第二，研究方法科学、多元。本书在遵循理论与实践相结合、质性研究与量化研究相统一的基础上，综合运用文献法、问卷调查法、访谈法，研究以往和当前职后教师教育课程的现状，进而论证以往和当前职后教师教育课程与教师的需要不匹配的假设，并力图开发出面向反思实践的职后教师教育的模块课程。具体来说，本研究依托成熟文献和质性访谈，自编了《职后教师教育课程现状调查问卷》，于 2014 年 12 月底，就职后教师教育课程的现状向 20 所中小学的 300 名在职教师发放问卷，同时对部分教师进行深度访谈。在此基础上，研究者从教师需求的角度，通过自编《职后教师教育需求调查问卷》掌握教师需要什么样的课程，并于 2015 年 3 月，在 C 市展开职后教师教育课程需求调查，共发放问卷 150 份，有效回收问卷 128 份。后对职后教师教育课程的需求样态进行了详细的分析。

第三，聚焦实际效用。本书通过对职后教师教育课程现状与需求的分析，明确了面向反思实践模块课程的理想路向。基于面向反思实践模块课程的构想，研究者对传统的“圣者型”“技术员型”“专家型”教师角色与课程目标进行反思与批判，确立了培养反思性实践者的职后教师教育模块课程目标。在此基础上，研究者进一步思考了阶段式问题导向的职后教师教育模块课程框架，并对职后教师教育模块课程的实施与评价做了构想。要坚持在实践情境中合作探究、在自由场景中自主学习和在平等交流中反思提升的理念，推进融合和探究导向的职后教师教育模块课程实施。

总而言之，本书先后完成了学术回顾、现状调查、需求分析、职后教师教育模块课程目标分析、职后教师教育模块课程结构分析、职后教师教育模块课程实施与评价构想等六项研究工作。经过这六项研究工作后，本书提炼出了以下研究结论。

第一，当前职后教师教育课程目标“功利化”，职后教师教育课程内容去“人本化”，职后教师教育课程结构缺乏逻辑性，职后教师教育课程实施呈两极分化，职后教师教育课程评价取向与标准失范。因此，职后教师教育课程的终极理想是构建面向反思实践的模块课程。一是要“走向人本”，实现职后教师教育模块课程目标重构；二是要“趋向融合”，实现职后教师教育模块课程结构变革；三是要坚持“实践取向”，完成职后教师教育模块课程实施模式转型。

第二，现代意义的职后教师教育模块课程目标是要培养反思性实践者。“反思实践型”教师是能动的问题解决者，拥有丰富的实践性知识，具有良好的职业道德素养。因此，职后教师教育模块课程要在课程目标的溯源中重构反思性实践者的理想角色，在课程目标的概念拓展中重构反思性实践者的能力特征，最终，为培养反思性实践者的目标设计开发职后教师教育模块课程。

第三，职后教师教育模块课程框架要采用阶段式问题导向。一方面，是为了适应不同阶段教师发展；另一方面，针对教师生涯发展问题而对在职教师进行职后教育。因此，在内容的选择上，要顺应时代背景，致力于教学实际问题的解决，满足一线教师合理的学习需求，考虑教师已有的知识和经验，关照教学实践，符合课程本身的逻辑结构。在课程结构安排上，要回归教育实践，构建实践性知识生成机制，促成教师专业发展。按照知识建构与发展规律、实践取向与情境设计、开放性与整合范式、自主原则与对话导向、联系性与阶段性结合，构建出问题指向明确、主题相对集中、分阶段逐步渐进的模块课程。

第四，职后教师教育模块课程实施要转型为融合式探究导向。要转变教师被动学习的传统，让学习者在实践情境中合作探究、在自由场景中自主学习和在平等交流中反思提升，坚持学校中心、培训机构中心和学习者个人中心相结合的原则，实施合作、情境、开放、自由、方便的职后教师教育模块课程教学。

第五，职后教师教育模块课程评价机制要不断创新为贯通式发展导向。职后教师教育模块课程评价要坚持为教师职业生涯发展服务，因此，要贯彻学业合格评价的基本尺度、职业生涯贯通的发展理念和“学分银行”融通的认证制度的理念，实施贯通式发展导向职后教师教育模块课程评价。在评价方法设计、评价实施过程中不断探索和创新。

本书乃作者历时四年的呕心沥血之作，具有很强的可读性，既对我国职后教师教育课程的设计具有理论指导的作用，为解决中小学教师专业发展等实际问题起引领作用，又可为设计和撰写职后教师教育课程的专家和学者、管理职后教师教育的行政部门做决策提供学术参考。

追求完美是学术人一直以来的信念。然而，职后教师教育课程是一个实践性强、多元因素参与的研究课题。加之个人研究的时间、精力、水平有限，因此书中难免存在很多不足，恳请同行、专家以及读者批评指正。

胡红梅

2018 年 9 月

目　录

教师必须具有健康的体魄，农人的身手，科学的头脑，艺术的兴味，改革社会的精神。

——陶行知

导 论

一、职后教师教育课程建设的时代诉求与背景

“菁菁者莪，教师为本”①。教师是人类灵魂的工程师，肩负着开启民智、传承文明的神圣使命，承载着千万家庭的美好梦想和希望。因此，加速教师专业化，促进教师专业不断发展，提高教师素质是振兴教育、富国安邦的基础性、先导性工作。但是，如何加速教师专业化？如何建设高水平教师队伍？这是两个非常现实的问题。在“师范教育”向“教师教育”转向的过程中，教师培养已经逐渐从之前的“职业型”转变成了当今的“职业生涯型”，“成就每一个教师的职业生涯”是“师范教育可以兴邦”最简单的逻辑。因此，本书从成就教师职业生涯的视角出发，关注职后教师教育的课程设计与开发，致力提升中小学教育教学工作者的实践性知识和实践反思能力，让职后教师成为“反思性实践者”。

（一）建设高水平教师队伍和实现中国“教育梦”的追问

“建设高素质教师队伍”是《国家中长期教育改革和发展规划纲要（2010—2020）》对我国加强教师队伍建设提出的五个规划之一。“百年大计，教育为本；教育大计，教师为本。”师资队伍的水平直接决定着中国“教育梦”的实现程度。然而，追问这个命题，不得不反思：什么样的教师队伍能够助推实现中国“教育梦”？什么样的教师队伍是高素质的教师队伍？怎么样才能培养出高素质的教师队伍？在这三个层层递进的问题中第三个问题是最根本的问题。但是，要回答怎么样才能培养出高素质的教师队伍的问题，就必须追溯到教师培养的每一个环节和教师职业发展的每一个阶段。2004年，教育部在《2003—2007年教育振兴行动

---

① 杨叔子，2004．菁菁者莪　教师为本［J］．高等教育研究（2）：8-11．其中，“菁菁者莪”出自《诗经·小雅·菁莪》，全文为：“菁菁者莪，在彼中阿；既见君子，乐且有仪。菁菁者莪，在彼中沚；既见君子，我心则喜。菁菁者莪，在彼中陵；既见君子，锡我百朋。汎汎杨舟，载沈载浮；既见君子，我心则休。”表达了“乐育才也”和“教师为本”的古朴思想。

计划》中提出了教师培养的基本框架，“构建以师范大学和其他举办教师教育的高水平大学为先导，专科、本科、研究生三个层次协调发展，职前职后教育相互沟通，学历与非学历教育并举，促进教师专业发展和终身学习的现代教师教育体系”。由此可以看出，高素质的教师队伍包含了两个范畴的要求：一是教师学历层次上的要求，包含了专科、本科、研究生三个层次；二是教师职业生涯层次上的要求，包含了职前、职后两个阶段。

教师教育的课程与教学是培养教师的关键。什么样的课程传递什么样的知识、技能和价值观，进而就会塑造出什么样的教师。所以，在培养各个层次的教师和教师职前培养与在职培训的一体化中，首要的就是推进教师教育机构内部一体化的教师教育课程体系建设①。我国现代师范的课程设置最初源于赫尔巴特的传统课程论，新中国成立以后开始学习苏联的课程设置模式，改革开放后中小学教师一直处于供不应求状态，因此，教师培养主要以数量供给型为主，只要是经过国家正规机构培养出来的教师都是合格教师②。但是，伴随着终身学习社会的到来和中国基础教育改革浪潮的兴起，教师教育课程变革势在必行。从教师的职业生涯来看，教师的专业成长由不同阶段组成：准教师、新手教师、成熟教师、专家教师等。在教师专业成长的不同阶段，应该有针对性地满足不同阶段教师特点和需求③。而且，在当前的教师培养体制下，教师职后发展或许问题更多。可以肯定地说，职后教师的发展程度直接决定了教师队伍素质的高低和教师职业生涯的完美与否；职后教师的发展也将直接影响到整个教师队伍素质的提高和中国“教育梦”的实现。

（二）教师教育“低效率”与“高投入”差距的反思与忧虑

教师教育历来是党和国家高度重视的事情之一。新世纪以来，尤其是 2010 年以来，我国全面实施“中小学教师国家级培训计划”，包括“中小学教师示范性培训项目”和“中西部农村骨干教师教育项目”两项内容。从 2011 年起中西部地区农村幼儿教师教育纳入该计划。2012 年，国务院《关于加强教师队伍建设的意见》明确提出：“实行五年一周期不少于 360 学时的教师全员培训制度，推行教师培训学分制度。采取顶岗置换研修、校本研修、远程培训等多种模式，大力开展中小学、幼儿园教师特别是农村教师培训。”2013 年提出要进一步加大实践性培训的比重，推动培训模式的创新，不断提升培训的专业化水平，实施了“示范性

① 教育部教师工作司，2013．教师教育课程标准解读（试行）［S］．北京：北京师范大学出版社．

② 钟启泉，胡惠闵，2005．我国教师教育课程标准的建构［J］．全球教育展望（1）：36-39．

③ 联合国教科文组织国际教育发展委员会，1979．学会生存：教育世界的今天和明天［M］．上海：上海译文出版社．

培训项目”和“中西部项目和幼师国培项目”等。2010～2014 年，中央财政共安排 62.5 亿元专项资金，支持中西部地区开展集中培训和网络培训，培训教师达 700 多万人次，各地还安排了配套经费开展各种形式的教师教育①。可以说，我国教师教育的投入已经达到了历史空前的规模。

但是，我国教师教育存在严重“低效率”与“高投入”悖反的现象，首先，最主要的矛盾表现为提高质量的要求与提高质量的能力之间的矛盾。其次，就是教师教育高投入低产出，效率低下，甚至有人认为国培就是“国赔”②。再次，是理论与实践相脱节，职前教育理论课程仍然是老三篇——教育学、心理学、学科教学法，实践课程的见习流于形式，因为实习刚好与学生工作就业阶段重叠，使得实习形式化，甚至无效。职后教师教育课程，由于培训时间较短，课程几乎为讲座的拼盘。同时，学术取向和技术路线的课程设计导向也使职后教师教育课程只注重理论知识和教学技术的补充。最后，一个明显的问题就是职前与职后相分离。长期以来，我国教师教育的职前培养及职后培训由不同的体系承担，职前培养通常由师范院校承担，而职后培训通常由地方教育学院、教师进修院校承担，同时教师职前培养与职后培训之间缺乏整体设计，导致职前培养理论化，职后培训碎片化，教师教育职前职后并没有实现相互融通。职前与职后培养课程更是各自为政，职后课程既没有根据教师在教学中存在的问题进行设计，也未能涉及当下教师教学领域的热点，使得与职前课程缺乏体系化和连续化。这种矛盾导致了教师教育效率低下，特别是职后教师发展极其受困。

（三）个人工作的实践困惑与教师教育课程研究的理论自觉

笔者从攻读硕士时开始就一直关注教师专业发展及课程问题，硕士论文立足于构建综合实践活动课程开发模式。在近 8 年的教师教育管理和研究工作中，在长期与一线教师深入接触与交流中，常常困惑于教师教育质量与效益的提升，困惑于教师专业发展的知识基础，困惑于教师知识生成的有效机制探索。基于此，笔者发现在教师教育涉及的方方面面要素中，课程是最核心的要素。如果我们假设教师的专业成长、教师的知识生成是有自身规律和发展机制的，那么建立在知识生成机制基础上的教师教育课程会更有效地促进教师成长，提升教师教育质量和效益。因此，本书的研究问题逐渐聚焦到“教师实践性知识”与教师教育课程的联系上，最后确定为“反思性实践：职后教师教育模块课程研究”。笔者希望能

① 朱德全，李鹏，宋乃庆，2017. 中国义务教育均衡发展报告：基于《教育规划纲要》第三方评估的证据［J］. 华东师范大学学报：教育科学版（1）：63-77.

② 部分学者认为，国培项目效率低下，成了国家赔钱的项目。相关研究如：罗益成，2015. 国培，还是“国赔”［J］. 四川教育（5）：卷首语；陈明英，2013. 莫让国培成“国赔”［J］. 教学月刊小学版（5）：1；唐俭欣，2014. “国培计划”课程实施有效性的调查研究［D］. 长春：东北师范大学.

从教师实践性知识的视角对教师教育课程，特别是职后教师教育课程作更深入、微观的研究，解决职后教师教育课程中的“体系失范、效益不高”等问题，力图建构以教师专业发展阶段为横轴、教师实践性知识为纵轴的职后教师教育模块课程，以发挥教师实践性知识研究价值的最大化效益，为教师教育课程研究提供一种新视角和新探索，提升教师教育质量和效益、效能的最大化。

二、职后教师教育模块课程建设的价值透视

（一）职后教师教育模块课程建设的理论价值

从理论的角度来讲，本研究旨在探索职后教师教育模块课程，追寻其实践模式的立意与目标，为职后教师教育反思实践课程做轮廓构架。同时，本研究立足于实证研究，广泛搜集职后教师教育课程的基本现状，据此找出其中存在的问题，并探索解决方案，为职后教师教育课程的发展出谋划策，提出合理建议。再者，本研究以当前我国教师教育课程改革为背景，以反思性实践为突破点，指向职后教师教育模块课程的建构。本研究综合考量职后教师教育模块课程的影响因素，使之逐步走向规范化、科学化。

（二）职后教师教育模块课程建设的实践意义

本研究不仅仅具有较强的理论价值，还具有很强的实践探索意义。本研究在纵览国内外相关课程设计模块的基础上，因地制宜地探索适合我国国情的职后教师教育模块课程，使之更加适宜我国当前职后教师教育课程的设计，对提高其课程研究的水平也大有裨益。本研究的实践价值有以下四点：第一，对我国职后教师教育课程的设计具有理论指导的作用；第二，为解决中小学教师专业发展等实际问题起引领作用；第三，为设计和撰写职后教师教育课程的专家和学者提供参考意见；第四，对管理职后教师教育的行政部门所做决策具有实际借鉴意义。

三、教师职后教育模块课程的相关概念剖析

黑格尔曾说：“真正的思想和科学的洞见，只有通过概念所作的劳动才能获得。”[①] 对研究中相关概念进行明确界定，可以为后续的科学、深入研究奠定基础。本研究从成就教师职业生涯的视角出发，关注于职后教师教育的课程设计与开发，致力于把中小学教育教学工作者培养成为“反思性实践者”。在本研究中，特别需要说明的概念如下。

---

① ［德］黑格尔，1979．精神现象学（上卷）［M］．贺麟，王玖兴，译．北京：商务印书馆．

（一）模块课程

1. 模块

“模块”是一个外来词，英文为“module”。模块理论的鼻祖福多认为“模块就是信息封装的计算系统，它具有推理机制，并且所接触的背景知识受到认知结构一般特点的制约。模块可以看成具有专用数据库并能实现特定目的的计算机”[①]。科尔塔哈特认为“模块是具有特异性应用范围的认知系统，而范围特异性正是模块所必需的特性，系统只对特定类型的刺激作出反应”[②]。卡米洛夫-史密斯从认知科学的超越模块性理论出发，提出了认知科学的发展观，认为模块是领域特殊性的，但这种领域特殊性是动态发展的，而非如福多所认为的是静止不动的[③]。

因此，模块是一个封闭的、独立的系统，有自己的规范和标准，但是模块与模块之间又是相互独立和相互联系的。模块最主要的特点就是信息封装性和领域特殊性，模块是领域特殊性的，但领域特殊的不一定是模块。借用既往研究的基础，本书把“模块”的基本内涵可以概括为：①模块是一个部件或组件，是整体事物中的一个组成部分。②在一个事物的整体中，每一个模块本身又是独立存在的，每一个模块都是一个封闭的系统；同时，一个模块与其他模块之间又是互相联系的，模块之间可以互相组合成新的模块系统。③在一个整体中，每一个模块都是标准化的，具有严格的规格和要求。

2. 模块课程

“模块课程”（modular cumculun）最早见于20世纪六七十年代的职业技术教育课程。麦克·扬（D. Warvick）认为：“一个‘模块’是一个单位的课程内容，它有自己的起点和终点，可以对之增加一些模块，以完成更大的任务或取得更长期的目标。”[④] 模块课程具有很强的综合性，每一个模块都以一个特定的主题作为该模块组织的核心，模块中的所有内容都紧紧围绕这一主题设置，每一个模块都有自己的教育教学目标，是一种相对独立的学习单元。

因此，参照模块论和迈克·扬对模块课程的论述，本研究认为：①模块课程实质上就是一种主题式单元化的结构课程，由许多单个的小型化主题式的教学内容组成。②模块课程的各个学习版块之间，既相对独立，又互相联系，在相似的主题之下形成了稳定的课程结构关系体系。③与传统课程相比较，模块课程的学习时间短、形式灵活，而且每一个模块都有自己独特的评价标准，评价方法较多

① J.A.福多，2002. 心理模块性［M］. 李丽，译. 上海：华东师范大学出版社.
② 李巨光，李晓静，2001. 模块化教学在本科院校高职教育中的应用与探讨［J］. 中国高教研究（7）：91-92.
③ 李侠，2007. 人类认知模式的转变：从J.A.福多到卡米洛夫-史密斯［J］. 哲学动态（10）：42-47.
④ 麦克·扬，2003. 未来的课程［M］. 谢维和，王晓阳，等，译. 上海：华东师范大学出版社.

的采用标准参照，所以，模块课程具有相对独立性、系统性、开放性、灵活性的特点和属性。

3. 职后教师教育模块课程

基于以上分析，本研究认为职后教师教育模块课程是指按照一定的分类方法，将职后教师教育应开设的课程划分为若干个相对独立的部分，每一部分称作一个模块。所有模块按照课程的组织原则、教师实践知识生成发展规律组合成一个纵横有序的网络式结构系统，从而更好地体现职后教师教育的实践性、综合性、个体化和选择性。不同专业发展阶段的教师在各自专业发展阶段能够找到适合自身发展的起点、目标和路径的模块。

职后教师教育模块课程在目标上，致力于把教师培养成“反思性实践者”；在内容上，主要是增长在职教师的实践性知识与提高其反思性实践能力；在结构上，基于教师的职业生涯发展和工作过程导向，以主题和问题的形式，组成结构化模块；在实施上，基于教师学习的特征和学习条件，注重真实情境中的反思体验，提高教师的反思实践能力；在评价上，坚持贯通发展式评价，以学分银行等方式，保障在职教师课程学习的顺畅。

（二）职后教师教育

“教师”是指受一定社会的委托，培养人的专门教育工作者。教师是“学校中传播人类科学文化知识和技能，进行思想品德教育，把受教育者培养成一定社会需要的人才的专业人员”[①]。关于教师教育有多种说法。通俗的理解，教师教育是培养师资的一种专业性教育，包括致力于教师职业发展的职前教育和致力于教师提高的职后教育。在英语中，teacher education 由教师（teacher）和教育（education）共同构成。不过在很长的时间里，人们却称之为师范教育。其实，“师范教育”与“教师教育”的含义有本质上的区别，“教师教育”较“师范教育”的内涵更为丰富。1996 年《教师教育研究手册》（*Handbook of Research on Teacher Education*）认为，教师教育（teacher education）包括培养未来教师的职前培养计划（pre-service programs），新教师的入职培训计划（induction programs）和在职教师的在职培养计划（in-service programs）。陈永明先生认为教师教育是现代世界各国较为通用的包括教师的培养、任用和进修三个阶段的相应的教育[②]。本研究赞同周洪宇的观点，认为“教师教育是职前培养和在职进修的统一，是正规教育与非正规教育的结合，是多层次、全方位、立体式的教师终身大教育，体现了教师培养的整体性、专业

① 顾明远，1997. 教育大词典［Z］. 上海：上海教育出版社.

② 陈永明，1999. 现代教育论［M］. 上海：上海教育出版社.

性和终身性”[①]。

职后教师教育一般有广义和狭义之分。广义的职后教师教育是对在岗专职教师的再教育，包括合格培训、岗位培训和提高培训。狭义的职后教师教育则是对已经取得教师合格证书，并经过岗位培训，能基本适应岗位要求的教师进行旨在更新知识结构、拓宽知识面、加深知识水平、提高职业能力的再教育，这是师范教育的自然延伸。1999 年 9 月 13 日，教育部发布了《中小学教师继续教育规定》，对中小学职后教师教育的基本含义作了界定：“中小学教师继续教育，是指对取得教师资格的中小学在职教师为提高思想政治和业务素质进行的培训”，“中小学教师继续教育分为非学历教育和学历教育”。英国教育家詹姆士·波特于 1972 年提出的“师资三段培养法”的设想很具有代表性，他主张培养教师必须经过三个不可缺少的基本环节：①个人教育环节（学习专业科目为主的学历正规教育）；②师范教育专业科目的初步训练环节（学习教育教学的理论为主，结合实习）；③在职教师继续教育环节（是前两个环节的继续和补充）[②]。

在本研究中，职后教师教育是指学历教育后在职的中小学教师和管理人员的再教育，使他们的知识和技能不断得到增新、补充、拓展和提高。本研究所说的教师，均指中小学入职以后的教师，不包括师范生，也不包括高校教师；同时，本研究提及的职后教师教育泛指中小学教师职后的非学历教育。因此，本研究的职后教师教育就是指中小学在职教师基于职业生涯发展而接受的非学历教育，主要包含了在职教师的个人学习和继续教育。

（三）反思性实践者

1. 实践

教育本身就是一种实践。日常意义上的实践是指人类的一切行为、行动和活动，而其宽泛模糊的含义必然影响作为哲学概念的实践，使其失去了本应有的特殊意义。实践一词在中国古代已经出现，主要是“践履”“实行”的意思。作为哲学概念的“实践”，是舶来品，是从日本人那里挪用来的，而日本人则是从西方实践哲学中翻译过来的。直到 20 世纪二三十年代才被中国人认识和使用。可以说，我们今天所使用的“实践”概念，基本上是一个来自西方实践哲学的概念。亚里士多德是西方实践哲学的奠基人，他在《尼各马可伦理学》和《政治学》中对“实践”进行分析和理解，将人类的行为分为理论（theoria）、生产（proesis）和实践

---

① 周洪宇，2010．教师教育论［M］．北京：北京师范大学教育出版社．

② 马敏，吴伦敦，肖静芬，2004．现代教师教育体系新探：浅论教师职后教育的发展［J］．教育发展研究（5）：55-59．

（praxis）[①]。

在理解实践时，我们应该注意两种可能的情况：第一通常情况下谈论实践时，总是始于现代的科学概念，人们很难逃脱科学应用的思路去思考这一问题；第二，由于受到自近代以来的理性主义的影响，人们往往忘记自己主观思维里建构起来的东西与现实之间的区别，总是将前者取代后者[②]。人们往往将理论建构的"实践"取代现实的"实践"，或者是把人们用来解释实践的、在大脑里构建出来的模型误为实践的理由。因此，应如胡塞尔所主张的，将我们的社会还原为"生活世界"，也就是说，把人先放在前科学世界里来考虑此时的人类，一切都需要自己去探索去发现，并没有系统的对某事物的观念供他们去学习。在这样一种情境里，不存在从科学概念引导出来的"实践"，也不存在在人们大脑里由思维建构出来的"实践"。此时的实践就是人们日常生活的实践，而这也就是人们存在的方式——"生活的形式"作为存在方式，"实践构成了人存在的本体论结构，为人的活动提供了基本的框架"[③]。

2. 实践性知识

定义是所有研究领域的核心，任何一种定义都会清楚或者暗含地界定自己研究领域的框架。因此，明晰研究问题对研究的顺利开展有着非常重要的意义。通过对教师实践性知识的综述研究发现，教师实践性知识的概念非常多，研究者们从不同的视角对教师实践性知识进行了定义，具体情况见表 0-1。

表 0-1 教师实践性知识概念汇总表

作者	定义要点
叶澜	教师关于课堂情境和在课堂上如何处理所遇到的困境的知识，是建立在前一时期专业学科知识和一般教学法知识基础上的，是一种体现个人特征和智慧的知识[④]
林崇德	教师在面临实现有目的的行为中，所具有的课堂情境知识及与之相关的知识[⑤]
钟启泉	教师作为实践者，行动和洞察自身实践和经验之中的"意蕴"的活动[⑥]
陈向明	教师对自己教育教学经验进行反思和提炼后形成的，并通过自己的行动做出来的对教育教学的认识[⑦]
舍恩	实践者在专业实践活动中的反思，认为这种知识要在实践话动中通过教师的反思来澄清、验证和发展[⑧]

① 王卫华，2007．论教育的实践性 [J]．教育学报（4）：19-23．
② 易森林，2010．教育理论对教育实践的功能 [D]．上海：华东师范大学．
③ 衣俊卿，1995．实践哲学的文化内蕴：现代化的文化精神 [J]．开放时代（6）：48．
④ 叶澜，2001．教师角色与教师发展新探 [M]．北京：教育科学出版社．
⑤ 林崇德，申继亮，辛涛，1996．教师素质的构成及其培养途径 [J]．中国教育学刊（6）：16-22．
⑥ 钟启泉，2004．"实践性知识"问答录 [J]．全球教育展望（4）：3-6．
⑦ 陈向明，等，2011．搭建实践与理论之桥：教师实践性知识研究 [M]．北京：教育科学出版社．
⑧ SCHON, D, A, 1983. The reflective practitioners: How professionals thinking action [M]. NewYork: BasicBook.

续表

作者	定义要点
埃尔贝兹	这种知识包含着大量关于学生的学习风格、兴趣、需求、长处和困难的第一手经验，包含着大量常备的教学技巧和课堂技能。教师要了解学校的社会结构，也了解它对学生和教师的要求；还要了解学校所处的社会环境，知道社会能够接受什么，不能接受什么。这种经验性知识来源于教师所教学科的理论知识和其他某些领域的理论知识，如儿童成长理论、学习理论和社会理论等。所有这些类型的知识，被每位教师整合成为个人的价值观和信念，并以他的实际情境为取向①
康内利·柯兰迪宁	个人实践知识存在于教师以往的经验中，存在于教师现时的身心中，存在于未来的计划和行动中。个人实践知识贯穿于教师的实践过程，也即，对任何一位教师来说，个人实践知识有助于教师重构过去与未来，以至把握现在
马克斯·范梅南	教师知识是一种"教学机智"和"教学敏感性"②
佐藤学	实践性知识是教师在实践情境中支撑具体选择与判断的知识③

从表 0-1 可以看出来，研究者们从不同的视角研究实践性知识的概念，主要有以下四种维度：第一，知识的维度，无论如何定义"实践性知识"的概念，都不会离开知识作为它的上位概念；第二，反思的维度，反思是实践性知识形成的重要途径；第三，价值观维度，作为教师个体来说，教师采用何种方式教学取决于教师对自己价值观的认同；第四，情境经验维度，经验是教师实践性知识形成的母体。它的运用和发展都离不开与其密切联系的教育教学情境④。

因此，本研究把教师实践性知识的概念定义为：教师实践性知识是在日常教育教学情境中，通过反思、感悟等方式，融合自身经验及价值观动态生成的，对教育教学活动认识、判断和行动的知识。教师实践性知识是教师专业素质的内核，指引着教师在教育教学实践中的判断、选择和行动。首先，本概念涵盖了教师实践性知识的来源、生成方式等。其次，本概念包含了教师实践性知识的如下特征：一是整合性。教师实践性知识整合了教师以往所有的教育教学经验、各种类型知识、教师价值观及信念，是教师学科知识、教育学知识、心理学知识等的整合概念或者上位概念。实践性知识应该是一个混合类型的知识，它的组成既有显性知识又有隐性知识，既有公共知识的成分又有个人知识的成分，既有经验的知识又有理性的知识。教师实际上是以一种涵盖了规则、经验、直觉、情感等的综合的"知识"在行动。二是情境性。教师实践性知识从情境中来，到情境中去。教师只能在真实的教育教学情境中才能发现、聚焦问题，在通过反思、感悟等方式解决问题的过程中生成实践性知识，并指向在具体情境中的应用。教师实践性知识主

① ELBAZ, F, 1983. Teacher thinking: A study of practical knowledge [M]. London: ClasroomHelm.
② 马克斯·范梅南，2001. 教学机智：教育智慧的意蕴［M］. 李树英，译. 教育科学出版社.
③ 张立昌，2002. "教师个人知识"：涵义、特征及其自我更新的构想［J］. 教育理论与实践（10）：30-33.
④ 姜美玲，2010. 论教师实践性知识的表征形式［J］. 全球教育展望（3）：50-57.

要以案例知识的形式存在，总是关于特定年级、特定班级、特定学生、特定教学情境的知识，它不可能脱离特定情境而抽象存在。三是实践性。实践性知识是做的知识、行动的知识、解决问题的知识，是为了一定的实践目的而存在的，如果没有教育教学实践，则不存在实践性知识。

为了更好地理解实践性知识的概念，我们需要对几组容易混淆的概念进行辨析。

第一，教师知识与教师实践性知识。知识借助于一定的语言形式，或物化为某种劳动产品的形式，可以交流和传递给下一代，成为人类的共同财富。这里的知识是显性的，是公共知识。波兰尼从知识的表现形式角度提出了隐性（默会、缄默）知识的概念。教师知识是指教师应该具备的专业知识。国内外学者对教师知识的分类研究很多，主要有以下四种具有代表性的定义。一是教师的教学专业知识包括教师所知道的与他们课堂教学有关的教育学方面的所有东西，“包括三个主要部分：教学的课程知识；教学的内容知识；教学的方法知识”[①]。二是教师知识包括“普通文化知识、专业学科知识、一般教学法知识、学科教学法知识和个人实践知识”[②]。三是“教师知识由特定的学科知识、条件性知识和实践性知识三部分组成”[③]。四是把教师知识分为两类：一类是“理论性知识”，包括学科内容、学科教学法等，通常停留在教师头脑里和口头上，是教师根据外在标准认为“应该如此的理论”；另一类是“实践性知识”，是教师在教育教学实践中实际使用（或）表现出来的知识，包括行业知识、情境知识、策略知识等[④]。

第二，实践性知识与理论性知识。理论与实践是哲学认识论中一对相对的概念。一般认为，实践是在理论的指导下进行的。理论高于实践，实践是对理论的应用。理论往往被认为是科学的、经验的和不受价值影响的。而实践则被认为是感性的、具体的和受到背景制约的。由此，有学者认为理论知识作为一种一般意义上的知识，可以对实践性知识进行指导；实践性知识与理论性知识相比，缺乏严密性和普适性，是一种多义的、充满柔性且有个人功效的功能性知识。理论知识与公共知识、实践性知识与个人知识是相对应而存在的。如陈向明将教师的知识粗略地分为两类：理论性知识和实践性知识。前者包括教师的本体性知识、条件性知识和一般文化知识，这类知识是原理型的、被编码过的知识。后者包括教师在教育教学实践中实际使用和表现出来的知识，除了“行业知识”、情境知识、案例知识和策略知识以外，还包括教师对理论性知识的理解、解释和运用[⑤]。

---

① 范良火，2003. 教师教学知识发展研究［M］. 上海：华东师范大学出版社.
② 叶澜，白益民，等，2002. 教师角色与教师发展新探［M］. 北京：教育科学出版社.
③ 申继亮，李琼，2001. 小学数学教师的教学专长：对教师职业知识特点的研究［J］. 教育研究（7）：61-65.
④ 陈向明，2003. 实践性知识：教师专业发展的知识基础［J］. 北京大学教育评论（1）：104-112.
⑤ 陈向明，等，2011. 搭建实践与理论的桥梁：教师实践性知识研究［M］. 北京：教育科学出版社.

立足于实践性知识的整体性特征，实践性知识与理论性知识并非相对立的概念范畴，而是紧密相关又相互区别的，二者虽然有异，却不是绝对孤立，甚至二者之间还可以相互转化。舒尔曼就曾批判舍恩思想充满了二元论的思维方式，他认为“舍恩的重要贡献是使教学中那些模糊、隐晦的方面更加明显，他帮助我们更清晰地理解我们作为一个专业教师正在努力实现的东西”[①]。但同时他也认为舍恩过于强调了教学过程中的“艺术性”和“不确定性”，坚称“技术理性”才是洞悉不确定性的基础。“教师会教书的条件之一是知识，其中不仅有理论性知识，而且更重要的是实践性知识……后者比前者更重要，发挥的作用更大”[②]。过分夸大实践性知识的作用会削弱教师专业发展的学术性。

第三，实践性知识与缄默知识。缄默知识这一概念是英国哲学家波兰尼在《人的研究》一书中首次提出的，他认为缄默知识有三个特征：一是不能通过语言、文字或符号进行逻辑的说明，是人类非语言智力活动的结晶；二是不能以正规形式加以传递，不能明确陈述的知识自然不能在人与人之间以明确的规则形式加以传递；三是不能加以批判性反思[③]。缄默知识只是实践性知识的一部分。从表现形式看，实践性知识包含了缄默知识和显性知识两部分，大部分实践性知识以隐性知识形态存在于主体的行动、实践中，但还有小部分实践性知识可以通过反思、教育叙事等提炼成为显性知识。因此基于实践性知识视角的教师教育应着眼于追求将教师的实践性知识显性化[④]。

3. 反思性实践者

基于以上对实践、实践性知识的反思，本研究认为：反思性实践者是能够主动思考自己的行动及其情境并做出理性的决定，能够自觉意识并质疑自身乃至社会关于教育的前提假设与价值偏好，及时反思并调整自己的教育行为，从而不断丰富自身的实践性知识，努力提升实践品质的教师。拥有丰富的实践性知识和良好的实践反思能力是反思性实践者的基本特征。

第一，反思性实践者是自觉的、能动的探究者。反思性实践者所蕴含的教师形象是主动发展的，而不是被塑造、被规训的。教师不是由外在的技术与原理武装的“技术熟练者”，不是传递固定教育内容的“教书匠”，而是在实践中不断建构和提升自身经验的“反思性实践者”。

第二，反思性实践者的教育实践是“知行合一”。“反思性实践者”的概念摒

① SHUHNAN, L, S, 1988, The dangers of dichotomous thinking in education[A]//Peter P. Reflection in teacher education[M]. New York: Teachers College, Columbia University.

② 陈向明，2003．实践性知识：教师专业发展的知识基础［J］．北京大学教育评论（1）：104-112．

③ 石中英，2001．缄默知识与教学改革［J］．北京师范大学学报：人文社会科学版（3）：101-108．

④ 王艳玲，2011．教师教育课程论［M］．上海：华东师范大学出版社．

弃了技术理性视野中对“知识”“实践”的看法，对“教育实践是教育理论的应用”这一类的陈述及其所反映的专业教育的现实持批判态度，主张教师的实践活动本身位于教师专业教育的核心，专业发展在于实践性知识及其反思。这里的“反思”，是不断与情境进行“反思性对话”，形成一种互动，从而主动建构并解决问题。学习反思性思维并不必然使一个人成为反思性实践者。为了成为一个反思性实践者，一个人应该改变他的行为。

第三，反思性实践者强调实践性知识的重要性，同时不否认公共知识的价值。反思性实践者的概念立足于教师实践的实然视角，强调教师在教育实践中通过学习、理解与领悟形成的（并且处于不断发展过程中的）实践性知识，是教师专业发展的知识基础。“它并不否定既定的教育知识对于实践推断的重要性，但也不承认这些知识对于教育实践具有不言而喻的先导价值”[①]。反思作为实践者的典型特征，凸显了教师的主体性，恢复了教师在理论—实践中的地位，也是有待实践检验和发展的，因而它的现实性有赖于教育实践者在具体情境中的自主反思。

第四，反思性实践者是学生人格成长的促进者和关怀者，是不合理的教育观念、制度的批判者和改革者。对人的生存的关怀使得实践者主动质疑实践的目的、手段、内容等方面的合理性，从而将自身的实践与更广泛的社会和谐与道德使命联系起来。反思性实践者以一种探究、批判的态度质疑自己带到课堂中的前提假设与价值偏好，以及渗透到教育中的不合理的教育观念、制度，质疑各种既定的认识框架和行为模式，使自身的实践成为社会进步的推动力。

四、职后教师教育模块课程的研究述评

对既有研究进行全面、系统的梳理，明确已经取得的成绩，找出有待解决的问题，确立后续研究的起点与方向，是研究工作的重要前提。本研究围绕着“教师实践性知识”和“职后教师教育课程”两个核心关键词，从“教师实践性知识”研究入手，系统分析职后教师教育课程研究的源起、课程理念与目标、课程内容与结构、课程实施与评价等方面的研究。

（一）职后教师教育模块课程研究的文献计量分析

1. 关于教师实践性知识的研究现状

在全国图书馆参考服务咨询平台中检索“教师实践性知识研究”，发现1985～2015年关于“教师实践性知识”的研究，整体呈逐渐上升趋势。

如图0-1和表0-2所示，图书方面，1991年出现第一本研究专著，1999～2004

① 石中英，2001. 缄默知识与师范教育［J］. 教师教育研究（3）：36-40.

年开始小幅度增长，2005～2007年开始大幅度增长，2007年以后，特别是2008～2010年，增长幅度惊人。但是，在2010年之后，增长幅度放缓，增长趋势趋于平稳。期刊成果方面，1993年以前，呈小幅度上涨，2003年以后，一直呈现急速上涨的趋势。2012年之后，增速逐渐平稳。学位论文的研究相对滞后于学术期刊成果，在2002年迎来第一个高峰，2002～2008年增幅喜人，但是2013年以后，也开始放缓。1990年出现了第一篇会议论文，1998～2002年逐渐上升，2003年以后成为了会议关注的热点。

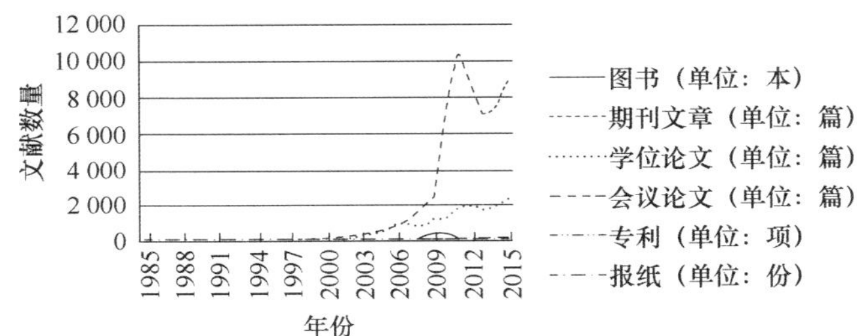

图0-1　1985～2015年教师实践性知识研究走势

表0-2　1985～2015年教师实践性知识研究走势

年份	图书/本	期刊文章/篇	学位论文/篇	会议论文/篇
1985	0	44	0	0
1986	0	57	0	0
1987	0	53	0	0
1988	0	49	6	0
1989	0	46	4	0
1990	1	59	3	1
1991	0	84	2	0
1992	0	62	3	0
1993	0	89	1	0
1994	0	134	2	0
1995	0	117	3	0
1996	0	128	0	0
1997	0	189	3	2
1998	0	167	2	1
1999	3	244	4	5
2000	2	229	19	3
2001	4	305	73	6
2002	5	392	165	9
2003	6	478	298	24
2004	8	580	462	28
2005	17	723	512	55
2006	18	997	959	76

续表

年份	图书/本	期刊文章/篇	学位论文/篇	会议论文/篇
2007	55	1 199	887	54
2008	291	1 982	820	41
2009	520	2 565	1 173	100
2010	439	7 202	1 304	189
2011	115	10 600	1 873	73
2012	112	8 953	1 909	108
2013	115	6 997	1 787	90
2014	114	7 384	1 956	94
2015	109	8 912	2 325	122

2. 关于职后教师教育课程的研究现状

在全国图书馆参考服务咨询平台中检索“职后教师教育课程研究”，发现1988～2015年关于“职后教师教育课程”的研究，整体呈逐渐上升趋势。

如图0-2和表0-3所示，图书方面，2008年出现第一本研究专著，之后逐渐增长。期刊成果方面，2002年以前呈零星形式的增长，2002年之后，在数量与速度上有很大的涨幅。学位论文的研究情况相对滞后于学术期刊成果，在2004年迎来第一个高峰，之后一直处于平稳的增长状态。2006年出现了第一篇会议论文，之后一直呈缓慢增长趋势。

表0-3　1988～2015年职后教师教育课程研究走势

年份	图书/本	期刊文章/篇	学位论文/篇	会议论文/篇
1988	0	1	0	0
1989	0	0	0	0
1990	0	1	0	0
1991	0	1	1	0
1992	0	1	0	0
1993	0	0	0	0
1994	0	2	0	0
1995	0	2	0	0
1996	0	0	0	0
1997	0	1	0	0
1998	0	6	0	0
1999	0	6	0	0
2000	0	7	2	0
2001	0	6	1	0
2002	0	29	3	0

续表

年份	图书/本	期刊文章/篇	学位论文/篇	会议论文/篇
2003	0	16	8	0
2004	0	23	13	0
2005	0	33	17	0
2006	0	43	29	1
2007	0	53	20	3
2008	1	57	42	7
2009	1	56	31	1
2010	8	110	30	2
2011	1	70	64	2
2012	2	82	58	5
2013	2	97	79	3
2014	3	108	65	7
2015	3	117	48	0

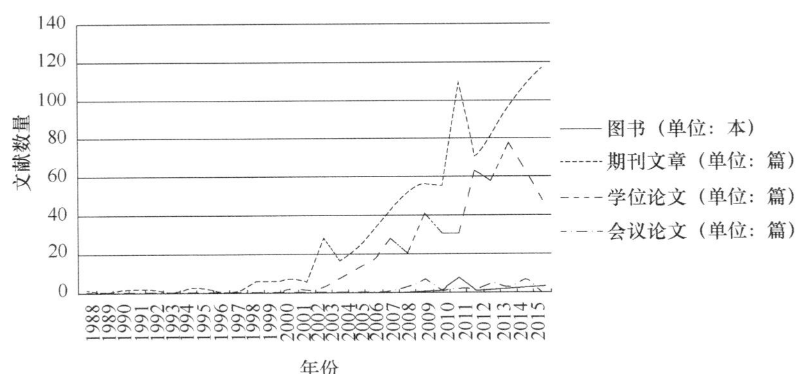

图 0-2　1988～2015 年职后教师教育课程研究走势

3. 基于实践性知识的职后教师教育课程研究

在全国图书馆参考服务咨询平台中检索“基于实践性知识的职后教师教育课程”，发现 2003～2015 年，关于“基于实践性知识的职后教师教育课程”的研究结果如图 0-3 所示，期刊论文方面，数量起伏较大；但是学位论文研究却相对上涨，两条走势曲线相互交织，形成了“X”形状。

（二）职后教师教育模块课程研究的主要观点回顾

1. 关于教师实践知识的相关研究

第一，教师实践知识研究的源起。教师实践性知识最早兴起于 20 世纪 80 年代初对教育实践和教师专业发展的关注。教师实践性知识的提出，既源于寻求跨

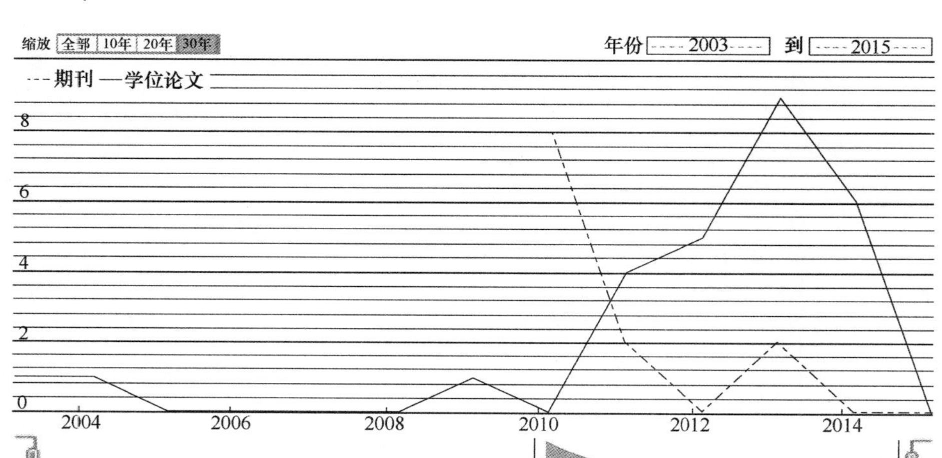

图 0-3 基于实践性知识的职后教师教育课程研究走势

越教育理论与教育实践的“二元应用”模式的教师研究范式，也昭示着课程改革运动对于教师专业发展的期待，并正在日益成为促进教师专业发展的突破口。舍恩是促进教师实践性知识研究的先驱。舍恩在批判技术理性把实践看作对理论的应用观点的基础上，把教师知识的特性概括为“行动中认知（knowing in action）”和“行动中反思（reflection in action）”[①]。但是，教师研究领域对教师实践性知识（teachers' prsactical knowledge）的研究在很大程度上受到英国哲学家吉尔伯特·赖尔（Ryle G.）和迈克尔·波兰尼（Polanyi M.）等的影响。赖尔在批判笛卡尔“二元论”视角的基础上，认为思维和行动是不可分的。他认为实践活动通常是把理论和规则内化在心中，然后“不假思索”地遵守这些规则，认为教师的教学实践背后是由被证明的理论知识作为基础的，教师先学会理论知识，然后再应用这些理论知识到实践中[②]。

第二，教师实践知识的类型。加拿大学者艾尔贝兹（Elbaz F.）以开放性访谈的形式，对有着丰富教学经验的加拿大的中学英语教师莎拉（Sarah）展开行动研究，试图理解教师在实际工作中怎么做出选择和行动，她认为教师以独特的方式拥有一种特别的知识，并把这种知识称为“实践性知识”（practical knowledge）[③]。艾尔贝兹把其归纳为五类：一是关于自我的知识（knowledge of self），即自我作为资源（self as resource）与自我作为个体（self as individual）。二是关于环境的知识（knowledge of the milieu），包括课堂、教师与领导的关系、政治关系与社会环

① 唐纳德·A.舍恩，2007. 反映的实践者：专业工作者如何在行动中思考［M］. 夏林清，译. 北京：教育科学出版社.

② 朱小虎，张民选，2017. 教师专业发展的可能路径：基于 TALIS 2013 上海和芬兰的比较分析［J］. 中国教育学刊（9）：1-8.

③ 姜美玲，王赛凤，2004. 理解教师实践性知识［J］. 全球教育展望（11）：47-51.

境的创造。三是学科内容知识（subject matter of knowledge），以英语教学为例，包括英语学科内容知识、学习和研究技能、阅读和写作。四是课程知识（knowledge of curriculum），包括学习过程开发，开发过程和阶段（明确问题、确定学生需要、组织、开发课程内容、评价），课程开发作为小组活动；阅读中心的课程开发等。五是教学知识（instructional knowledge），包括关于学习理论（learning theory）；学生；教学，如教学信念、教学组织、师生互动关系和评价①。沃勒普（Verloop）探究了语言教师在阅读理解教学方面的实践性知识，认为它是一个包括六个范畴的系统：有关学科的知识、有关学生的知识、有关学生学习理解的知识、有关教学目的的知识、有关课程的知识、教学策略知识②。陈向明提出教师的实践性知识包括其关于自我的知识、关于科目的知识、关于学生的知识、关于教育情境的知识四个方面的内容③。

第三，实践性知识的特征。对实践性知识的特征进行分析能够使我们更加深入理解实践性知识的内涵，有助于我们更深入构建实践性知识的含义。笔者在综述的基础上对实践性知识的特征进行了汇总梳理，我们发现，尽管研究者从不同的视野来研究实践性知识的特征，但总的来说，都离不开实践性、情境性、整合性、个体性等特征，见表0-4。因此，笔者认为对教师实践性知识概念的界定也应结合这些特征才能更好地把握。

表0-4 实践性知识特征汇总表

作者	特征要点
陈向明	反思性、实践感（紧迫性；条件制约；模糊性和总体性）、行动性④
埃尔贝兹	实践性
康内利·柯兰迪宁	个人性
贝加德和威鲁普	整合性
佐藤学	（1）它是依存于有限境脉的一种经验性知识，同研究者的“理论性知识”相比，尽管缺乏严密往与普遍性，却是极其具体生动的、充满弹性的功能性知识；它可以拥有借助重新发现或重新解释既知事件所获得的“熟虑性知识”（deliberative knowledge）的特征。 （2）它是特定的教师在“特定的课堂境脉”（context specific），以“特定的教材内容”（content specific）、“特定的儿童认知”（cognition specific）为对象形成的知识，是作为“案例知识”（case knowledge）加以积累和传承的。

① ELBAZ F, 1983, Teacher thinking: A study of practical knowledge[M]. Nichols Publishing Company; WILSON J. D, 1984. Teacher Thinking: A study of practical knowledge by freema elbaz[J]. Curriculum Inquiry，14(4): 465.

② VERLOOP N, DRIEL J. V, et al, 2001. Teacher knowledge and the knowledge base of teaching [J]. International Journal of Educational Research, 35 (5): 441-461.

③ DRIEL J. H. V, BEIJAAR D. D, et al, 2001. Professional development and reform in science education: The role of teachers’practical knowledge[J]. Journal of Research in Science Teaching, 38 (2): 137-158.

④ 陈向明，2003．实践性知识：教师专业发展的知识基础［J］．北京大学教育评论（1）：104-112．

续表

作者	特征要点
佐藤学	（3）它是不能还原为特定学术领域的综合性知识，是旨在问题解决，整合了多种学术领域的知识所获得的知识。 （4）它包含可言传的知识、可意识到但无法言传的知识以及无意识的、内隐的知识，即它不仅是意识化、显性化了的知识，而且也包含了无意识地运用"默会知识"（tacit knowledge）在发挥作用。 （5）它具有个人性质，是基于每个教师的个性经验与反思而形成的知识，因此，教师实践性知识的提升不能仅仅依赖于相互交流，还必须保障相互共享实践经验的机会[①]

第四，教师实践知识的意义。贝加德和威鲁普认为，教师实践性知识是教师素质的核心，决定和指引着教师在实践中的行动。它是指教师在有目的的行动过程中所际遇的课堂情境和实践困境的知识，这类知识来源于教师的个人经验和专业经验，以复杂的方式运用于准备和实施教学活动的过程中，明晰原有课程决策的意义，通常不易被清楚地表述出来。教师实践性知识可以被视作高度整合的知识，包括事实或陈述性知识（factual or declarative knowledge）、策略或程序性知识（strategic or procedural knowledge）、信念以及行为准则和价值观等[②]。马克斯·范梅南（Max van Manen）从现象学的生活体验的角度分析了教师的实践案例，并提出了教师知识的特征是"教学机智"和"教学敏感性"[③]。他认为由于教学实践的紧迫性，教师遇到问题不可能停下来思考并应用理论知识。教师的教学凭借的是一种"瞬间知道该怎么做"的"临场智慧和才艺"——教学机智，这是一种实践性知识。一个富有"教学机智"的教师应该对教学实践有敏感性，能够通过各种途径了解、判断实践情境，并作出相应的反馈调整。

第五，教师实践知识的运用。近年来，越来越多的研究者在强调把实践性知识看作是教师专业发展的知识基础的同时，努力将实践性知识相关研究成果用于改善教师教育实践上。

一是实践性知识与教师专业发展的应用研究。从"教师实践性知识"的研究落脚点来看，已有文献大都从实践性知识本体知识研究及实践性知识应用研究等角度方面进行研究。第一类研究主要对实践性知识本身进行了研究，从实践性知识概念脉络、实践性知识的结构、生成框架等角度，对实践性知识本身进行了研究。第二类研究则探索了实践性知识在教师专业发展中的应用，力图通过实践性知识研究成果促进教师专业发展或是探究促进教师实践性知识生成的路径。这些研究大体上从两个角度进行讨论。

① 佐藤学，2003．课程与教师［M］．钟启泉，译．北京：教育科学出版社．

② PAULIEN C, MEIJER N. V, et al, 2001. Similarities and differences in teachers'practical knowledge about teaching reading comprehension [J]. Journal of Educational Research, 94 (3): 171-184.

③ MANEN M. V, 2008. Pedagogical sensitivity and teachers practical knowing-in-action [J]. Peking University Education Review, 24 (1): 85-89.

首先，从职前培养的角度，对教师教育的课程、实施方式的改革等作了讨论。有的学者基于教师教育视角提出了实践性知识的培植策略，如优化教师专业课程体系、提升实践教学的针对性、注重教师自我反思能力的培养和加强在职实践引导等四方面①。有的学者从调整教师培养的课程结构比例，丰富教育专业课程的教学模式和贯彻落实教育见习、教育实习三个方面改革教师的培养方式以发展教师的实践性知识②。通过对教育见习、教育实习的实践性知识的论述可见，必须要对高等师范院校课程设置进行调整，改革“实习支教生”的培养模式，优化师范生的课程结构，强化体验教学和培养教师的反思能力来提高教师的实践性知识。对于职前教师教育来说，需要注重师范生个人生活史研究，促进对原有知识的反思；积极开展案例教学，形成教师的实践与理论批判的互动；加强教育实践指导和实习，分享和重构实践性知识。对于在职教师教育来说，需要建立以“学生学习”为中心的共同愿景；尊重教师的个人创造，开展行动研究；通过对实践的反思，不断进行自我超越。

其次，从教师在职提高的角度，对相关问题作了论述。有的学者提出要增设对教师实践性知识开发和交流的渠道与平台，如通过确立教师专业知识、专业技能和专业实践能力并重的培训内容，创建学习共同体，建立教师专业发展学校，重视理性的反思与行为的跟进；倡导案例指向的专业对话；重视现代科技的应用，倡导反思教学、组织学习共同体等方式建构教师实践性知识③。教师实践性知识的发展路径还有教师个人生活史分析、反思教学实践经验和构建教师学习共同体，还可以通过行动研究、叙事研究发展教师的实践性知识，或在校本培训中推进教师实践性知识的建构，为教师实践性知识的建构创造民主和谐的学校文化。

二是教师实践性知识与教师教育课程的应用研究。而对于教师教育中促进教师专业发展的核心要素课程与实践性知识的关系，却只有10篇文献进行了研究，文献均集中在2008～2012年。其中博士论文2篇，期刊论文8篇。王艳玲根据反思性实践者的内涵勾勒了新的职前教师教育课程的轮廓：培养反思性实践者的教师教育课程秉持一种整合的课程观，它在课程设计上着眼于帮助教师积累与建构实践性知识，在课程实施上有较强的探究取向，同时，它依托于大学与中小学结

---

① 吴泠，周志毅,2006．教师教育视野下实践性知识的培植：现状与对策［J］．杭州师范大学学报：社会科学版（6)：116-119．

② 万文涛，2006．教师实践性知识论纲［J］．中小学教师培训（6)：7-11；刘旭东，吴银银，2011．我国教师实践性知识研究十年：回顾与反思［J］．教师教育研究（3)：17-24．

③ SCHONFELD I．S，2000．Short research paper：An updated look at depressive symptoms and job satisfaction in first-year women teachers［J］．Journal of Occupational and Organizational Psychology，73（3)：363-371；朱桂琴，2007．教师培训中实践性知识的缺失及其对策［J］．中小学教师培训（1)：18-20．

成实践共同体。李晓华以教师实践性知识为分析视角，通过对课程认识、课程体系、课程内容和课程实施四个方面的反思，提出基于教师实践性知识的教师教育课程发展的基本思路，他的研究主要从地方师范性大学职前教师教育入手。正是认识到课程改革在教师教育改革中的核心力量，2013 年，教育部教师工作司启动了《教师教育课程标准》的研制，并据此编制《教师教育课程标准解读》一书，在教师知识观念、教师教育理念变革的基础上，提出新时期教师教育课程的基本理念是育人为本、实践取向及终身学习。

中国教师教育的管理权限在政府，其课程也是由国家统一制定、设置范围和学分要求。政府应与学校协商沟通，有所作为，调整课程结构比例，拓展课程类型，整合课程内容，强化实践课程和开发潜在课程，促进教师教育课程体系改革。当前教师教育课程专业必修课程内容前沿性不足，专业选修课程内容面偏窄，综合课程内容面偏窄，实践课程实习模式单一，内容单调，要改变目前的现状，需要做到：加强学校教育课程和学科教学论的教学；改革学习方式和教学方式，提高课堂教学效率；延长教育见习、实习的时间。

2. 关于职后教师教育课程的相关研究

第一，职后教师教育课程的目标取向。教师教育课程的价值目标、价值取向既是课程活动的起点，又是课程活动的终点，贯穿整个课程，制约着全部教学活动。因此，要遵循以下四点原则：以学生发展为本的原则、整体优化原则、相互渗透相互协调的原则、“三性一体”的原则①。同时，课程设计理念上要体现课程内容的综合性、课程功能的发展性、课程学习方式的自主性。在强化课程建设、专业认识上需坚持学科专业与教育专业的和谐发展观，课程设计应坚持以综合素质为中心的综合化取向，课程实施则要自觉践行课程创生理念②。当前教师教育课程价值取向定有不合理之处，应确立其应有取向并探索实现途径。其实现途径可以从传统的教师教育的三种课程价值取向，即知识本位的课程价值取向、能力本位的课程价值取向和以学生为本位的课程价值取向③，吸取有用知识，或建构实践取向的教师教育课程，以此取代学术理性取向的教师教育课程。实践取向包括三方面的含义：教师教育课程必须关注教师的专业实践和教育现实问题；教师教育课程必须支持实践问题的解决和实践能力的发展；教师教育课程必须支持对实践的反思和教育知识的建构④。

① SALTER L, 2011. Preconditions for post-employment learning: Preliminary results from ongoing research [J]. The International Review of Research in Open and Distributed Learning，12（1）：24-41；吴惠青，刘迎春，2003. 论教师课程能力［J］. 教师教育研究（2）：68-71.

② 彭香萍，2010. 教师教育课程取向的历史演进及其启示［J］. 教育学术月刊（9）：20-22.

③ SMITH G. G，2005. Screening teachers and substitute teachers: Best methods for use in prescreening applicants to predict post-employment success［J］. SubJournal，6（1）：17-27.

④ 王少非，2013. 教师教育课程的实践取向：何为与为何［J］. 教师教育研究（5）：74-77.

研究者们也开始将反思性实践的思想应用到教师教育课程实践中。威斯康辛大学麦迪逊校区小学教师教育计划中所做的“教师范生反思（teaching student teachers reflect）”的研究，是较早关于教师教育者如何培养师范生反思能力的研究。威斯康辛大学麦迪逊校区的小学教师教育计划一共是四个学期，培养的是幼儿园和 1～8 年级的教师。该教师教育计划的课程在美国具有典型性，泽克纳（Zeichner K. M.）和他的同事利斯顿（Liston D. R.）的研究是在该教师教育计划的最后一个学期做的，在此之前，学生已经学完了各门理论课程，并完成了 160 小时的实践体验，这一整个学期（共 15 周）都是学生的实习期，其中，师范生每周有 4.5 天在幼儿园或小学实习，并在实习学校参与大学教师组织的“小学课堂教学习汇报（seminar）”[①]。泽克纳和利斯顿以培养师范生的反思能力作为该实习课程的目标指向，在课程设计上，以师范生的实习（教学）为中心，围绕实习，师范生的主要活动包括：①开展多种多样的研究（探究）活动；②参与大学教师在实习学校开设的习明纳；③根据指导教师的提纲写反思日志；④定期接受大学导师的检查和指导。泽克纳和利斯顿描述了这门课程的组织结构、设计和实施状况，并分析了学生反思能力的发展情况及影响因素等一系列的问题[②]。

第二，教师教育课程的内容与结构的相关研究。现行教师教育课程结构存在很多问题：公共基础课类型少，内容陈旧，学科专业课比重过高；教师教育理论课程内容单调，比重较低，专业技能课缺失；教育实践课课时少，形式单一。因此，要更新课程观念、调整课程结构和整合课程内容。中小学教师继续教育的内容，可以按照三方面进行，即以敬业爱岗为核心的教师职业道德教育、以转变教师观念为核心的教育教学理论的教育、以改进教育教学过程为核心的专业知识和技能的教育[③]。然而，随着教师教育不断发展，主题式、模块式课程逐渐兴起。最先将模块引入课程的是职业技术教育，20 世纪 50 年代国际劳工组织为培训产业工人开发出一种新的职业教育课程模式——课程模块。

随后，世界各国和不同地区都在进行新一轮的高中课程改革，尽管各国的国情不同，课程改革的实践情况纷繁复杂，但各国高中新课程的一个显著特点是采用了学习领域和模块设计的形式。英国在 2000 年对高中课程进行了重大的改革，突出了学科领域及模块设计。英国《2000 年课程指南：实施 16～19 岁资格的改革》具体介绍了高中课程的组织形式，6 个模块等于一门 GCEA Level 课程（advanced level，general certificate of education），3 个模块等于 7 个 AS 课程

① SKINNER E. A, BELMONT M. J, 1993. Motivation in the classroom: Reciprocal effects of teacher behavior and student engagement across the school year [J]. Journal of Educational Psychology, 85 (4): 571; Ferris D. R, 1995. Student reactions to teacher response in multiple-draft composition classrooms [J]. TESOL quarterly, 29 (1): 33-53.

② 王添淼. 成为反思性实践者：由《国际汉语教师标准》引发的思考［J］. 语言教学与研究，2010（2）：25-30.

③ 朱益明，1998. 论中小学教师继续教育的内容与对策［J］. 教育发展研究（10）：45-48.

（advanced supplementary level）[①]。加拿大高中的课程结构也采用了模块课程的设计方式，学校可以采用垂直、水平与随机的方法选择模块，配置成新的科目向学生开设。德国高中阶段设置的课程非常丰富，共划分为三个课业领域，课业领域下设若干学科，学科又分成基础课程模块和特长课程模块。法国的高中课程改革是在具体的科目中，如法语、数学等拿出一部分时间（每周 30 分钟）实施课程模块。

模块课程在职后教师教育中的应用是在 20 世纪以后。在当前教师教育课程改革中，尽管由于文化、教育传统的差异，各国教师教育的课程教学也各具特色，但也呈现出课程模块发展的趋势。本科层次的教师教育课程内容分为“核心课程研究”“专业研究”“学科研究”“实践体验”四个模块[②]。随着中小学教师学历层次的大幅提升，中小学教师的学历补偿教育已经基本完成。1999 年，国务院相继颁发了《面向 21 世纪教育振兴行动计划》和《中共中央、国务院关于深化教育改革全面推进素质教育的决定》两个文件，这一年教育部颁布了《中小学教师继续教育规定》，提出中小学教师继续教育原则上每五年一个周期，要以提高教师实施素质教育的能力和水平为重点，主要包括：思想政治教育和师德修养、专业知识及更新与扩展、现代教育理论与实践、教育科学研究、教育教学技能训练和现代教育技术、现代科技与人文社会科学知识等。随后各省市根据《中小学教师继续教育规定》纷纷出台了具体的学分管理办法，并对职后教师教育课程体系进行了规定。《重庆市普通中小学教师 2007—2012 学年度继续教育学分管理实施细则（试行）》提出以师德教育和“新理念、新课程、新技术”为重点的课程模块，每个板块均包含市、区县（自治县）、校三级课程。《北京市“十二五”期间中小学教师继续教育学分管理办法（试行）》提出职后教师教育以“必修课程”“选修课程”及“校本研修课程”三个模块构成。广州市印发了《2003—2005 年广州市中小学教师继续教育规划实施细则》，职后教师教育课程分为三类和四个模块，分别是教育科学类、学科专业类及综合类三类。教育科学类课程开设 2 门公共必修课：“专业技术人员权益保护”20 学时、“计算机信息技术培训”20 学时，以及思想政

---

① GCEA Level 课程是按相互衔接、形式一致的模块设计的，它的学习按模块（module）方式进行，学完一个模块可参加一次公开考试，或全部学完后再一起参加考试。芬兰的高中课程是在科目下，根据内容、分量和难度将课程分为不同级别的模块。参见：ALTON A, MASSEY A,1998. Date of birth and achievement in GCSE and GCE A-level［J］. Educational Research，40（1）：105-109; MASSEY A, 1983. The effects of handwriting and other incidental variables on GCE “A” level marks in English literature［J］. Educational Review，35（1）：45-50.

② “核心课程研究”指每位师范生都要深入研究英语、数学、科学三门国家核心课程；“学科研究”指师范生要根据自己的兴趣选择小学阶段的一门学科作为自己的专门领域；“专业研究”目的是要培养师范生对教育科学的理解和基于教育实习经验的反思；而处于核心位置的“实践体验课程”则提供了一种情境、使整个培养计划行程一个有意义的整体。法国的教师教育大学院同样采用模块的方式培养师资。以必修模块、选修模块和自由选修模块来整合“教学论教育、普通教育、实习、论文和个人工作”几个要素。美国教师教育课程也以“习明纳”为主要教学形式整合模块课程。

治理论、哲学与社会科学、现代教育思想和观念、新课程通识培训、素质教育的理论与实践、班级管理、心理健康教育和外语等选修课。学科专业类（90 学时，两区、两县级市为 70 学时）课程为中小学各学科教师必须按专业对应进修的课程，包括专业知识课程（专业知识课程包括学科知识的新进展、学科新课程标准解读、新课程教材教法与教学设计、学科论文撰写、计算机信息技术与课程知识的整合方法、学科活动课程指导等）。教研活动课程（教研活动课程紧密结合各学科在教育教学过程中的实际，把经验提升为系统性较强的课程来开设，以指导各学科当前的教育教学实践）。综合类（20 学时，两区、两县级市为 20 学时）课程为教师的拓展性课程：一种为学科的应用性课程，这些课程只需要一定的学科基础知识就可以学习，允许教师跨学科进行进修。另一种是为了拓宽教师的知识面、提高自身各方面素质和修养而设置的课程：一是以知识能力内容为主题建构课程模块；二是没有关注学习者差异和需求；三是这种模块建构是建构在宏观政策基础上的职后教师教育模块。①

2011 年，教育部颁布了《教师教育课程标准（试行）》，对教师教育课程体系框架进行了建构。职前教师教育课程目标从纵向上按照幼儿园、小学、中学三类不同学段设计，从横向上按教育信念与责任、教育知识与能力、教育实践与体验三个维度构建，同时以学习领域来贯穿起课程不同模块。教师教育课程分为六大学习领域，每个学习领域由价值相近的不同建议模块组成，每个模块又涉及重要主题，并指向问题解决。《教师教育课程标准（试行）》对职后教师教育课程模块也进行了设置，其课程分为“加深专业理解”“解决实际问题”“提升自身经验”三个模块。每一模块再分别确定相应的主题，如“加深专业理解”确定了当代教育思潮、教师专业伦理、学科教育新进展、儿童研究新进展、学习科学新进展、多元智能与教育、建构主义与教育等内容，同时提出了开发以终身学习为导向的在职教师继续教育课程体系，重视在职学习的特殊性；提出了学历教育课程应处理好衔接和发展问题，非学历教育课程应满足在职学习者内在的专业发展需要等。

第三，教师教育课程的实施与评价的相关研究。课程实施是把课程计划付诸实践的过程，它是达到预期的课程目标的基本途径。针对我国教师教育面临的新情况、新问题，必须重新审视教师教育的专业化内涵，更新教师教育的多元化理念，进而构建适应我国国情、符合教师教育发展规律的教师教育实施模式。课程实施后，随之而来的是对课程进行客观的评价，在确定了课程评价的目的和类型后，接下来就是选择实施评价的模式。美国教师教育研究者 Dean C. B.和 Lauer P.

① 梁斌，蔡桂玲，梁伟其，2009. 广州市中小学教师继续教育网络学习绩效研究［J］. 教育导刊（10）：28-32；向祖强，邢红，2004. 广州市中小学教师心理健康现状的调查研究［J］. 广州大学学报：社会科学版（9）：87-91.

A.认为评价教师教育课程计划是否卓越，涉及以下六方面的问题：①教师准备课程（如文理基础课、临床经验、专业课程等）中的个体、团队以及构成要素如何评价？②教师准备课程如何结合课程标准进行评价？③教师准备课程如何开展综合评价？④中小学群体如何影响教师准备课程的评价？⑤外部因素是如何对教师准备课程发生影响的？⑥用于支撑评价教师准备课程的信息以及相关文化特征是什么？[①]

课程实施是把课程计划付诸实践的过程，它是达到预期的课程目标的基本途径，是对课程实施过程本质的不同认识以及支配这些认识的相应的课程价值观，集中表现在对课程变革计划与课程实施过程之间关系的不同认识方面。教师教育课程实施，摒弃了割裂的、孤立的价值取向，表现出整体的课程实施取向、发展的实施取向和实践的实施取向等态势[②]。有的学者提出课程实施需做到：突出知识、技能和实训目标三个导向，制定一体化课程目标；注重课程模块、统筹课程，内容前后贯通，建构一体化课程体系；强化推行实践项目制、创建实践共同体的平台建设，组织一体化课程实施；明确课程标准，开展一体化课程评价[③]。课程评价是课程改革系统中的一个重要组成部分，具有诊断课程、修正课程、比较各种课程的相对价值、预测教育的需求、确定课程目标达到的程度等作用。

纵观国际教师教育课程改革及其职前职后一体化建设，重视并组织开展教师教育课程的认证与评价是其重要方面。如英国为确保教师教育课程的职业有效性，对教育专业课程和教育证书课程（统称教师教育课程）实行学术有效性和职业有效性审定，并尤其强调对实践性课程的评价。加拿大安大略省教师教育课程建立有专门的课程评价认证的保障机制，以确保教师教育课程计划符合中小学实际情况，保证教师培养质量[④]。建立有效的课程评价体系，是构建教师教育职前、职后一体化课程体系的重要环节。因此，要加强教师教育课程的监控与管理环节，建立教师教育课程质量认证和评价制度，明确评价标准与目标，构建评价体系与运作机制，定期评估与修订课程方案，监控教师教育的质量，确保教师教育课程方案反映时代发展和社会进步对教师专业素养的要求。

（三）职后教师教育模块课程研究的评述与反思

在既往的文献中，分别研究教师实践性知识和职后教师教育课程的论文并不

---

① LAUER P. A，DEAN C. B，2004. Teacher quality toolkit［J］. Mid Continent Research for Education and Learning：71；谌启标，2007. 学校效能研究与学校重建［J］. 教育发展研究（20）：14-18.

② SMITH G. G，2005. Screening teachers and substitute teachers：Best methods for use in prescreening applicants to predict post-employment success［J］. SubJournal，6（1）：17-27；曾婧，2010. 综合性大学教师教育课程的实施取向及策略［J］. 中国高校师资研究（2）：57-58.

③ 吴锋民，眭依凡，2013. 教师教育研究［M］. 北京：教育科学出版社.

④ 陈玲玲，陈佩枫，2000. 让每个教师在不同水平上得到发展［J］. 学前教育研究（3）：46.

少见，但是直接研究“基于实践性知识的职后教师教育课程”的相关文献则相对很少。而且在文献分布上，呈现出“两多两少”的特点：一是国外研究相对较多，国内研究相对较少，而且国内大多数是对国外观点的植入与引进；二是理性思辨的文章相对较多，实证研究的文章相对较少。研究本身存在着一些不容忽视的问题和局限，主要表现为：

第一，从研究的内容上来说，既有研究已经开始从教师实践性知识的角度去探讨教师教育课程，但是直接研究“基于实践性知识的职后教师教育课程”的成果几乎没有。在探讨教师教育课程的过程中，过分强调理论化，很多用于解决问题的方式与途径如果过于理论化，会缺乏操作性，不利于实践，难以发挥其作用，实现其最初的目的。

第二，从研究方法上来说，现有的研究主要集中在理论层面的推演而实践研究不足。在研究中很少从教师积极需求的角度出发，也缺乏对现有职后教师教育课程现状的掌握。因此，需要基于深刻的实证分析和深度的访谈，分析职后教师教育课程的问题以及职后教师教育课程的真实需求，然后，建构理想的课程体系。

“基于实践性知识的职后教师教育课程研究”是一项比较新颖的研究，而且具有较大意义。总览以前的研究，可以推断：

第一，教师教育课程研究是教师教育发挥作用的关键。教师角色的定位影响着教师教育课程的发展，培养什么样的教师也决定了有着什么样的教师教育课程。纵观教师教育历史的发展，教师角色的发展经历了“圣者型教师”“技术员型教师”“实践反思性教师”几个阶段，由此，教师教育课程也经历了从知识范式、能力范式到探究范式的发展历程。所以，后期职后教师教育课程研究，需要注意两个方面：一是教师教育课程中理论与实践的关系逐渐弥合。教师专业发展及课程研究表明，教师专业发展不是从理论学习到实践应用的线性过程，而是一个在实践体验的基础上结合经验进行反思的渐进过程。二是教师作为“人”的主观意识逐渐彰显。圣者型教师角色中，知识最重要；技术员型教师角色中，教学知识的能力被补充到教师角色中；而反思性实践者角色中，教师作为主体对实践情境进行主观、主动的反思显得尤为重要。

第二，“基于实践性知识的职后教师教育课程研究”将会是教师教育一体化之后的另一新的热点课题。一方面，在既往研究中，基于实践性知识的职后教师教育课程研究的成果不多，这一领域的研究亟须丰富和完善；另一方面，随着我国教育事业发展与转型，特别是教师教育一体化战略的实现，这方面的研究成为了实践发展的必然需求。从已有研究和实践看，模块课程不管是在职业教育、高中教育还是教师教育领域都有了相关的研究和实践。特别是在职前教师教育领域，模块课程概念已经在国内外教师教育院校中被广泛地实践和研究。但是由于职后教师教育形态多样，教师专业发展阶段多阶，教育目的也迥异。因此，要如同职前教师教育课程那样，为各种类型的职后教师教育制定教育课程内容框架还缺乏应有的研究基础。

第三，“基于实践性知识的职后教师教育课程研究”的范式和方法必然走向实证主义和多学科视角。既往研究中，比较研究较多，理论研究较多，跨学科研究较少。因此，通过实证取向，通过跨学科的视角去研究和解决问题是职后教师教育课程研究的必然趋向。在职教师教育课程设置框架有待完善的有两个问题：一是在职教师教育课程设置框架尚需寻求更合理的依据，即要解决用什么作为建构课程体系基础的问题；二是加强对面向特定教师群体的教育课程体系的建构。这也是本研究希望努力的方向，本研究立足反思性实践视角，致力于建构职后教师教育课程模块。

五、职后教师教育模块课程建设的理论基础

（一）成人学习理论：教师生涯发展的动力与支撑

1. 成人学习理论流派

成人学习理论主要分为四个流派，其中，认知取向的成人学习理论包含了自我导向学习理论以及非正式学习理论[①]。自我导向学习主要是在人文主义思想的指导下，形成主要的三个教学目的：一是为协助个人发展、自我导向的能力；二是启发个人的自省批判能力；三是解放个人，实现全人发展。社会文化取向的成人学习理论认为“社会本身就是一个大教室”，应该重视社会文化脉络对成人学习者的影响，因此我们需关注社会各种要素与成人学习者之间的互动。非理性取向的成人学习理论关注的是成人学习者的情感、意识、潜意识、肢体语言与成人学习者之间的关系。非理性取向成人学习理论主要包括了情感与想象学习理论和叙事学习理论等。成人的身心发展与社会角色有别于儿童和青少年，因此成人的学习方式也具有特殊性。在成人学习中，应帮助其成长，以适应生活的各个方面。同时还应视成人为主动的学习者，帮助其自我实现。

成人学习习性主要包括四个方面；其一，有明确的学习结果，成人认为学习活动应该得到一个确切的结果，如学习一种职业技能就应该立即应用到工作中；其二，成人学习以问题为中心，成人在工作或生活中遇到具有挑战性的问题，为寻求解答而进行学习；其三，以内化的学习动机为主，成人的学习动机主要是希望提升自我业务水平，提高生活的品质，而较少因为一些外部要求；其四，成人由于具有丰富的经验，而这些经验都是新知识产生的生长点，然而这些经验也有可能使成人先入为主，产生思维定式，反而成为学习的阻力。

① 吕佳霓，2007．师资培育评鉴之后设评鉴研究［D］．台北：台北市立教育大学．

2. 教师学习主张

第一，教师学习是一个获得知识和技能的过程。比利特（Billett）认为，“教师学习是教师通过反思和行动培养技能、获得知识和专长的过程”①。凯利（Kelly）认为，“教师学习是教师旨在获得专业知识的过程”“教师学习包含教师为了参加课堂活动而参与实践认知的过程，这种过程包含了在场的教师身份的发展”②。当然，把“教师学习”仅定义为获得知识和技能的过程肯定是有缺陷的，因为“学习不仅是一个获得知识的过程，它还密切关系到个性、情绪及社会技能的发展，而且它的成功取决于学习者的情感、动机和信心”③。

第二，教师学习是一种基于学校情境的参与实践的活动。对于教师来说，学习发生在不同层面的实践中，包括在课堂中，在学校共同体中，在专业发展的课程和工作坊中，也可能发生在与同事交谈的走廊上，也可能发生在放学后与一个淘气学生的商讨中。所以，教师学习是“不断参与教学实践的过程，通过这种参与活动而达到理解和认识教学的过程”，而且“教师学习可以界定为一种通过特别学校背景与个别教师学习实践的兴趣与性情之间的互惠合作”④。情境学习的视角给我们提供了强有力的研究工具，使得研究者能够关注教师作为个体的学习者，又能关注教师参与专业学习共同体的学习。

第三，教师学习是一个持续的统一体。约翰·斯克威尔等为教师学习构建了一个概念框架，即认为教师学习是一个持续的统一体（the continuum of teacher learning）。这一统一体由四个相互连接的阶段构成：学徒身份的观察（apprenticeship of observation）、教师的职前准备（pre-service preparation of teachers）、入职（induction）、持续的专业发展（continuing professional development）⑤。

3. 对本研究的理论启示

自 20 世纪 20 年代成人教育作为实践领域的专业建立以来，有关成人如何学习的问题得到了普遍的讨论。由塔夫（A. Tough）、诺尔斯（M. Knowles）等学者倡导的“自我导向学习”（self-directed learning，SDL）一枝独秀。正如戈瑞森（D. R. Garrison）所言：“在成人教育中，没有任何领域像自我导向的学习

---

① BILLETT S, 2001. Learning through working life: Interdependencies at work[J]. Studies in Continuing Education, 23(1): 19-35.

② KELLY P, 2006. What is teacher learning? A socio-cultural perspective. Oxford Review of Education, 32(4): 514-515.

③ SHAW K, E, 2001. The intelligent school[J]. Peb Exchange Programme on Educational Building, 3(1): 147-152.

④ HODKINSON P, HODKINSON H, 2004. The significance of individuals' dispositions in workplace learning: A case study of two teachers[J]. Journal of Education and Work, 17(2): 167-182.

⑤ JOHN S, MARTIAL D, et al., 2007. Global perspectives on teacher learning: Improving policy and practice[R]. Paris, UNESCO: International Institute for Educational Planning: 29-34.

那样获得了如此广泛的重视并拥有如此众多的支持者。在过去20年内，自我导向的学习是成人教育中经常获得确认的一种框架。”①成人学习理论对本研究的启示如下。

第一，经验是丰富的学习资源。作为成人学习者，职后教师通常具备较为丰富的知识经验和较强的独立意识，在学习过程中，擅长以独立的自我经验从事各种学习活动及设定学习目标和结果。

第二，学习需求与变化着的工作世界紧密相关。变化着的工作世界对职后教师提出挑战，作为学习者，职后教师根据变化着的工作世界，诊断自己的学习需求，并根据需求设定合适目标，调整有效的学习策略。

第三，以问题为中心进行学习。职后教师工作场学习强调“用中学”。因为学习的内容与工作世界中的问题具有高度的关联性，因此，职后教师的学习以解决工作世界面临的问题为起点，对可以立即应用的知识尤其感兴趣。

（二）模块课程理论：现代学习方式的变革与选择

1. 理论源起

模块式技能培训（modules of employable skills，MES）、以能力为基础的教育（competency-based education，CBE）和双元制等职业技术教育模式，在市场经济发达的国家和地区已经运转多年，不但在实践中得到验证，在理论上也有所突破。而我国也应该从中国国情出发，借鉴世界各国一切反映社会化生产和市场经济一般规律的经验，“广吸收、不套用”。在科学技术发展对职业教育提出新的要求、我国经济发展对职业教育提出新的要求、终身教育理论对职业教育提出新的要求、全面推进素质教育对职业教育提出新的要求的背景下，蒋乃平和他的课题小组开始探索适合中国的职业技术教育的职教模式。

2. 核心主张

模块就是在对职业岗位能力分析的基础上，根据培养的人才应具有的知识、能力和素质，通过整合，把课程分成既有联系，又有区别的几个阶段来进行。模块课程是指具有与之相对应的核心主题的一种小型课程，这些模块之间是相互联系同时也彼此独立的关系，它们各自有自己的起点和终点。每一个模块课程都有自己的目标和评价标准，且目标明确，标准规范、可操作。

集群式模块课程是将相联系职业（岗位）集结成为一个职业（岗位）群，分析职业（岗位）的专业技能，然后加以系统组合成课程，简称KH模式。KH模

① BLAKEMORE B，SIMPSON K，2010. A comparison of the effectiveness of pre-and post-employment modes of higher education for student police officers[J]. The Police Journal，83(1): 29-41.

式包含两大课程观。一是基础发展观。职业教育是与普通教育相平行的一种教育类型，是终身教育的一部分。它是受教育者进入社会系统之前的预备教育，为以后的职业生涯打基础。随着社会的快速进步，职业技能的更新也不断加快，与之紧密相关的职业教育课程必然需要跟随社会发展的步伐不断调整和更新。二是能力生存观。竞争与合作是当前我国市场经济发展的主要趋势，职业教育培养的人必须是具有高素质、高能力的复合型人才，他们具有竞争上岗的实力和自主选择就业的能力，才能在这人才斐然的社会中立足。

集群式模块课程最主要特点是“宽基础、活模块”，即将课程结构分为“宽基础”和“活模块”两个相互联系又有区别的阶段。第一阶段，即“宽基础”阶段，所学习的内容并不针对某一特定岗位，而是集合了一群相关职业所必备的知识和技能。“宽基础”阶段之所以能集合一群相关职业所必备的知识和技能，其哲学基础建立在认为任何一群相关职业中，都有一套通用的知识和技能，这些知识和技能适应于这一群职业中的任何职业，“学习了这些通用的知识和技能，既可使学生在第一阶段的学习结束后，根据自己的特长和兴趣爱好对第二阶段的模块加以选择，使学生毕业后在劳动力市场中有较高的应变能力，还为今后继续教育奠定基础”。第二阶段，即“活模块”阶段，所学习的内容是针对某一特定岗位所必备的知识和技能，并且突出实践技能教学，以体现职业技术教育的特色。

3. 对本研究的理论启示

第一，构建基础课程与特色课程完美结合的课程体系。职后教师教育课程改革应该构建出科学合理的课程体系，在这个体系中，要注意基础课程与特色课程的有机结合。集群式模块化课程模式的“宽基础、活模块”为教师教育课程的改革提供了清晰而明确的思路。“宽基础”是面向一个职业群的定向教育，是为受教育者在一个职业群的范围内终身接受定向教育奠定基础的内容；“活模块”中的每一个“大模块”是针对一个职业的定向教育，是让受教育者具有一个职业的必备知识、技术和能力的内容。“小模块”的内容即为专项能力。在处理“宽”与“专”关系的具体实施操作中，要认真研究“宽基础”与“活模块”的结构比。

第二，要处理好动静搭配的课程结构。教师教育面对千千万万一线教育实践者，教育学、心理学和学科教学是基础课程，但由于社会不断进步和发展，对教师要求也不断提高。因此，在构建教师教育课程模块时，需要处理好动与静的关系。在这个动态的社会里，教师教育课程必须走在时代前沿，以静制动与以变应变相结合，预测未来教师需要掌握哪些技能，确保课程的顺利开发。在开发教师教育课程和处理课程结构时，在符合教育行政部门相关规定的基础上，及时调整教学内容的课程方案。课程设置的基本框架和主要科目的相对稳定，有利于学校师资、设施设备方面的基本建设。

第三，开发利于兼顾发展共性和个性相统一的课程内容。集群式模块化课程模式考虑到面对的是不同年纪、教龄、阅历的教师，其个性更是百花齐放，在宽基础上，更强调课程的灵活性，弹性选课，从教师的“选”和学校的“选”两种思路来设计。兼顾教师学习过程和工作过程，在使用课程综合化手段时，强调拓展和发展教师个性的“大模块”的重要性。

第四，建立可持续发展的长效机制。教师教育是一个漫长的过程，不能一蹴而就，要保证教师教育的健康发展，就必须建立一个长效保障机制。因教育具有超前性与滞后性，在评价教师教育课程改革时，需细化指标，参考集群式模块化课程体系的内外两种标准：一是加强教育内部考核，通过一纲多本的形式，管理“宽基础”阶段，以基本标准为依据组织教育内部考核；二是借助社会考核，通过职业资格鉴定，管理“活模块”阶段。

（三）实践课程理论：职后教师教育课程设计理念

1. 理论缘起

“实践”课程理论最早是由约瑟夫·施瓦布（Jeseph Schwab）提出来的，施瓦布是美国著名的课程理论专家、生物学家。课程专家派纳称博比特、泰勒和施瓦布是课程领域的三个历史“巨头”。20 世纪五六十年代，施瓦布曾与布鲁纳一起领导了美国的“新课程运动”，该运动最终以失败告终。施瓦布在反思新课程运动失败的基础上提出了“实践性课程观”，该观点的提出在教育界引起了很大的反响，给我国的新课程改革带来了生机。

2. 核心主张

施瓦布提出来的实践课程探究模式主要针对的是传统的理论课程探究模式。该理论的基本思想主张有以下几点。

首先，实践的课程哲学思想强调课程的终极目的是“实践兴趣”。这种“实践兴趣”指向的是建立在对意义的一致性解释的基础上，通过与环境的相互作用而理解环境的基本兴趣，它强调过程和行为自身的目的，强调理解环境以便能与环境相互作用。实践模式把教师和学生看作是课程的主体和创造者，是课程的有机构成部分。教师是课程的主要设计者，或者可以在执行课程的实践中根据特定的情境发挥创造性，学生则有权对什么学习和体验是有价值的以及如何完成这种学习和体验等问题提出怀疑和要求解答。

其次，实践的课程模式反对过分依赖外来的理论，强调的是课程理论的重建和发展，强调课程开发的过程与结果、目标与手段的连续统一。施瓦布认为，脱离具体实践情境的抽象结果是没有意义的，真正有意义的结果是在适应实际的兴趣、需要和问题的过程中实现的，是内在于过程之中的。课程开发中关注的焦点应该是课程系统诸要素间相互作用的连续过程，尤其是学习者的兴趣和需要，把学习者和学习群体置于研究的中心。

最后，实践的课程模式强调通过集体审议来解决课程问题。这种审议是在特定情境中作出行动决策的。施瓦布认为，课程问题的提出与解决，都需要依靠实践的语言。为了使集体审议能够有效地解决课程问题，施瓦布主张运用实践的艺术和择宜的艺术。实践模式的缺陷在于易造成思路上的混乱。集体审议由于个人的背景不同，因此对课程问题很难取得一致看法。

3. 对本研究的启示

第一，课程实施的过程与结果并重，追求“实践兴趣”。在以往的教师教育实践课程中，我们更多地关注结果评价而忽视了活动过程中人的问题，而人的兴趣问题更为重要，这种实践兴趣直接指向课程实践过程本身，也就是说，它主要针对的是教师的教和学生的学所组成的教学活动。因此，我们在追求课程结果的高度的同时，不能忽视课程过程中学生的实践兴趣，需充分利用教育资源，为教师的专业成长提供更高的平台。

第二，借鉴集体审议的模式，开发有针对性、丰富的课程资源。区域内各校应充分利用自身所具备的硬件条件和软件条件，根据自身的条件开发具有自身特色的教师教育实践活动课程，全面规划和制定适应自身情况的实践活动课程。这种实践活动课程是校本课程的一种，需要在课程内容中体现“教师成人学习特点”与“本地特色”，这是一种既适应当前教师兴趣需要，又能满足社会对人才培养要求的课程开发模式。为此，我们需借鉴施瓦布实践课程理论中集体审议的方法，充分调动学校的人脉，吸纳更多的教育专家和社会资源参与到课程研发上，积极收集各方对课程研发的意见和建议，制定合理的课程目标，更新课程内容。

第三，提倡教师进行行动研究，开展反思性教学。在职后教师教育模块课程的开发和实施过程中，教师作为设计者和主要的实践者，在其中起决定性作用，他连接着课程与学生，是二者之间的枢纽。教师的重要作用使之需要在实践中开展行动研究和反思性教学。作为21世纪的教师，既是课程的研究者又是课程的实践者；在理论与实践的结合中，教师是课程与教学的主力军，教师的研究与创新推动着课程的发展与进步。

六、职后教师教育模块课程建设的分析框架

“跛足而不迷路，胜过健步如飞却迷失了方向的人。”研究的方向决定了研究结果最终的实际价值。一个好的研究设计就是一张价值无限的研究蓝图。从研究的目标出发，确定本研究的研究假设、分析框架、研究思路、研究方法与研究内容，才能指引研究工作的顺畅进行。

（一）主要目标：开发面向反思性实践的职后教师教育模块课程

本研究最终的目标是培养“反思性实践者”，提升教师的实践性知识和反思实践能力，最直接的目标则是开发出面向反思性实践的职后教师教育模块课程。因此，本研究需要解决的问题有以下三点。

第一，以往和当前职后教师教育课程是什么样的？有什么问题？之所以要开发面向反思实践的职后教师教育模块课程，很可能是因为以往和当前职后教师教育课程并不能满足当前教师的需要，或者存在某些问题。这是本研究的分析起点，从总结以往和当前职后教师教育课程的样态与问题入手，分析职后教师教育的需要，进而为开发出面向反思实践的职后教师教育模块课程提供支撑。

第二，职后教师教育需要什么样的课程？有什么基本标准？课程开发不能盲目，必须根据学习者的实际需要：一方面，必须基于问题洞察和深度实证，反映出当前职后教师教育对课程的需求；另一方面，还必须理性审视职后教师教育的目标、内容、结构以及实施与评价方面的基本特征与属性，为课程开发提供相应的理论指导。根据学习者的需要和理性的思量，确定职后教师教育课程变革与创新的方向，这正是面向实践的职后教师教育模块课程的提出。

第三，面向实践的职后教师教育模块课程有什么属性？如何满足学习者的需要？如何解决当前职后教师教育课程的问题？在提出面向实践的职后教师教育模块课程之后，就必须系统建构和分析课程的理念与目标、内容与结构、实施与评价等问题，从而让职后教师教育模块课程满足学习者的需要，解决当前职后教师教育课程的问题，进而提高职后教师教育的效率，培养“反思性实践者”。

（二）前提假设：以往和当前的职后教师教育课程与教师的需要不匹配

本研究着眼于职后教师教育模块课程的设计与开发，致力于提高职后教师的实践性知识和反思实践能力，把中小学教育教学工作者培养成为“反思性实践者”。因此，本研究把教师教育课程作为自变量，把培养“反思性实践者”作为因变量。两者之间的充分不必要关系就是本研究的前提假设——如选题缘由和研究问题所述，之所以要开发面向反思实践的职后教师教育模块课程，是因为本研究基于一个经验型的前提假设：

H0：以往和当前的职后教师教育课程与教师的需要不匹配。

这是本研究需要证明的第一个假设，也是需要回答的第一个问题，更是研究提出面向反思性实践的职后教师教育模块课程的现实依据。但是，在这个假设中，以往和当前的职后教师教育课程与教师的需要之间的假设关系必须通过理论与实践的分析去证明。事实上，以往和当前的职后教师教育课程与教师的需要不仅仅是两个变量，细而分之，两者还可以分为更加细致的变量，这就是基于前提假设的猜想，本研究还有以下五个分假设：

H01：教师教育课程的目标与教师所期待的发展目标不一致；

H02：教师教育课程的内容与教师所期待的学习内容不一致；

H03：教师教育课程的结构与教师所期待的学习顺序不一致；

H04：教师教育课程的实施与教师所期待的认知发展不一致；

H05：教师教育课程的评价与教师所期待的培训收获不一致。

通过对以上五个分假设的验证，可以进一步验证总假设 H0，基于对总假设 H0 的验证，本研究的必要性与可行性就得到了论证。不管假设成立与否，研究所得出的结论都是完善和优化教师教育课程的重要参考意见。在此基础上，从课程需求、课程目标、课程框架（课程内容与课程结构）、课程实施和课程评价五个维度探究职后教师教育课程的开发与设计。

（三）分析框架与内容：目标、内容、结构、实施和评价“五位一体”

本研究从教师教育低效率的现实现象出发，追问提高教师队伍素质和实现教育“中国梦”。为了培养“反思性实践者”，职后教师教育课程必须做出变革，从课程目标、课程内容、课程结构、课程实施和课程评价全方位努力提升教师的实践性知识，提升教师的实践性反思能力，最终培养“反思性实践者”。

因此，基于教师的职业生涯发展和职后教师工作变革，构架职后教师教育模块课程。职后教师教育模块课程在目标上，致力于把教师培养成“反思性实践者”；在内容上，主要是提高在职教师的实践性知识与反思性实践能力；在结构上，基于教师的职业生涯发展和工作过程导向，以主题和问题的形式，组成结构化模块；在实施上，基于教师学习的特征和学习条件，注重真实情境中的反思体验，提高教师的实践能力；在评价上，坚持贯通发展式评价，以学分银行等方式，保障在职教师的课程学习顺畅。整个分析框架如图 0-4 所示。

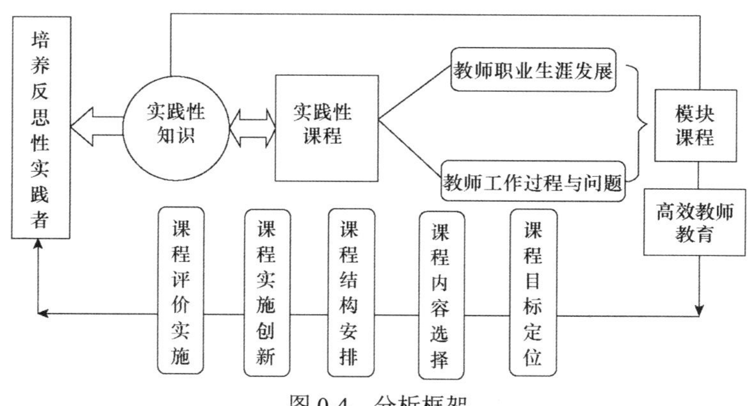

图 0-4　分析框架

如图0-4所示，职后教师教育模块课程研究的主要内容有三大块：一是基于历史和现实的透视，分析当前教师教育课程的主要问题；二是基于在职教师学习特征和课程学习者的学习需求，构架出适合职后教师学习的新型教师教育课程；三是系统分析论证基于实践性知识的职后教师教育课程的课程目标、课程内容、课程结构、课程实施与课程评价。整个研究内容可以分为以下三大模块，如图0-5所示。

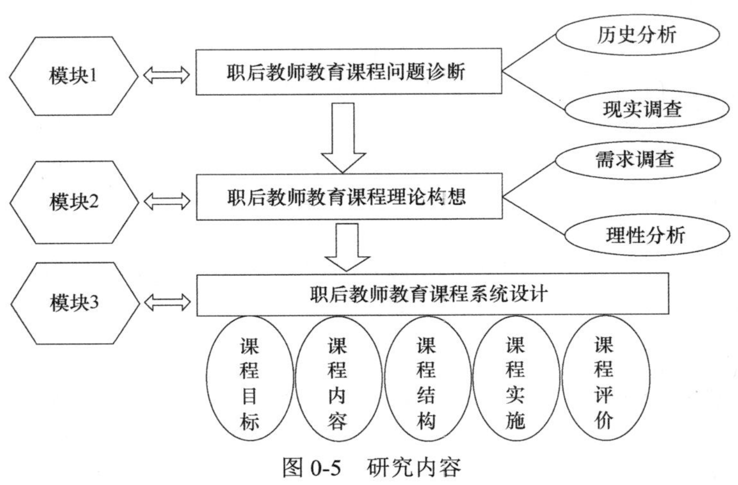

图0-5 研究内容

（四）思路与方法：理论与实践相结合、质性研究与量化研究相统一

本研究在遵循理论与实践相结合、质性研究与量化研究相统一的基础上，综合运用文献法、问卷调查法、访谈法研究以往和当前的职后教师教育课程的现状，进而论证以往和当前的职后教师教育课程与教师的需要不匹配的假设，根据研究阶段的任务与研究对象的不同，综合采用文献法、问卷调查、访谈调查等方法进行研究。在线性的研究思路设计下，考虑复杂的研究理路，不同阶段采取不同研究策略。整个研究的研究思路如图0-6所示。

围绕职后教师教育课程建构，着力于提升职后教师的实践性知识和反思实践能力，本研究在具体研究过程中主要运用的研究方法如下。

1. 文献研究法

文献研究法贯穿研究的始终，是本研究的基础性研究方法。通过文献研究法主要解决两个层面的问题：第一，通过文献研究全面地搜集关于教师教育课程的已有文献资料，在对文献资料进行全景性把握的基础上对相关研究进行述评，在文献回顾的基础之上确立起本研究的起点和方向以及本研究的思路和研究框架；第二，通过文献研究建构实践性知识取向的职后型教师教育模块课程的理论基础，从而为本研究确定独特的研究视角和坚实的理论基石。

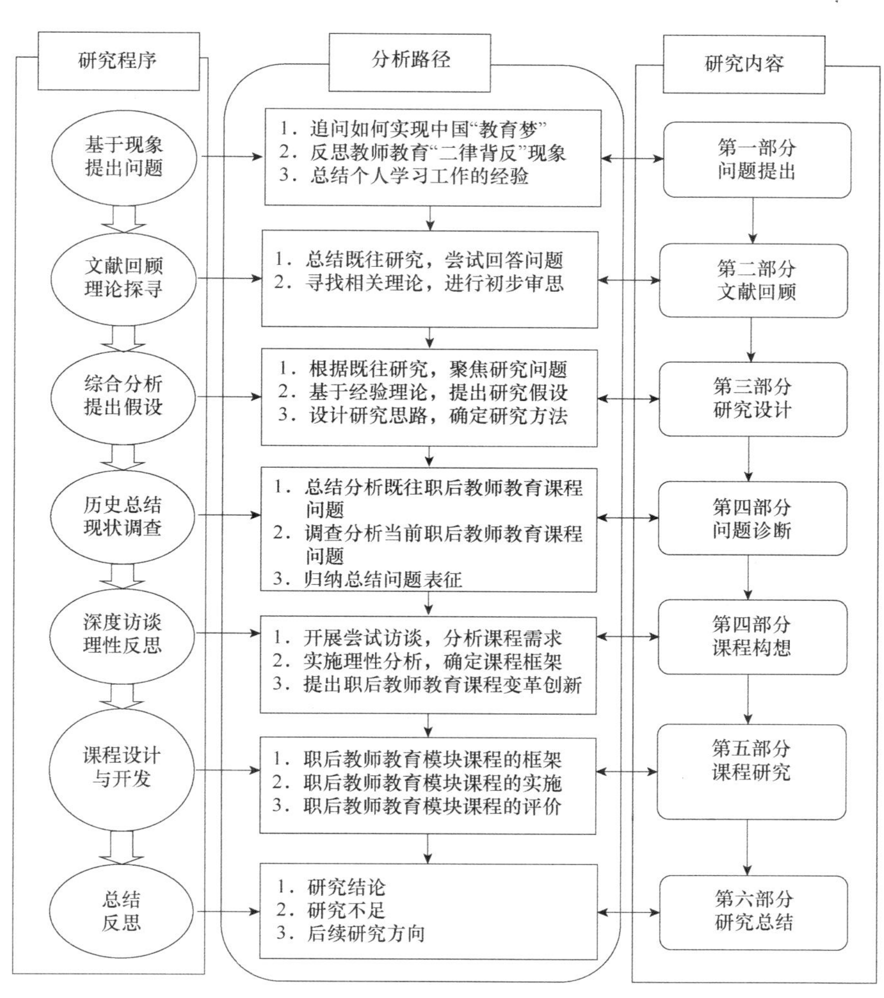

图 0-6 研究思路图

2. 调查研究法

调查研究法旨在为研究提供坚实的实证支撑和现实依据。调查研究法主要解决两个层面的问题：第一，通过问卷调查和访谈调查揭示当前教师教育课程的实然困境和主要问题，为后续的研究提供现实依据；第二，通过问卷调查考察当前职后教师教育课程的需求情况，从而为模块课程设计提供依据和支撑。

3. 访谈法

问卷法从"面"上了解了当前教师教育课程的实际困境以及教师对课程的需求，但是，这多是一种表面的判断。因此，本研究运用访谈法，从"点"的深度了解当前教师教育课程的实然困境以及教师对课程的需求，根据具体的访谈意见，设计开发面向反思性实践的职后教师教育模块课程。

（五）分析要点：抓住重点、攻破难点、突破创新

本研究重点在于研究目前职后教师教育存在的现状和主要问题，基于教师的课程需求，揭示职后教师教育模块课程的目标定位即培养反思性实践者，据此形成面向反思性实践的教师模块课程，并为这种模块课程提供适当的教学方式、机制环境。

本研究的难点在于开发面向实践的职后教师教育模块课程，特别是职后教师教育的目标、内容、结构、实施与评价如何与“培养反思性实践者”有机融合，使得职后教师教育模块课程具有良好的适用性与有效性。

本研究的创新之处主要体现：一是从培养“反思性实践者”的角度出发，基于实践知识与实践反思能力探讨了反思性实践教师的素养结构；二是基于教师职业生涯发展和工作实践，构建了实践知识生成取向的职后教师教育模块课程；三是融汇培养反思性实践者的课程目标、阶段式问题导向课程框架、结构式服务导向课程实施和贯通式发展导向课程评价，这是职后教师教育课程范式的创新。

发现正确的问题，往往等于解决了问题的大半。

——海森堡

第一章

职后教师教育课程问题诊断

职后教师教育源于我国继续工程教育。1979 年，清华大学的张宪法教授代表我国参加了“第一次世界继续工程教育大会”，从此，“继续教育”这一新的教育范畴被介绍到我国。1986 年 3 月我国国民经济发展“七五”计划明确提出“要逐步建立和完善对科技人员继续教育的制度”。自此，我国职后教师教育课程也逐步成形，但是，时至今日，我国的职后教师教育课程体系也依旧存在各种各样的问题。

一、职后教师教育课程的历史沿革

我国职后教师教育的发展阶段，历来众说纷纭，其中“三阶段说”认为我国职后教师教育可以分为：补偿性培训（20 世纪 70 年代末至 80 年代末）；探索性继续教育（20 世纪 90 年代初至 1998 年）；普及性继续教育（1999 年起）[①]。四阶段说将职后教师教育可以分为：中小学教师培训工作的兴起（1949～1965 年）；中小学教师培训工作的停滞（1966～1976 年）；中小学教师培训工作的全面恢复与发展（1977～1985 年）；改革开放带来了中小学教师培训工作的高潮（1986 年至今）[②]。伴随着职后教师教育的发展，我国职后教师教育课程也不断发展。自我国教师继续教育的探索开始以后，教师继续教育课程的探索也逐步开展起来，发展至今，也先后经历了探索期、形成期和深化期几个阶段。

（一）改革开放之后的十年探索

1979 年开始，我国职后教师教育课程兴起滥觞。这一时期的职后教师教育主

① 陈永明，等，2003．教师教育研究［M］．上海：华东师范大学出版社．
② 郭景扬，2001．教师继续教育研究［M］．徐州：中国矿业大学出版社．

要是对大部分教师进行教材教法过关为重点的培训和学历补偿培训。因此，职后教师课程具有鲜明的时代特点。①课程目标：课程目标单一，只有文化知识目标，缺乏思想政治及品德方面的目标，更缺乏教育教学能力提高实践目标。②课程内容：这一阶段的职后教师教育课程，坚持“缺什么补什么”的原则，课程内容单一，只有知识方面的内容，缺乏教育理论方面的内容。③课程结构：此阶段的课程结构单一，必修课一统天下，缺乏应有的层次性、均衡性和选择性，课程实施划一化课程评价传统。④课程实施：“教什么学什么”，统一的大教室，“满堂灌”的实施方式成为了唯一的特色。⑤课程评价：严格的试卷考试制度，死记硬背才能考出“真功夫”。可以说，1979～1989 年期间的职后教师教育课程功能单一，适应面狭窄，除了具有补偿功能外，对学历合格教师的意义极为有限。因此，改革这种课程的弊端，探索具有继续教育意义的课程就成为必然。

伴随着教师继续教育的探索在上海开展，教师继续教育课程的探索也随之开展起来。“七五”期间后期，以校长培训和教师职务培训为重点，一些先行课程已经开始办班试点。在第一轮试点教学的基础上进行中期评价，在第二轮试点的基础上进行专家论证和终结性评价，初步确立了一批重点课程建设。1987 年 6 月 3 日，国务院批转国家教委制定的《关于改革和发展成人教育的决定》指出，成人教育是我国经济发展和科学技术进步的必要条件，也是我国教育事业中与基础教育、职业技术教育、普通高等教育同等重要的组成部分，要求全社会都要重视成人教育。为此，各地就如何开展大学后成人继续教育进行了探索。

在这一阶段，随着对教师继续教育课程的研究和探索，对教师继续教育课程内涵有了一定的认识，反映继续教育课程特征的因素，诸如教师继续教育课程目标的全面性问题、课程内容的丰富性问题、课程结构的层次性问题、课程实施和评价应体现学员特点的问题等开始受到关注。

（二）21 世纪之前的十年成长期

1990 年 10 月 23～26 日在四川自贡举行的全国中小学教师继续教育工作座谈会和 1996 年召开的全国第五次师范教育工作会议，先后提出从现在起“必须将中小学教师培训工作的重点有步骤地转移到开展继续教育上来”。自此以后，教师继续教育课程的研究和探索进入了新的阶段。在北京、天津、上海、杭州等城市，教师继续教育课程的实践更为积极活跃。

“八五”期间，根据北京市继续教育的实际需要，分别制定了中小学教师继续教育各科次的教学计划，各课程的教学大纲。在“八五”教师继续教育课程建设的基础上，“九五”期间，又组织专家制定《北京市中学教师继续教育科目指南》

和《北京市小学教师继续教育科目指南》[①]，包括课程设置、课程说明和教学建议，具体由课程、自学和科研题目指南三部分组成，供各区县及培训机构选择开课和中小学教师选修学习用。在课程实施过程中，给中小学教师充分的选课权，把原来的“套餐”变为“自助餐”。

“八五”期间，我国师范教育正兴隆，“双基”和“普九”等教育工程推动着教育事业的蓬勃发展。在科教兴国战略的指导下，教师队伍建设成了重点和热点。一时间，各地掀起了教师培训的风暴。在职后教师教育课程上：①课程目标：逐渐务实，逐渐多元。不仅仅只有文化知识目标，思想政治及品德方面的目标开始出现，但是依旧缺乏教育教学能力提高实践目标。②教学内容：改变了“缺什么补什么”的理念，课程内容开始有设计、有规划，除了有知识方面的内容，教育理论方面的内容成了“主餐”。③课程结构：此阶段的课程结构依旧如故，必修课一统天下，缺乏应有的层次性、均衡性和选择性课程实施划一化课程评价传统。④课程实施：“教什么学什么”依旧是主流，不过教师培训课程开始注重学员交流互动等，“满堂灌”的现象逐渐减少。⑤课程评价：严格的试卷考试制度依然占主流，不过参照大学的论文考试开始介入课程评价。

（三）21世纪之初的十年大发展

1998年教育部师范司编写出版了《中小学教师继续教育课程开发指南》，特别是1999年9月教育部《中小学教师继续教育规定》施行以后，国内有关教师继续教育课程，无论是理论工作者、管理工作者，还是身处一线的实践工作者，都给予了热情的关注和认真的研究与探索。“教师教育”的话语与理念逐渐丰富，“百年大计，教育为本；教育大计，教师为本”，“师范教育，可以兴邦”的思想逐渐被社会接受。这一时期，中国教师继续教育课程的探索和研究进入深化阶段。

从教师继续教育课程论文可以看出，虽然我国中小学教师继续教育课程研究已有一段历史，但真正意义上的发展还主要是集中在教育部颁发《中小学教师继续教育课程开发指南》和《中小学教师继续教育规定》的前后几年。所以相关的研究主要集中在近几年，1995～2005年，各类刊物共刊发有关涉及教师继续教育课程研究论文近千篇，其中专题研究教师继续教育课程的研究论文百余篇，而且

---

① 国家教育督导团. 国家教育督导团对北京等11省（直辖市）实施“中小学教师继续教育工程”督导检查情况的公报［EB/OL］. http://www.eol.cn/article/20041126/3122438.Shtml, 2003-4-9/2015-08-06. 采取了五项措施，把必修课为主、统一的学习内容改为只有三门必修课教师职业道德修养、教育政策法规和计算机初级能力培训，其余均为选修课；把课堂面授为主的学习方式改为课堂面授、开办讲座和自学、研修、课题研究、教学研究、社会考察、导师带教等多种形式有机结合；把按教师职务分层制定课程改为教师选课不受职务等级的限制；把指定的学习单元改为允许学员自己选择学习单元；把指定任课教师改为允许学员选择任课教师。

呈稳步发展的态势。

这一个十年的职后教师教育课程特点如下。①课程目标：逐渐多元。不仅仅只有文化知识目标、思想政治及品德方面的目标，开始强调教师的教育教学能力提高实践目标，特别是教育信息化能力和教学研究能力。②教学内容：开始有设计、有规划，课程内容体系逐渐成型，除了有知识方面的内容，教育理论方面、教学研究与教学实践都逐渐成为了“必备营养”。③课程结构：此阶段的课程结构开始灵活多变，课程的层次性、均衡性和选择性课程实施开始出现特色化、个性化。④课程实施：教师培训课程开始注重学员交流互动，“满堂灌”的现象极其少见，活动培训、团队培训成了新的教师教育学习模式。⑤课程评价：评价方式、评价标准逐渐多元。

二、职后教师教育课程的现状调查

理性的分析胜过一切感性的观察。诚所谓“以目而视，得形之粗者也；以智而视，得形之微者也！”（刘禹锡《天论》）为了准确掌握当前职后教师教育课程的现状，研究者自编了《职后教师教育课程调查问卷》，在C市20多所中小学展开调研。基于专家和教师的问卷分析，探究职后教师教育课程的现状。

（一）调查设计

1. 调查目的

调查研究是一项研究的基石部分，关系着理论与实践的有机融合，更关系着对策建议的真实可靠。为全面掌握职后教师教育课程的现状水平，掌握职后教师教育课程的问题，提出职后教师教育课程的变革路向，提高职后教师教育的教学质量，研究者结合自身学习、工作与研究的专长与兴趣，在C市20多所中小学内展开“职后教师教育课程的现状调查”。

2. 调查工具

为准确掌握职后教师教育课程现状，研究者借鉴并改编杨荣昌《教师继续教育课程调查问卷》，形成了《职后教师教育课程现状调查问卷》。为了收集多方面的课程信息，本问卷又细分了专家问卷和职后教师问卷两个版本。两种问卷都分为基本信息和课程现状调查部分。其中，课程调查部分又分为课程目标、课程内容、课程结构、课程实施和课程评价五个维度。每个维度根据课程目标、课程内容、课程结构、课程实施和课程评价的理想，以及对5位中小学教师的访谈，又分别拟定了二级指标维度，具体如表1-1所示。

表 1-1　教师职后课程现状观测指标

观测维度	观测指标
课程目标	切实性、清晰度、指引力、操作性、具体性
课程内容	实用性、经典性、学理性、趣味性、前瞻性
课程结构	连贯性、渐进性、灵活性、科学性、方便性
课程实施	情境性、开放性、科学性、实施效率、实施效果
课程评价	科学性、公正性、发展性、一致性、人本性

针对每一个项目，本研究采用里克特 5 级评估指标，分别为 1＝非常不好、2＝比较不好、3＝一般好、4＝比较好、5＝非常好。在设计好初始问卷之后，研究者借助一次开会机会，在江北区 A 小学全校教师中实施试测。发放问卷 125 份，回收有效问卷 96 份，有效回收率为 76.8%。被试层面，有男性教师 70 人，占 72.9%；女性 26 人，占 27.1%。25 岁以下 14 人，占 14.6%；26～35 岁 21 人，占 21.9%；36～45 岁 28 人，占 29.2%；46 岁以上 33 人，占 34.4%。

整理数据，对《职后教师教育课程现状调查问卷》展开信效度检查，分析发现，本问卷的信度良好，具体如表 1-2 所示。

表 1-2　量表各维度信度分析结果

维度	课程目标	课程目标	课程目标	课程目标	课程目标	总问卷
克隆巴赫系数	0.640 8	0.722 7	0.719 1	0.733 5	0.707 4	0.712 8
分半信度	0.620 3	0.773 2	0.765 4	0.785 0	0.755 6	0.769 3

（二）调查实施

研究者于 2014 年 12 月底，就职后教师教育课程的数据向 20 所中小学，300 名在职教师发放问卷，同时对部分教师进行深度访谈。发放教师问卷 300 份，回收有效问卷 232 份，有效回收率为 77.33%，如表 1-3 所示。

表 1-3　被试列表

一级维度	二级维度	教师信息	
		人数/人	百分比/%
性别	男	118	50.9
	女	114	49.1
年龄	30 岁及其以下	63	27.2
	31～40 岁	79	34.0
	41～50 岁	54	23.3
	50 岁以上	36	15.5
教龄	5 年以下	56	24.1

续表

一级维度	二级维度	教师信息	
		人数/人	百分比/%
教龄	6～10 年	81	34.9
	11～20 年	68	29.3
	20 年以上	27	11.7
学历	专科及其以下	49	21.1
	本科	152	65.5
	研究生	31	13.4
职称	小学/中学高级	23	9.9
	小学/中学一级	100	43.1
	小学/中学二级	88	37.9
	小学/中学三级	21	9.1
区位	城市	87	37.5
	县镇	94	40.5
	农村	51	22.0

被试分布如表 1-3 所示。性别层面：有男教师 118 人，占 50.9%；有女教师 114 人，占 49.1%。年龄分布：30 岁及其以下 63 人，占 27.2%；31～40 岁 79 人，占 34.0%；41～50 岁 54 人，占 23.3%；50 岁以上 36 人，占 15.5%。教龄分布：5 年以下 56 人，占 24.1%；6～10 年 81 人，占 34.9%；11～20 年 68 人，占 29.3%；20 年以上 27 人，占 11.7%。学历分布：专科及其以下 49 人，占 21.1%；本科 152 人，占 65.5%；研究生 31 人，占 13.4%。职称分布：小学/中学高级 23 人，占 9.9%；小学/中学一级 100 人，占 43.1%；小学/中学二级 88 人，占 37.9%；小学/中学三级 21 人，占 9.1%。地域分布上：城市 87 人，占 37.5%；县镇 94 人，占 40.5%；农村 51 人，占 22.0%。

同时，也向部分培训机构的教师教育、课程与教学论专家发放专家问卷 12 份，回收有效问卷 12 份，有效回收率为 100%。与此同时，经过 3 轮德尔菲法，得到职后教师教育课程现状水平的计分办法——权数求和法。其具体的计算方法有两种。

一是最终权数法。计算公式为

$$\sum_{\text{课程得分}} = \sum_{\text{教师评分}} \times 10\% + \sum_{\text{专家评分}} \times 90\%$$

二是项目权数法。计算公式为

职后教师教育课程的得分

＝非常同意比率×5＋比较同意比率×4＋基本同意比率×3

＋比较不同意比率×2＋完全不同意比率×1

计算完成总分与满分的比率关系。得到五级水平如下。

第Ⅰ级：$x \geq 74\%$；

第Ⅱ级：$69\% \leq x < 74\%$；

第Ⅲ级：$49\% \leq x < 69\%$；

第Ⅳ级：$29\% \leq x < 49\%$；

第Ⅴ级：$x < 29\%$。

（三）调查结果

基于对C市232名中小学在职教师的调研发现，100%的教师都参加过省级培训，95.3%的教师参加过国培，96.1%的教师参加过市培，88.8%的教师参加过县培，没有教师没有参加过培训。在所有的培训类型中，国培占25.1%，省市培占51.6%，县培占23.4%。如表1-4所示。

表1-4　C市教师参加职后培训的情况

培训类型	多重响应分析		普及率/%
	样本量	响应率/%	
国培	221	25.1	95.3
省培	232	26.3	100.0
市培	223	25.3	96.1
县培	206	23.4	88.8

1. 职后教师教育课程目标调查

职后教师教育课程目标对职后教师教育起着统领与指导作用。对职后教师教育课程目标的调查，主要是研究整个职后教师教育课程设计的切实性、清晰度、指引力、操作性、具体性等基本问题。调查结果及分析如下。

职后教师教育课程目标的调查数据显示，教师自评的最低得分为5.00分，最高得分为25.00，总分358 2.00，平均分15.439 7，标准差0.325 7。专家评分最低得分为5分，最高得分为22.00，总分158.00，平均分13.166 7，标准差1.301 7。其中，课程目标的切实性、清晰度、指引力、操作性、具体性调查情况的教师调查结果如表1-5所示。

表1-5　职后教师教育课程目标教师调查结果

目标现状	样本	最小值	最大值	和	平均数
课程目标切实性	232	.00	5.00	525.00	2.262 9±0.124 82
课程目标清晰度	232	.00	5.00	469.00	2.021 6±0.110 38

续表

目标现状	样本	最小值	最大值	和	平均数
课程目标指引力	232	.00	5.00	485.00	2.090 5±0.115 19
课程目标操作性	232	.00	5.00	493.00	2.125 0±0.116 82
课程目标具体性	232	.00	5.00	448.00	1.931 0±0.106 59

如表 1-5 所示，232 名教师对教师职后课程目标的切实性、清晰度、指引力、操作性、具体性打分平均分依次为 2.262 9±0.124 82、2.021 6±0.110 38、2.090 5±0.115 19、2.125 0±0.116 82、1.931 0±0.106 59。按照五级量表的得分率水平，教师职后课程目标的切实性、清晰度、指引力、操作性、具体性依次为 45.26%、40.43%、41.81%、42.50%、38.62%，按照调查设计的评分等级，依次为第Ⅳ级、第Ⅳ级、第Ⅳ级、第Ⅳ级和第Ⅳ级。

如表 1-6 所示，12 名专家对教师职后课程目标的切实性、清晰度、指引力、操作性、具体性打分平均分依次为 2.666 7±0.376 05、2.500 0±0.337 10、2.333 3±0.256 24、2.500 0±0.337 10、3.166 7±0.344 51。按照五级量表的得分率水平，教师职后课程目标的切实性、清晰度、指引力、操作性、具体性依次为 53.33%、50.00%、46.67%、50.00%、63.33%，按照调查设计的评分等级，依次为第Ⅳ级、第Ⅳ级、第Ⅳ级、第Ⅳ级和第Ⅲ级。

表 1-6 职后教师教育课程目标专家调查结果

目标现状	样本	最小值	最大值	和	平均数
课程目标切实性	12	1.00	5.00	32.00	2.666 7±0.376 05
课程目标清晰度	12	1.00	5.00	30.00	2.500 0±0.337 10
课程目标指引力	12	1.00	4.00	28.00	2.333 3±0.256 24
课程目标操作性	12	1.00	5.00	30.00	2.500 0±0.337 10
课程目标具体性	12	1.00	5.00	38.00	3.166 7±0.344 51

教师职后课程目标的切实性、清晰度、指引力、操作性、具体性的五级评分实际情况调查结果如图 1-1 所示。

其中，对教师调查结果显示，教师职后课程目标的切实性、清晰度、指引力、操作性、具体性在“一般”及以下水平的比例分别为 56.5%、65.1%、59.9%、60.3%和 70.3%；在“比较好”和“非常好”水平以上的比例分别为 43.5%、24.9%、40.1%、39.7%和 29.7%。可见，教师对职后教师教育课程目标的切实性、清晰度、指引力、操作性、具体性满意度偏低。对专家调查结果显示，职后教师教育课程目标的切实性、清晰度、指引力、操作性、具体性在“一般”及以下水平的比例分别为 75.0%、

83.3%、91.7%、91.7%和 83.3%；在“比较好”和“非常好”水平以上的比例分别为 25.0%、16.7%、8.3%、8.3%和 16.7%。可见，专家对职后教师教育课程目标的切实性、清晰度、指引力、操作性、具体性满意度较低。

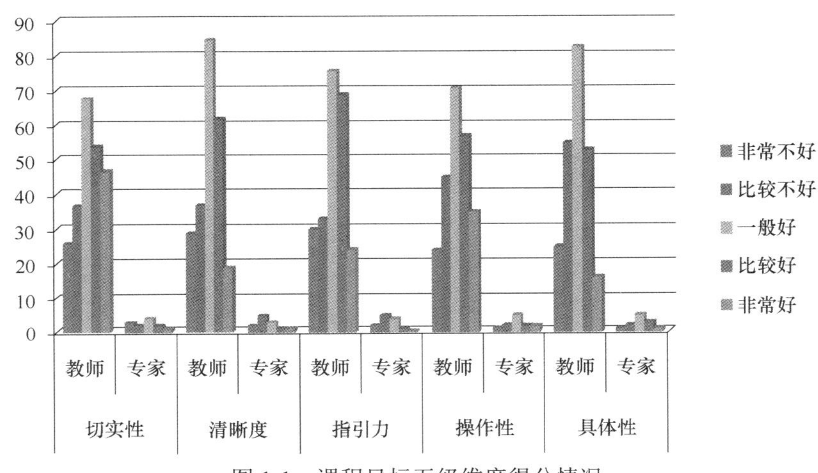

图 1-1 课程目标五级维度得分情况

根据所有量化数据，按照专家 90%的权重，教师 10%的权重计算。职后教师教育课程目标的调查得分结果为

$$\sum_{\text{课程目标}} = \sum_{\text{教师评分}} \times 10\% + \sum_{\text{教师评分}} \times 90\% = 500.4$$

注：这里的权数处理方法是研究工作小组思考的结果，采用按照专家 90%的权重，教师 10%的权重计算。后面四组的计算方法与此相同。

按照加权赋值法计算，职后教师教育课程目标的总分应该为 850，实际评估的得分水平占总分的 58.87%。根据职后教师教育课程调查的判断标准，职后教师教育课程目标级别为第Ⅳ级。

2. 职后教师教育课程内容调查

职后教师教育课程内容对职后教师教育起着支撑作用，是影响职后教师教育质量的关键因素之一。对职后教师教育课程内容的调查，主要是研究整个职后教师教育课程设计的实用性、经典性、学理性、趣味性、前瞻性等基本问题。调查结果及分析如下。

职后教师教育课程内容的调查数据显示，教师自评的最低得分为 5.00 分，最高得分为 25.00，总分 3 572.00，平均分 15.396 6，标准差 0.314 05。专家评分最低得分为 5 分，最高得分为 20.00，总分 156.00，平均分 13.000 0，标准差 1.302 68。其中，课程内容的实用性、经典性、学理性、趣味性、前瞻性调查情况的教师调查结果如表 1-7 所示。

表 1-7 职后教师教育课程内容教师调查结果

课程内容现状	样本	最小值	最大值	和	平均数
课程内容实用性	232	1.00	5.00	479.00	2.064 7±0.114 13
课程内容经典性	232	1.00	5.00	478.00	2.060 3±0.112 41
课程内容学理性	232	1.00	5.00	490.00	2.112 1±0.116 32
课程内容趣味性	232	1.00	5.00	525.00	2.262 9±0.125 42
课程内容前瞻性	232	1.00	5.00	711.00	3.064 7±0.080 34

如表 1-7 所示，232 名教师对教师职后课程内容的实用性、经典性、学理性、趣味性、前瞻性打分平均分依次为 2.064 7±0.114 13、经典性 2.060 3±0.112 41、2.112 1±0.116 32、2.262 9±0.125 42、3.064 7±0.080 34。按照五级量表的得分率水平，教师职后课程内容的实用性、经典性、学理性、趣味性、前瞻性依次为 41.29%、41.21%、42.24%、45.26%、61.29%，按照调查设计的评分等级，依次为第Ⅳ级、第Ⅳ级、第Ⅳ级、第Ⅳ级和第Ⅲ级。

如表 1-8 所示，12 名专家对教师职后课程内容的实用性、经典性、学理性、趣味性、前瞻性打分平均分依次为 2.916 7±0.336 16、经典性 2.750 0±0.328 56、2.666 7±0.284 27、2.166 7±0.365 84、2.500 0±0.337 10。按照五级量表的得分率水平，教师职后课程内容的实用性、经典性、学理性、趣味性、前瞻性依次为 58.33%、55.00%、53.33%、43.33%、50.00%，按照调查设计的评分等级，依次为第Ⅳ级、第Ⅳ级、第Ⅳ级、第Ⅳ级和第Ⅳ级。

表 1-8 职后教师教育课程内容专家调查结果

课程内容现状	样本	最小值	最大值	和	平均数
课程内容实用性	12	1.00	5.00	35.00	2.916 7±0.336 16
课程内容经典性	12	1.00	5.00	33.00	2.750 0±0.328 56
课程内容学理性	12	1.00	4.00	32.00	2.666 7±0.284 27
课程内容趣味性	12	1.00	4.00	26.00	2.166 7±0.365 84
课程内容前瞻性	12	1.00	4.00	30.00	2.500 0±0.337 10

教师职后课程内容的实用性、经典性、学理性、趣味性、前瞻性的五级评分实际情况调查结果如图 1-2 所示。

其中，对教师调查结果显示，教师职后课程内容的实用性、经典性、学理性、趣味性、前瞻性在“一般”及以下水平的比例分别为 65.5%、64.2%、63.0%、56.9% 和 63.4%；在“比较好”和“非常好”水平以上的比例分别为 34.5%、35.8%、37.0%、

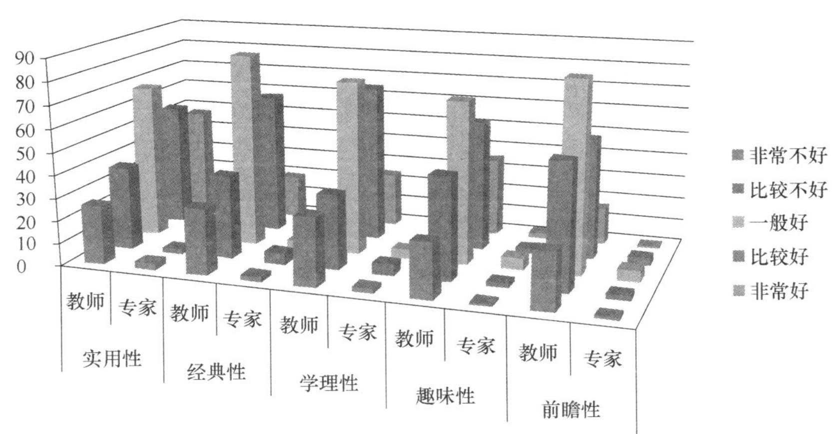

图 1-2　课程内容五级维度得分情况

43.1%和 36.7%。可见，教师对职后教师教育课程内容的实用性、经典性、学理性、趣味性、前瞻性满意度偏低。对专家调查结果显示，教师职后课程内容的实用性、经典性、学理性、趣味性、前瞻性在“一般”及以下水平的比例分别为 75.0%、83.3%、83.3%、83.3%和 83.3%；在“比较好”和“非常好”水平以上的比例分别为 25.0%、16.7%、16.7%、16.7%和 16.7%。可见，专家对职后教师教育课程内容的实用性、经典性、学理性、趣味性、前瞻性满意度较低。

根据所有量化数据，按照专家 90%的权重，教师 10%的权重计算。职后教师教育课程内容的调查得分结果为

$$\sum_{\text{课程内容}} = \sum_{\text{教师评分}} \times 10\% + \sum_{\text{教师评分}} \times 90\% = 497.6$$

按照加权赋值法计算，职后教师教育课程内容的总分应该为 850，实际评估的得分水平占到了总分的 58.54%。根据职后教师教育课程调查的判断标准，职后教师教育课程内容级别为第Ⅳ级。

3. 职后教师教育课程结构调查

职后教师教育课程结构对职后教师教育起着服务作用，是影响教师课程实施与学员学习的重要因素。对职后教师教育课程结构的调查，主要是考究整个职后教师教育课程设计的连贯性、渐进性、灵活性、科学性、方便性等基本问题。调查结果及分析如下。

职后教师教育课程结构的调查数据显示，教师自评的最低得分为 5.00 分，最高得分为 24.00，总分 3 401.00，平均分 14.659 5，标准差 0.322 10。专家评分最低得分为 5 分，最高得分为 18.00，总分 136.00，平均分 11.333 3，标准差 1.226 80。其中，课程结构的连贯性、渐进性、灵活性、科学性、方便性调查情况的教师调查结果如表 1-9 所示。

表 1-9 职后教师教育课程结构教师调查结果

课程结构现状	样本	最小值	最大值	和	平均数
课程结构连贯性	232	1.00	5.00	670.00	2.887 9±0.072 68
课程结构渐进性	232	1.00	5.00	683.00	2.944 0±0.069 69
课程结构灵活性	232	1.00	5.00	748.00	3.224 1±0.088 35
课程结构科学性	232	1.00	5.00	641.00	2.762 9±0.077 03
课程结构方便性	232	1.00	5.00	659.00	2.840 5±0.080 25

如表 1-9 所示，232 名教师对教师职后课程结构的连贯性、渐进性、灵活性、科学性、方便性打分平均分依次为 2.887 9±0.072 68、2.944 0±0.069 69、3.224 1±0.088 35、2.762 9±0.077 03、方便性 2.840 5±0.080 25。按照五级量表的得分率水平，教师职后课程结构的连贯性、渐进性、灵活性、科学性、方便性依次为 57.76%、58.88%、64.48%、55.26%、56.81%，按照调查设计的评分等级，依次为第Ⅳ级、第III级、第Ⅳ级、第Ⅳ级和第Ⅳ级。

如表 1-10 所示，12 名专家对教师职后课程结构的连贯性、渐进性、灵活性、科学性、方便性打分平均分依次为 2.333 3±0.284 27、2.333 3±0.284 27、2.333 3±0.333 33、2.083 3±0.287 58、2.250 0±0.250 00。按照五级量表的得分率水平，教师职后课程结构的连贯性、渐进性、灵活性、科学性、方便性依次为 46.67%、46.67%、46.67%、41.67%、45.00%，按照调查设计的评分等级，依次为第Ⅳ级、第Ⅳ级、第Ⅳ级、第Ⅳ级和第Ⅳ级。

表 1-10 职后教师教育课程结构专家调查结果

课程结构现状	样本	最小值	最大值	和	平均数
课程结构连贯性	12	1.00	4.00	28.00	2.333 3±0.284 27
课程结构渐进性	12	1.00	4.00	28.00	2.333 3±0.284 27
课程结构灵活性	12	1.00	4.00	28.00	2.333 3±0.333 33
课程结构科学性	12	1.00	4.00	25.00	2.083 3±0.287 58
课程结构方便性	12	1.00	4.00	27.00	2.250 0±0.250 00

教师职后课程结构的连贯性、渐进性、灵活性、科学性、方便性的五级评分实际情况调查结果如图 1-3 所示。

其中，对教师调查结果显示，教师职后课程结构的连贯性、渐进性、灵活性、科学性、方便性在“一般”及以下水平的比例分别为 69.4%、66.4%、52.6%、69.8% 和 66.4%；在“比较好”和“非常好”水平以上的比例分别为 30.6%、33.6%、47.4%、30.2%和 33.6%。可见，教师对教师职后课程结构的连贯性、渐进性、灵活性、科学性、方便性满意度偏低。对专家调查结果显示，教师职后课程结构的连贯性、

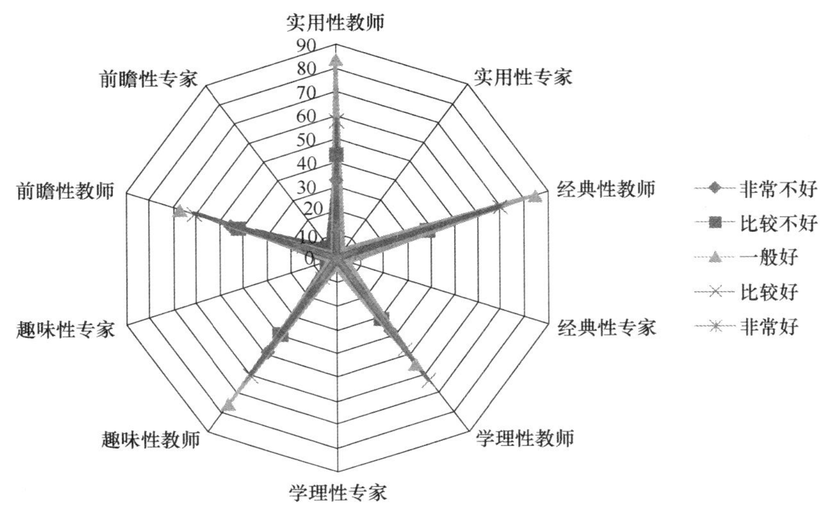

图 1-3 课程结构五级维度得分情况

渐进性、灵活性、科学性、方便性在“一般”及以下水平的比例分别为 91.7%、91.7%、83.3%、91.7%和 91.7%；在“比较好”和“非常好”水平以上的比例分别为 8.3%、8.3%、16.7%、8.3%和 8.3%。可见，专家对教师职后课程结构的连贯性、渐进性、灵活性、科学性、方便性满意度较低。

根据所有量化数据，按照专家 90%的权重，教师 10%的权重计算。职后教师教育课程结构的调查得分结果为

$$\sum_{\text{课程结构}} = \sum_{\text{教师评分}} \times 10\% + \sum_{\text{教师评分}} \times 90\% = 462.5$$

按照加权赋值法计算，职后教师教育课程结构的总分应该为 850，实际评估的得分水平占到了总分的 54.41%。根据职后教师教育课程调查的判断标准，职后教师教育课程结构级别为第Ⅳ级。

4. 职后教师教育课程实施调查

职后教师教育课程实施直接对接着职后教师教育的效果，对整个职后教师教育起着决定性的影响。对职后教师教育课程实施的调查，主要是研究整个职后教师教育课程实施的情境性、开放性、吸引力、实施效率、实施效果等基本问题。调查结果及分析如下。

职后教师教育课程实施的调查数据显示，教师自评的最低得分为 5.00 分，最高得分为 25.00，总分 3 642.00，平均分 15.698 3，标准差 0.307 97。专家评分最低得分为 10 分，最高得分为 20.00，总分 160.00，平均分 13.333 3，标准差 1.054 09。其中，课程实施的情境性、开放性、吸引力、实施效率、实施效果调查情况的教师调查结果如表 1-11 所示。

表 1-11　职后教师教育课程实施教师调查结果

实施现状	样本	最小值	最大值	和	平均数
课程实施情境性	232	1.00	5.00	710.00	3.060 3±0.082 32
课程实施开放性	232	1.00	5.00	750.00	3.232 8±0.082 35
课程实施吸引力	232	1.00	5.00	673.00	2.900 9±0.075 90
课程实施效率	232	1.00	5.00	753.00	3.245 7±0.074 19
课程实施效果	232	1.00	5.00	756.00	3.258 6±0.074 88

如表 1-11 所示，232 名教师对教师职后课程实施的情境性、开放性、吸引力、实施效率、实施效果打分平均分依次为 3.060 3±0.082 32、3.232 8±0.082 35、2.900 9±0.075 90、3.245 7±0.074 19、3.258 6±0.074 88。按照五级量表的得分率水平，教师职后课程实施的情境性、开放性、吸引力、实施效率、实施效果依次为 45.26%、40.43%、41.81%、42.50%、38.62%，按照调查设计的评分等级，依次为第Ⅳ级、第Ⅳ级、第Ⅳ级、第Ⅳ级和第Ⅳ级。

如表 1-12 所示，12 名专家对教师职后课程实施的情境性、开放性、吸引力、实施效率、实施效果打分平均分依次为 2.833 3±0.423 43、1.916 7±0.287 58、2.583 3±0.378 56、3.000 0±0.389 25、2.666 7±0.376 0。按照五级量表的得分率水平，教师职后课程实施的情境性、开放性、吸引力、实施效率、实施效果依次为 56.67%、38.33%、51.67%、60.00%、53.33%，按照调查设计的评分等级，依次为第Ⅳ级、第Ⅳ级、第Ⅳ级、第Ⅲ级和第Ⅳ级。

表 1-12　职后教师教育课程实施专家调查结果

实施现状	样本	最小值	最大值	和	平均数
课程实施情境性	12	1.00	5.00	34.00	2.833 3±0.423 43
课程实施开放性	12	1.00	4.00	23.00	1.916 7±0.287 58
课程实施吸引力	12	1.00	5.00	31.00	2.583 3±0.378 56
课程实施效率	12	1.00	5.00	36.00	3.000 0±0.389 25
课程实施效果	12	1.00	5.00	32.00	2.666 7±0.376 05

教师职后课程实施的情境性、开放性、吸引力、实施效率、实施效果的五级评分实际情况调查结果如图 1-4 所示。

其中，对教师调查结果显示，教师职后课程实施的情境性、开放性、吸引力、实施效率、实施效果在“一般”及以下水平的比例分别为 62.5%、54.3%、62.5%、51.3%和 52.2%；在“比较好”和“非常好”水平以上的比例分别为 37.5%、45.7%、37.5%、48.7%和 47.8%。可见，教师对教师职后课程实施的情境性、开放性、吸引力、实施效率、实施效果满意度偏低。对专家调查结果显示，教师职后课程实

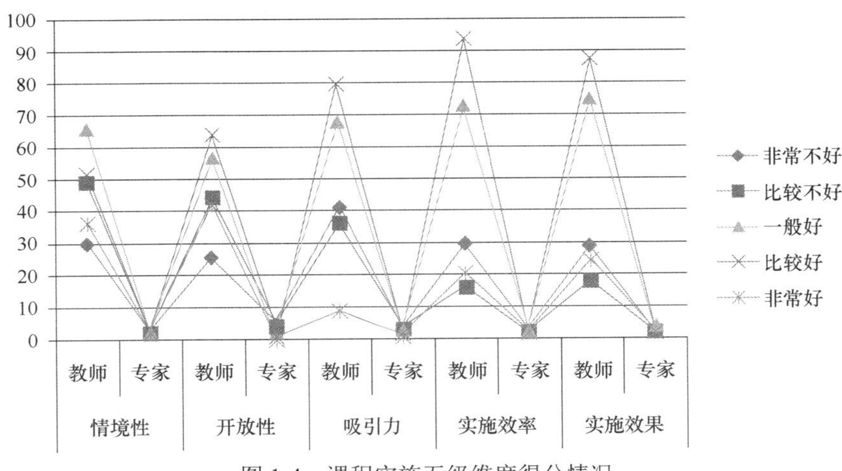

图 1-4 课程实施五级维度得分情况

施的情境性、开放性、吸引力、实施效率、实施效果在“一般”及以下水平的比例分别为66.7%、91.7%、75.0%、66.7%和66.7%；在“比较好”和“非常好”水平以上的比例分别为33.3%、8.3%、25.0%、33.3%和33.3%。可见，专家对教师职后课程实施的情境性、开放性、吸引力、实施效率、实施效果满意度甚是低下。

根据所有量化数据，按照专家90%的权重，教师10%的权重计算。职后教师教育课程实施的调查得分结果为

$$\sum_{\text{课程实施}} = \sum_{\text{教师评分}} \times 10\% + \sum_{\text{教师评分}} \times 90\% = 508.2$$

按照加权赋值法计算，职后教师教育课程实施的总分应该为 850，实际评估的得分水平占到了总分的59.79%。根据职后教师教育课程调查的判断标准，职后教师教育课程实施级别为第Ⅳ级。

5. 职后教师教育课程评价调查

职后教师教育课程评价对职后教师教育起着统领与指导作用。对职后教师教育课程评价的调查，主要是研究整个职后教师教育课程设计的公正性、发展性、一致性、人本性、公正性等基本问题。调查结果及分析如下。

职后教师教育课程评价的调查数据显示，教师自评的最低得分为5.00分，最高得分为23.00，总分3 433.00，平均分14.797 4，标准差0.307 80。专家评分最低得分为5分，最高得分为17.00，总分152.00，平均分12.666 7，标准差1.416 00。其中，课程评价的公正性、发展性、一致性、人本性、公正性调查情况的专家调查结果如表1-13所示。

表 1-13 职后教师教育课程评价教师调查结果

评价现状	样本	最小值	最大值	和	平均数
课程评价科学性	232	1.00	5.00	695.00	2.995 7±0.070 58
课程评价公正性	232	1.00	5.00	678.00	2.922 4±0.070 27
课程评价发展性	232	1.00	5.00	654.00	2.819 0±0.068 35
课程评价一致性	232	1.00	5.00	704.00	3.034 5±0.073 02
课程评价人本性	232	1.00	5.00	702.00	3.025 9±0.069 09

如表 1-13 所示，232 名教师对教师职后课程评价的科学性、公正性、发展性、一致性、人本性打分平均分依次为 2.995 7±0.070 58、2.922 4±0.070 27、2.819 0±0.068 35、3.034 5±0.073 02、3.025 9±0.069 09。按照五级量表的得分率水平，教师职后课程评价的科学性、公正性、发展性、一致性、人本性依次为 59.91%、58.45%、56.38%、60.69%、60.52%，按照调查设计的评分等级，依次为第Ⅳ级、第Ⅳ级、第Ⅳ级、第Ⅲ级和第Ⅲ级。

如表 1-14 所示，12 名专家对教师职后课程评价的科学性、公正性、发展性、一致性、人本性打分平均分依次为 2.666 7±0.376 05、2.416 7±0.357 99、2.500 0±0.358 87、2.416 7±0.378 56、2.666 7±0.376 05。按照五级量表的得分率水平，教师职后课程评价的科学性、公正性、发展性、一致性、人本性依次为 53.33%、48.33%、50.00%、48.33%、53.33%，按照调查设计的评分等级，依次为第Ⅳ级、第Ⅳ级、第Ⅳ级、第Ⅳ级和第Ⅳ级。

表 1-14 职后教师教育课程评价专家调查结果

评价现状	样本	最小值	最大值	和	平均数
课程评价科学性	12	1.00	5.00	32.00	2.666 7±0.376 05
课程评价公正性	12	1.00	5.00	29.00	2.416 7±0.357 99
课程评价发展性	12	1.00	5.00	30.00	2.500 0±0.358 87
课程评价一致性	12	1.00	5.00	29.00	2.416 7±0.378 56
课程评价人本性	12	1.00	5.00	32.00	2.666 7±0.376 05

教师职后课程评价的科学性、公正性、发展性、一致性、人本性的五级评分实际情况调查结果如图 1-5 所示。

其中，对教师调查结果显示，教师职后课程评价的科学性、公正性、发展性、一致性、人本性在“一般”及以下水平的比例分别为 56.5%、65.1%、59.9%、60.3%和 70.3%；在“比较好”和“非常好”水平以上的比例分别为 43.5%、24.9%、40.1%、39.7%和 29.7%。可见，教师对教师职后课程评价的科学性、公正性、发展性、一

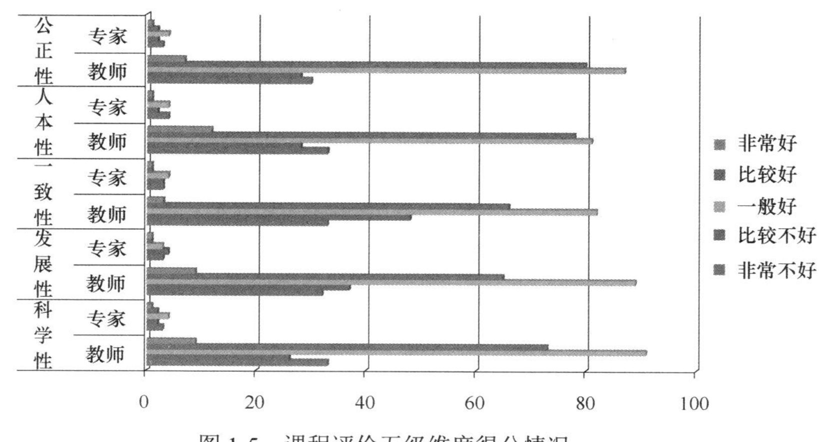

图 1-5　课程评价五级维度得分情况

致性、人本性满意度偏低。对专家调查结果显示，教师职后课程评价的科学性、公正性、发展性、一致性、人本性在“一般”及以下水平的比例分别为 75.0%、83.3%、91.7%、91.7%和 83.3%；在“比较好”和“非常好”水平以上的比例分别为 25.0%、16.7%、8.3%、8.3%和 16.7%。可见，专家对教师职后课程评价的科学性、公正性、发展性、一致性、人本性满意度甚是低下。

根据所有量化数据，按照专家 90%的权重，教师 10%的权重计算。职后教师教育课程评价的调查得分结果为

$$\sum_{\text{课程评价}} = \sum_{\text{教师评分}} \times 10\% + \sum_{\text{教师评分}} \times 90\% = 500.4$$

按照加权赋值法计算，职后教师教育课程评价的总分应该为 850，实际评估的得分水平占总分的 58.87%。根据职后教师教育课程调查的判断标准，职后教师教育课程评价级别为第Ⅴ级。

三、职后教师教育课程的问题归结

基于以上调查，同时也对 C 市近几年的职后教师教育课程规划进行分析。发现，当前职后教师教育课程建构的体系失范。这种职后教师教育课程建构的“体系失范”具体表现如下。

（一）职后教师教育课程目标：重“功利”不重“人本”

职后教师教育课程目标的调查数据显示，教师自评平均分 15.439 7，专家评分平均分 13.166 7。根据职后教师教育课程调查的判断标准，职后教师教育课程目标级别为第Ⅳ级。这就是说明，我国职后教师教育课程目标尚未达到理想水准。具体来说，教师自评情况，课程目标切实性的平均水平为 2.262 9，课程目标清晰度的平均水平为 2.021 6，课程目标指引力的平均水平为 2.090 5，课程目标操作性

的平均水平为 2.125 0，课程目标具体性的平均水平为 1.931 0。专家评价方面，课程目标切实性的平均水平为 2.666 7，课程目标清晰度的平均水平为 2.500 0，课程目标指引力的平均水平为 2.333 3，课程目标操作性的平均水平为 2.500 0，课程目标具体性的平均水平为 3.166 7。总体来说，职后教师教育课程目标表现为很注重实际用途的功利性，但是并没有偏向注重教师专业成长的人本性。

受工具理性主义影响，职后教师教育课程往往境界不高，表现出强烈的“功利化”目的。冯友兰先生曾对人的境界划分为四种：自然境界、功利境界、道德境界和天地境界[①]。其实，职后教师教育课程也存在四种不同的境界：功用界、意识界、德性界、心灵界。“功用界”的职后教师教育课程追求的是教育者的专业品性，特别注重学科知识、教学知识、教育技能等方面的培养培训，它关注的是作为“教育者”究竟应该具有哪些专业标准。虽然这也是教师专业化进程中的必然追寻与诉求，但却没有从职后教师职业生涯发展和工作过程与问题去思考，课程目标与“以人为本”的价值取向相去甚远。以职后教师教育课程方案解读为分析视角，可以窥见职后教师教育课程目标的“功利性”趋向。以下是 C 市某教研机构制定的 2012 年高中生物骨干职后教师教育目标。具体呈现如下。

培 训 目 标[②]

针对全市范围精心选拔出来的高中生物教师，实施一年为周期的四次短期集中研修与长期跟踪指导，努力到达以下培训目标：

（1）领悟并能够践行“师德为先、学生为本、能力为重、终身学习”的现代教育理念。深化对骨干教师的特征、任务及师德修养的理解。

（2）全面提升参培教师对课程改革的认识水平、学科教育教学的理论水平，了解中学生物学科教育的发展史及中外科学教育发展动态。

（3）拓宽、更新参培教师的生物学知识，帮助他们了解生物科学最新的研究成果和发展动态，特别是高中生物新课程中增加的生物科学的前沿知识。

（4）进一步熟悉普通高中生物学课程标准，准确理解和把握我市选用的人教版、北师大版高中生物教材。

（5）聚焦课堂，引导参培教师研究高中生物课堂有效教学的策略和方法，提高他们的教学实践能力。

（6）提高合理使用多媒体辅助生物教学的能力，以及利用网络获取、处理、使用教学资源的能力。

（7）了解生物教育科研课题的选择、申报、结题的基本要求和生物教育科研

---

① 冯友兰，2004. 中国哲学史［M］. 上海：华东师范大学出版社.

② 摘选自：C 市教师、教育管理干部市级培训申报书。

的基本方法。

（8）预期培训成果：《高中生物新课程优秀教学案例选编》《高中生物新课程原创试题选编》《高中生物教育科研课题方案选编》等。

本方案中职后教师教育课程设计者对学科骨干教师应该具备的能力进行理解和假设，并对全市生物骨干教师实然素养进行调研，在此基础上将应然标准与实然现状进行对比，衍生出以下三个方面目标的达成：一是教育观念的更新；二是学科知识框架的完善，包括促进骨干教师对新课改的认识，完善学科知识（比如对学科教材及课程标准的精准把握、对学科前沿热点知识的更新）；三是教学技术和能力的提升（比如提高教学实践能力、多媒体辅助教学能力、试题编制能力、科学研究能力等）。在工具理性主义影响下，职后教师教育课程往往诉诸现实社会的需求来设定目的和要求，列出教师应该具备的应然知识和技能，然后与教师实然现状进行一一对比，本着“缺什么、补什么”的线性原则，最后对症下药开处方，通过一系列的教师教育课程来型塑具备这样素质的教师，以此来发挥职后教师教育课程高效的工具效益。

进一步访谈发现，教师们对当前职后教师教育课程目标满意度总体处在较低水平，职后教师教育课程目标“功利化”取向严重，课程目标不看重“人本性”。

- 渝中区 W 老师（小学语文，校长，市级名师）：

职后教师教育课程设计往往遵循从上而下的路径，目标设置没有针对教师做需求调研，很少倾听教师的声音，导致课程目标设置只关注知识和能力，而较少关注教师的需求和实实在在的问题。

- 南岸区 L 老师（中学语文，年级组组长）：

也许国家和市教育行政管理部门关于职后教师教育课程目标的定位是好的，但是各培训机构落实不够好。

- 北碚区 C 老师（中学政治，市级名师）：

职后教师教育目标定位不明，与需求脱节。缺乏系统规划，培训形式单一、滞后，往往都是专家讲座、专题培训、导师指导等，采用人海战术、满堂灌，忽视教师的个性特征和需求，无法吸引和调动教师的积极性和主动性。

- 南岸区 G 老师（中学物理，市级名师）：

当前的职后教师教育课程目标定位越发清晰，贴近我们教师的实际需求，有一定的指引力，具体性还有待加强。

- 北碚区 Z 老师（中学数学，市级名师）：

个人认为当前职后教师教育课程设置目标没有从教师职业生涯和专业发展角度系统设置，导致教师教育课程内容缺乏整合性。因此我们每年参加的职后教师教育项目多，但是项目与项目之间联系不大。

不难发现，一线教师对于职后教师教育课程目标满意度偏低。“没有切实实际需要”“落实不够好”“需求脱节”“具体性还有待加强”“还应该”等词汇成为了被访谈者的常用词汇。

（二）职后教师教育课程内容：重“客体”不重“主体”

职后教师教育课程内容的调查数据显示，教师自评的最低得分为 5.00 分，平均分 15.396 6。专家评分最低得分为 5 分，平均分 13.000 0。职后教师教育课程内容实际评估的得分水平占到了总分的 58.54%。根据职后教师教育课程调查的判断标准，职后教师教育课程内容级别为第Ⅳ级。具体来说，教师自评的课程内容实用性的平均水平为 2.064 7，课程内容经典性的平均水平为 2.060 3，课程内容学理性的平均水平为 2.112 1，课程内容趣味性的平均水平为 2.262 9，课程内容前瞻性的平均水平为 3.064 7。专家评价情况，课程内容实用性的平均水平为 2.916 7，课程内容经典性的平均水平为 2.750 0，课程内容学理性的平均水平为 2.666 7，课程内容趣味性的平均水平为 2.166 7，课程内容前瞻性的平均水平为 2.500 0。可见，当前我国职后教师教育课程内容的问题，集中表现为课程内容去“人本化”，有内容，无“主体”，重“客体”不重“主体”，简而言之，有丰富多彩的内容（客体），然而却不考虑学习这些内容的人（主体）。

事实上，教师培养是一项高标准严要求的任务，在很大程度上是因为教学作为一种专业实践形式，其自身所具有的极其复杂性。这种复杂性决定了教师的专业发展过程不是简单的教育教学知识的累积，也不是教育教学技能的线性累加，而是教师生命主体参与其中，在具体的教育教学实践情境中，基于自身反思实践的基础上，不断生成个体的教育教学实践性知识及实践智慧。教师是教育实践的主体，必然以追求自我的意义存在，实现教育的终极价值为己任。

然而在工具理性的职后教师教育课程眼中，教师的主体性已被消解和严重遮蔽。职后教师教育课程中考虑了社会的需求、知识的价值，唯独没有考虑教师作为人的个体需要、兴趣以及如何促进形成教师内在独特的个性认知结构。工具向度的职后教师教育课程，专心致志于教师的“以何为生”，却忽视了教师的“何以为生”，从而失去了教师的意义世界，其结果是教师拥有越来越强大的教书育人的知识、能力，却越来越发觉自己的教育世界充斥着无聊、没意思。对教师而言，教育生活犹如一个钟摆，在无聊和没意思之间徘徊[①]。这种“人本”缺失主要体现在以下两个方面。一是工具向度下的职后教师教育课程忽视了教师作为人具有的前经验，职后教师教育课程课程的设置往往将教师视为“白板”而无视教师已有的教育观念、教育经验等。假定只要将科学的教育

① 全景月，阮小飞，2013．教师教育工具向度僭越的代价［J］．继续教育研究（6）：62-63．

观念和教学技能传授给他们，自然就能够被他们认同从而指导教育教学实践。二是工具向度下的职后教师教育课程忽视了教师作为主体的主动参与与建构。这主要在于工具向度下的职后教师教育课程过分强调了知识的客观性、统一性、标准性，而无视教师的个体差异、需要、生活和情感体验。因而职后教师教育课程过程成为学科专家、职后教师教育课程专家独白式地授予教师知识的过程。

以下是C市某教研机构制定的2012年高中生物骨干职后教师教育课程。

模块一：教育教学观念的转变与师德修养的提升（48课时，约占培训总课时数的10%）。

（1）课程功能：更新参培教师的教育教学观念、提高参培教师的思想政治素质和职业道德修养。

（2）课程内容：基础教育改革的现状与发展趋势；生物教育的国际视野；我国中学生物课程改革的回顾与思考；中外科学教育的比较；教育家的师德情怀；师德规范与践行策略；教师心理健康调适与职业幸福感的培养；特级教师的成长经历报告等。

模块二：专业知识的更新与拓展（144课时，约占培训总课时数的30%）。

（1）课程功能：使参培教师具有较为深厚的学科专业功底，能应对新课程教学中新知识、新技术、新实验的挑战。

（2）课程内容：高中生物必修1、2、3及选修1和3教学内容中疑难问题辨析；生命活动本质的探索；生命进化的研究进展；生物多样性的保护及利用；稳态与生命活动的调节；基因工程、细胞工程、胚胎工程、生态工程、微生物发酵工程的研究进展及应用；高中生物新课程新增实验的实验方法与技能训练；等等。

模块三：中学生物教育教学理论素养及教学实践能力的提高（240课时，约占培训总课时数的50%）。

（1）课程功能：提升参培教师的教育教学理论水平、课程实施能力及教学技能，促进其教学特色的形成。

（2）课程内容：中学生物教学论；教育心理学；中学生物教育的整体发展对高中生物教学的启示；科学探究和科学本质的课堂教学；新课程知识体系解析与教学；高中生物高效课堂的构建；高中生物教学设计的理论与实践；教学评价的基本类型及其内容；观课、议课、说课与讲课。

模块四：教育科研能力的提升（48课时，约占培训总课时数的10%）。

（1）课程功能：提升参培职后教师教育课程科研能力。

（2）课程内容：中学生物教育科研课题的选题、申报与实施；中学生物教育科研的基本方法；撰写教育科研论文的方法和技巧等。

从课程功能的描述看，本方案的主体是职后教师教育课程者，而教师却成为失去主体价值，缺乏主体参与的对象；从课程功能的内容看，内容与目标的指向性明确。模块一课程指向“更新教育观念”目标的达成，模块二指向“完善知识结构”目标的达成，模块三和四课程指向“提高教学能力”目标的达成；从课程内容的形式来看，比较单一。深入方案分析不难发现这是一种工具向度的课程取向，整个过程没有体现教师作为人的主动参与和积极建构，教师的主体价值在职后教师教育课程中严重缺失。本方案中的职后教师教育课程中贯穿着专家讲、教师听的情况，教师如同一个容器，被动接收专家的知识，并按照专家所讲的规程去操作。正如叶澜教授所说：“对教师职业工具价值的看重和职业性质传递性的判断，作为历史的传统，深深地烙在我国教师的职业意识和形象中。作为历史的传统，它依然存活在今日的中国，以当代的形式和内容存活着。”①

进一步访谈发现，教师们对当前职后教师教育课程内容总体处在比较不满意的水平，职后教师教育课程内容技术化取向严重。

- 渝中区 W 老师（小学语文，校长，市级名师）：

培训的内容比较注重理论性的东西，虽然很实用，但过于枯燥，没有趣味性。

- 南岸区 L 老师（中学语文，年级组组长）：

内容实用性较强，有理论和实践相结合，能跟进时代和教育改革，能抓住教育发展的症结。但是部分内容学理性较浓、趣味性不足。

- 北碚区 C 老师（中学政治，市级名师）：

课程内容形式以观摩课，听教学专题讲座为主。课程内容不仅要与培训目的紧密结合，更重要切实参训教师的实际需要。

- 南岸区 G 老师（中学政治，市级名师）：

总体情况较好，有针对性。但内容要么太陈旧，要么太超前，要么太理论。

- 北碚区 M 老师（中学政治，市级名师）：

教师职后培训内容设置不是很合理，从培训方法、培训内容、培训形式上看，往往是“老师（专家）讲，学员听，考试测”“理论多，实践少，效果差”不能满足学员的个性需求。

可见，当前职后教师教育课程内容的理论性很强，但是实用性、经典性、学理性、趣味性、前瞻性并不尽如人意。“枯燥”“无聊”“空洞”是很多课程学习者的第一感受。

（三）职后教师教育课程结构：重“顺序”不重“逻辑”

职后教师教育课程结构的调查数据显示，教师自评的最低得分为 5.00 分，平

① 叶澜，等，2001．教师角色与教师发展新探［M］．北京：教育科学出版社．

均分 14.659 5。专家评分最低得分为 5 分，平均分 11.333 3。职后教师教育课程结构实际评估的得分水平占到了总分的 54.41%。根据职后教师教育课程调查的判断标准，职后教师教育课程结构级别为第Ⅳ级。具体来说，教师评分的课程结构连贯性的平均水平为 2.887 9，课程结构渐进性的平均水平为 2.944 0，课程结构灵活性的平均水平为 3.224 1，课程结构科学性的平均水平为 2.762 9，课程结构方便性的平均水平为 2.840 5。专家评分课程结构连贯性的平均水平为 2.333 3，课程结构渐进性的平均水平为 2.333 3，课程结构灵活性的平均水平为 2.333 3，课程结构科学性的平均水平为 2.083 3，课程结构方便性的平均水平为 2.250 0。概而言之，当前我国职后教师教育课程结构的问题，集中表现为课程内容缺乏逻辑性。尽管内容呈现上体现了知识内在的结构体系，但是没有从职后教师学习的角度去思考知识的组合结构，特别是不考虑教师的职业生涯发展规律、“一刀切”和不兼顾教师的工作情境与过程，表现出重“顺序”、不重“逻辑”的内在结构问题。

职后教师教育课程之间没有逻辑联系，不能体现整体性。主要表现为：拼盘化倾向严重，师资各自为阵，培训基地分离。面对纷繁复杂的发展背景，教师在对自我角色定位中正面临困惑，这种困惑主要体现在以下几个方面。

第一，教师应该管理学生还是服务学生，教师应该是管理者还是服务者？面对问题的时候，教师应该维护自己的合理权威，还是归避放纵学生？新课程改革倡导的一些理念让教师的权威受到了极大的消解。如果一名教师对学生严加管教，教学上勤勤恳恳，但是却受到家长、社会的不理解，他们可能对自身制度性权威进行报复性消解，导致的结果是对学生的规避与放纵，这恐怕是决策者没有想到的。从教师的职业道德上讲，教师本身也是不愿看到的。

第二，是促进学生能力的全面发展，还是提高学生的学业成绩？新课改的理念是促进学生的全而发展，可学生面临的是残酷的升学，家长需要的是学生学业成绩的提高。在这种矛盾境遇之下，作为施教者——教师——又该如何抉择？伴随学校教育的终结而终结？但是，社会关注的是教育的经济价值、工具价值，家长关注的是教育的应试价值、升学价值，在鼠目寸光的功利主义、先来后到的位次情结中，“毕其功于一役”的教育心态油然而生：一方面，教师践行的是责任感，另一方面，教师却难以唤醒尊严感；一方面，教师播撒的是使命感，另一方面，教师却难以收获幸福感。

第三，新课改对教师提出的要求是规避，还是适应？新课改对教师提出了更高的要求，但诸多因素却极大地限制了教师（尤其是农村教师）素养与能力的提高：教师工资偏低、学校硬件设备短缺等。面对上级主管部门要求与学校条件有限的两难境地，教师又该如何做？

进一步访谈发现，教师们对当前职后教师教育课程结构总体处在比较不满意的水平，职后教师教育课程结构逻辑问题比较严重：

- 渝中区 W 老师（小学语文，校长，市级名师）：

举个例子说明此问题：学员的学习参差不齐，作为教师应因材施教。教师培训也一样，每次参培的教师，来自于不同的学校（有省级重点，有边远山区）、不同的学科（专职与兼职）、不同的教学水平……接受的却是同样的培训。一句话，大多数培训缺乏层次性和针对性。

- 南岸区 L 老师（中学语文，年级组组长）：

综合考虑均衡度、连贯性、渐进性、灵活性、科学性、方便性等因素，很多培训连贯性、渐进性、灵活性不足。

- 北碚区 C 老师（中学政治，市级名师）：

课程结构连贯性稍欠缺。内容大而全，重点不突出，拼盘式呈现。

- 南岸区 G 老师（中学物理，市级名师）：

在课程内容上应揭示当代社会进步与科技发展，反应各学科的发展趋势，增强课程内容与时代发展的要求。

事实上，课程结构是课程设计者对课程内容与课程学习的兼顾性考虑，是影响课程实施效果的关键因素之一。然而，访谈中可以发现，当前中国职后教师教育课程结构存在问题。“大多数培训缺乏层次性和针对性”“很多培训连贯性、渐进性、灵活性不足”“课程结构连贯性稍欠缺，内容大而全，重点不突出，拼盘式呈现”等问题占了主流。

（四）职后教师教育课程实施：重“输入”不重“输出”

职后教师教育课程实施的调查数据显示，教师自评的最低得分为 5.00 分，平均分 15.698 3。专家评分最低得分为 10 分，平均分 13.333 3。职后教师教育课程实施实际评估的得分水平占到了总分的 59.79%。根据职后教师教育课程调查的判断标准，职后教师教育课程实施级别为第Ⅳ级。具体来说，教师自评课程实施情境性的平均水平为 3.060 3，课程实施开放性的平均水平为 3.232 8，课程实施吸引力的平均水平为 2.900 9，课程实施效率的平均水平为 3.245 7，课程实施效果的平均水平为 3.258 6。专家评分认为课程实施情境性的平均水平为 2.833 3，课程实施开放性的平均水平为 1.916 7，课程实施吸引力的平均水平为 2.583 3，课程实施效率的平均水平为 3.000 0，课程实施效果的平均水平为 2.666 7。当前职后教师教育课程实施的问题，集中表现为课程实施特别注重授课方的讲授、表演，一味地给学员们“输入”，学员们倾注热情，疯狂投入到学习过程的活动中，但是，却少了自己的反思，对于职后教师的学习输出似乎只停留在课程目标的文本规定上，没有很好的反思，内化课程学习收获。所以说，职后教师教育课程实施，重“输入”不重“输出”，课程学习灌输的内容很多，但是让学员思考的很少，没有做到“有学有思”。

一方面，职后教师教育课程实施以被动“输入”为主，缺乏主动“输出”。“反思性实践”对课程实施的启发，是从教到学的转变。当前的职后教师教育课程实施，专业人员的训练大多以“学徒制”的方式进行，师傅手把手地将自己的学识、经验和技巧传授给徒弟。这就好比19世纪中期以前美国牧师、律师等专业人员的培养方式。但随着“工具理性”日渐风行，中小学在这方面的要求日渐放松，取而代之的是课堂讲授。于是，以语言文字为媒介的知识传授权重越来越大，对应的是动手实践的机会越来越少，导致在教师教育课程实施中，也大多以培训者口头讲授为主，而忽视了教师作为学习主体的主动反思、实践与重构。

另一方面，职后教师教育课程实施脱离教学情境，实施机构之间，缺乏整合，不能更好地为学习者反思学习搭建理论与实践融通的桥梁，学习者没有“反思”与“输出”的情景体验。目前承担职后教师教育课程的专业机构主要有高师院校、教科院机构，并且呈现出两种不同的倾向：学科导向和实践导向。舍恩认为，若将反思性实践课放在课程体系的核心位置，可能在三个方面产生积极影响：首先，贯穿课程体系始终的反思性实践课可以大大提升“实践”在专业学位教育中的重要性，以往课程体系中理论课和实践课的脱节现象也可以得到改善；其次，反思性实践课将改变教师的评价标准，科研成就不再是评价教师的首要依据，专业才能和教学技能在教师评估中的影响会增加；再次，可以更好地整合执业者的行动中所知、行动中反思和专业的理论知识，加强业界和科研的联系，此外还可以促进对专业学位教育中学习过程的研究①。

进一步访谈发现，教师们对当前职后教师教育课程实施总体处在比较不满意的水平，职后教师教育课程实施没有很好的照顾在职教师自身的需求：

- 南岸区L老师（中学语文，年级组组长）：

现在的职后教师教育课程一般是以讲座的方式实行，教师听得索然无味。

- 渝中区W老师（小学语文，校长，省级名师）：

大多数培训枯燥，没有趣味性。吸引力不足、情境性较差、生动性不够、开放性不大、效果不明显、效率不高。我今年就参加了3次培训，3次培训主题之间完全没有联系，有的培训请的授课教师之间没有沟通，第一个教授告诉我们这样做，第二个教授又说这样做不对。

- 合川区L老师（小学语文、数学，村小）：

我觉得职后教师教育不能有太多专家讲，而有必要让教师去体验一些名校的真实情景课堂。

- 南岸区G老师（中学物理，名师）：

新课程改革对教师提出了更高的要求，课堂的层次多样性要求教师要有能力

① 王艳玲，2010．默会识知和智慧性行动：西方多重视野中教师实践性知识研究及其启示［J］．外国中小学教师（11）：11-16．

胜任不同内容的课程。这些能力映照到职后教师教育课程实施上，我觉得应该多针对教师实际问题设置课程，多设置教师反思及动手去实践改进教育教学的机会，多设置一些选修课，让老师们多些选择性。

- 北碚区M老师（中学政治，名师）：

参加市培和国培的老师都是在自己所在区县付出和贡献较大的老师，他们无论是教学能力、工作态度等都在前列，应该都是希望通过学习提升自己的，但是课程大多是讲座，大家听了激动，回去的实践改进就不动了。

由以上访谈可以发现，当前职后教师教育课程设计者和课程实施者、课程设计者和课程学习者之间存在着一定的鸿沟，课程实施两极分化比较严重。“大多数培训枯燥，没有趣味性”“生动性不够、开放性不大、效果不明显、效率不高”“未根据学员的个性发展，积极拓展课程资源，因材施教”充分说明，职后教师教育课程实施需要进一步加强课程设计者和课程实施者的沟通。

（五）职后教师教育课程评价：重“当下”、不重“发展”

职后教师教育课程评价的调查数据显示，教师自评的最低得分为5.00分，平均分14.797 4。专家评分最低得分为5分，平均分12.666 7。职后教师教育课程评价的实际评估得分水平占到了总分的58.87%。根据职后教师教育课程调查的判断标准，职后教师教育课程评价级别为第Ⅴ级。教师自评结果，课程评价科学性的平均水平为2.995 7，课程评价公正性的平均水平为2.922 4，课程评价发展性的平均水平为2.819 0，课程评价一致性的平均水平为3.034 5，课程评价人本性的平均水平为3.025 9。专家评分结果，课程评价科学性的平均水平为2.666 7，课程评价公正性的平均水平为2.416 7，课程评价发展性的平均水平为2.500 0，课程评价一致性的平均水平为2.416 7，课程评价人本性的平均水平为2.666 7。与课程目标、课程内容、课程结构、课程实施相比，课程评价的得分要略略高于前四者。但是，整个职后教师教育课程评价亦然存在问题，其中最核心的问题就是忽视了被评价者，只关注现在的得失，而忽视了学习者未来的发展。所以说，职后教师教育课程评价重“当下”、不重“发展”。

首先，评价的核心主体被忽视。职后教师教育课程的核心问题，“教师角色”的话语反思和内涵挖掘既是职后教师教育课程改革的内在要求，又是教师专业发展的目标定位。然而，“工具性”教师的教育行为只是固有教育模式的继续，很少表现出能动性、自主性和创造性的特征，因而他们是既定教育方案的执行者，而非教育观念、教育制度、教育技术、教育方法的创造者。换言之，这种对教师角色的外铄定位中，教育被认为是一种传授知识的过程，知识是价值中立的，外在于教师个体而存在的。然而教师角色具有鲜明的主体性色彩和系统层次性。只有作为主体的教师参与，教师在教育教育过程中用心去体验、去实践、去反思、去创新，才能体现教师生命的价值和专业的追求。因此教师作为反思实践者是内发式教师角色的描述，是基于人本取向的教师角色，体现职后教师教育课程应有之义。创造性作为教师角色活力的动力来源，阐明了教师职业的工作属性、生存方式、欢乐源泉和价值所在。

其次，评价的核心理念上趋向偏颇。一种课程评价取向假定职后教师教育课程理论可以指导实践，理论高度越高，对实践的指导作用也就越大，于是教育学科科学化就成了努力的方向，研究者们试图将教育实践概括成一般的理论，从而建构教育学科的完整理论体系。另一种课程评价取向假定，教师的教学是一门技术，这种技术如同手工艺人的工作，有着线性的操作程序，认同教师实践就能够代替职后教师教育课程①。因此职后教师教育课程照此取向，重视教学技术的传授，目标设置重视受教育者教学技能的提升。职后教师教育课程评价标准倡导的是一种普适性知识的标准。而实际情况是教师实践过程会面临大量的不确定性，远远超过普适性知识能解决的范畴。职后教师教育课程常常以基础知识、应用型知识和实践课的顺序进行，理论性课程的学习在整个课程体系中占据绝对的主导地位，而排在最后的实践环节往往成了理论课结束后的“追思”。

进一步访谈发现，教师们对当前职后教师教育课程评价总体处在比较不满意的水平，职后教师教育课程评价到底为谁服务？服务到什么程度？这两个基本的问题却被忽视。

- 渝中区 W 老师（小学语文，校长，省级名师）：

  培训完后就不在追踪跟进，没有评价，效果不够理想。
- 南岸区 L 老师（中学语文，年级组组长）：
- 科学性较好、公正性不足、发展性较好、连贯性不足、人本性不够。
- 北碚区 C 老师（中学政治，名师）：

  培训连贯性稍欠缺，基本没有评价。
- 北碚区 Z 老师（中学数学，名师）：

  当前教师职后课程评价日益细化和规范。但是，在评选优秀学员时可否把学员得分情况与小组推荐相结合。特别是那种学习完第一阶段后，要遴选出一半的学员参加第二阶段学习，这样的淘汰制就显得对学员压力大，学员不乐于接受。

可见，在众多的职后教师教育课程评价中，人们把问题聚焦在科学性、公正性、发展性、一致性、人本性等具体的方面，但是，对谁公正，谁的人本等问题却没有很好地考虑和体现。评价服务对象与服务方向的缺失，导致了评价结果的绩效必然降低。因此，明确为学习者而评价，为学习者的未来而评价，是未来职后教师教育课程评价的必然方向。

---

① 赵伶俐，2004. 教学科学、教学技术、教学艺术三位一体中端论：视点结构教学原理及其技术系统研究[J]. 西南大学学报：社会科学版（4）：13-17.

生活就是变革，完美就是不断变化。

——亨利·约翰·纽曼

第二章

职后教师教育课程创新变革

依据课程设计的基本原理、学习者的学习需求和特点是课程内容的重要来源之一。为了加强职后教师教育课程的针对性，本研究特别强调了教师的需求调查环节，根据教师需求的调查结果设计课程，兼顾学校组织、教学工作和教师个人生涯发展的需求。然而，个体的理性毕竟是有限的，同时，每个人的需求是个性化的。因此，优质的职后教师教育课程开发，必须基于需求分析、现状调查、历史分析、国际比较，在此基础上不断创新变革，探求新型职后教师教育课程。

一、职后教师教育课程需求调查

职后教师教育课程本质上是一种学习和培训。课程的需求可以从培训需求来反映。培训需求分析是指在规划与设计每一项培训活动之前，由培训部门、主管人员、工作人员等采用各种方法与技术，对各种组织及成员的目标、知识、技能等方面进行系统的鉴别与分析，以确定是否需要培训及培训内容的一种活动或过程。职后教师教育课程需求的调查分析经过了“目标确立—模型选择—程序确认—结果分析”四个阶段。

（一）调查设计

1. 调查目标

实施职后教师教育课程需求调查的目的在于从教师需求的角度，掌握教师需要什么样的课程。职后教师教育课程现状调查已经发现，当前职后教师教育课程在课程目标、课程内容、课程结构、课程实施和课程评价都存在着一定的问题。因此，本研究需要调查明细的目标如下。

第一，职后教师教育课程目标需要做出什么样的变革？如何有效定位职后教师教育课程目标？

第二，职后教师教育课程内容需要做出什么样的变革？如何科学选择和调整职后教师教育课程内容？

第三，职后教师教育课程结构需要做出什么样的变革？如何组织和安排职后教师教育课程结构？

第四，职后教师教育课程实施需要做出什么样的变革？如何高效实施职后教师教育课程教学？

第五，职后教师教育课程评价需要做出什么样的变革？如何创新和实施职后教师教育课程评价？

2. 调查程序

20 世纪 80 年代，I. L. Goldstein 等经过长期的研究将培训需求分析系统化，构建了 Goldstein 模型。该模型将培训需求分析分成了三个部分，即组织分析、任务分析和人员分析。该模型认为，组织分析负责判断组织中哪些员工和哪些部门需要训练；任务分析能够确定职位的各项培训任务，精细定义各项任务的重要性、频次和掌握的困难程度，并揭示出成功地完成该项任务所需要的知识、技能和态度等培训内容；人员分析是从员工的实际状况的角度，分析现有情况与理想的任务要求之间的差距，即“目标差”，以形成培训目标和内容的依据。通过这三方面评价结果的比较和综合，就能揭示出培训任职者最必要的知识、技能和态度[①]。根据 Goldstein 模型，本研究确定了职后教师教育课程需求调查的基本程序。整个流程分为“四阶段八步骤”，如图 2-1 所示。

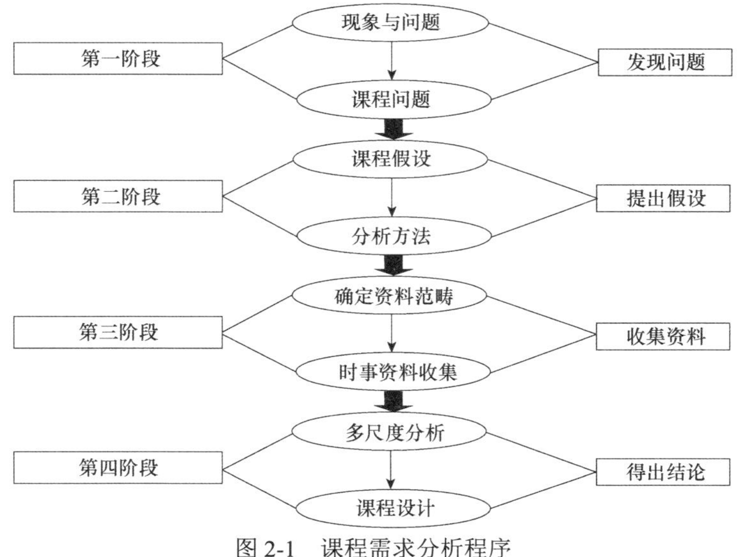

图 2-1　课程需求分析程序

① 王鹏，时勘，1998. 培训需求评价的研究概况［J］. 心理科学进展（4）：36-38.

第一阶段：发现问题。

事实上，教师职后学习和教育的目的就是为了解决中小学发展和运行过程中出现的某些问题。解决这些实际问题就是职后教师教育课程的根本宗旨。因此，这一阶段可以分为两个步骤。

第 1 步：通过访谈、调查或文献阅读，发现中小学教师教学和研究工作内容的变化、中小学教师人员变化以及中小学教师绩效等问题。

第 2 步：问题发现以后要对问题进行直观的判断，分析问题的严重性或职后教师教育的必要性。

第二阶段：提出假设。

这一阶段的工作大多是建立在教师教育主管行政部门及职后教师教育设计开发人员的主观判断和以往经验的基础之上，是关键的一步。

第 3 步：基于问题分析，构思中小学教师教育教学实践等方面存在的问题和困境，结合教师教育主管部门的政策目标，思考从课程设计与开发的角度去解决。

第 4 步：基于以上假设，首先确定需要在多大的范围内进行中小学教师的职后教师教育需求分析，其次判断职后教师教育需求分析的工作量，最后决定分析方法。

第三阶段：收集资料。

第 5 步：首先要根据第二阶段对职后教师教育需求分析工作量和问题范围的判断，确定出资料收集的范围；其次确定收集资料的方法。

第 6 步：进行相关资料的收集工作，包括中小学发展目标等组织资料以及中小学教师的职位说明书、教师个人资料等的收集。

第四阶段：得出结论。

第 7 步：组织分析入手，以任务分析为核心，结合人员分析，对三个方面评价结果进行比较和综合。

第 8 步：从而揭示出职后教师教育课程的目标、职后教师教育对象和具体的职后教师教育内容。

3. 调查工具

本研究根据刘凤英《基于学习型组织理论的高校教师培训与开发体系研究》中“高校教师培训状况调查问卷”，自编了“职后教师教育课程需求调查问卷”。问卷分为被试的基本情况部分和课程需调查。课程需求部分，别从课程目标、课程内容、课程结构、课程实施、课程评价五个方面入手，综合运用多选和排序的方式，全面掌握教师对职后教师教育课程的需求。“职后教师教育课程需求调查问卷”编制除了项目内容来自于比较成熟的文献之外，研究者还征求了 5 位教育学专家对问卷评分，整理评分数据，得到肯德尔和谐系数 W＝0.831，χ^2 检验显示，χ^2＝15.63＞χ^2（6）0.005，W 值达到显著水平，说明 10 位评分者的评分等级一致性很高。一般情况下，评分者的评分一致性越高，说明问卷的评分者信度和内容效度越好[①]。所以，本问卷的信效度良好。

（二）调查实施

问卷设计成熟之后，研究者于 2015 年 3 月，在 C 市展开职后教师教育课程需求调查。发放问卷 150 份，回收问卷 128 份。有效回收率为 85.33%。整理得到被试信息如表 2-1 所示。

表 2-1　被试信息

一级维度	二级维度	教师信息	
		人数/人	百分比/%
性别	男	69	53.9
	女	59	46.1
年龄	30 岁及其以下	33	25.8
	31～40 岁	43	33.6
	41～50 岁	37	28.9
	50 岁以上	15	11.7
教龄	5 年以下	26	20.3
	6～10 年	55	43.0
	11～20 年	29	22.6
	20 年以上	18	14.1
学历	专科及其以下	19	14.8
	本科	84	65.6
	研究生	25	19.6
职称	小学/中学高级	21	16.4
	小学/中学一级	52	40.6
	小学/中学二级	51	39.8
	小学/中学三级	4	3.2
区位	城市	47	36.7
	县镇	52	40.6
	农村	29	22.7

如表 2-1 所示，在职后教师教育课程需求调查中，有男教师 69 人，占了 53.9%；有女教师 59 人，占了 46.1%。年龄分布，30 岁及其以下有 33 人，占了 25.8%；31～40 岁有 43 人，占了 33.6%；41～50 岁有 37 人，占了 28.9%；50 岁以上有 15 人，占了 11.7%。教龄方面，5 年以下的有 26 人，占了 20.3%；6～10 年的有

① 朱德全，宋乃庆，2007．教育统计与测评技术［M］．重庆：西南师范大学出版社．

55 人，占了 43.0%；11～20 年的有 29 人，占了 22.6%；20 年以上的有 18 人，占了 14.1%。学历层面，专科及其以下 19 人，占了 14.8%；本科 84 人，占了 65.6%；研究生 25 人，占了 19.6%。职称层面，小学/中学高级 21 人，占了 16.4%；小学/中学一级 52 人，占了 40.6%；小学/中学二级 51 人，占了 39.8%；小学/中学三级 4 人，占了 3.2%。地域分布层面，城市 47 人，占了 36.7%；县镇 52 人，占了 40.6%；农村 29 人，占了 22.7%。在进行问卷调查的同时，研究者还借助 C 市实施的国培项目，对多名中小学在职教师进行深度访谈。

（三）调查结果

再次对 C 市 128 名中小学在职教师的调研发现，100%的教师都参加过省市级培训，97.7%的教师参加过国培，99.2%的教师参加过省市级培训，85.2%的教师参加过县培，没有教师没有参加过培训。在所有的培训类型中，国培占了 25.6%，省陪占了 26.2%，市培占了 26.0%，区县培占了 22.34%。调查结果与第一次调查结果基本一致。如表 2-2 所示。

表 2-2　C 市教师参加职后培训的情况

培训类型	多重响应分析		普及率/%
	样本	响应率%	
国培	125	25.6	97.7
省陪	128	26.2	100.0
市培	127	26.0	99.2
县培	109	22.3	85.2

1. 职后教师教育课程学习目标调查

调查显示，128 名中小学在职教师职后课程学习目标相对集中，获得教学新理念和方法的人有 65，占了 25.1%；想要提高专业知识和技能的人有 92，占了 35.5%；想要实现自我发展的人有 68，占了 26.3%；其他学习目标的有 34 人，占了 13.1%。如表 2-3 所示。

表 2-3　C 市教师参加职后课程学习的目标

学习目标	多重响应分析		普及率/%
	样本	响应率/%	
获得教学新理念和方法	65	25.1	50.8
提高专业知识和技能	92	35.5	71.9
实现自我发展	68	26.3	53.1
其他	34	13.1	26.6

2. 职后教师教育课程内容需求调查

调查显示，128 名中小学在职教师职后课程内容的需求有所差异，但是相对也比较集中。数据分析表明，对比较常规的课程内容进行排序赋分，得到 11 类课程内容的需求得分状况如下：新课标的理解总得分 786.00，平均得分 6.140 6±0.317 57；新教材的利用总得分 815.00，平均得分 6.367 2±0.297 60；新方法的运用总得分 912.00，平均得分 7.125 0±0.294 93；指导学生学习总得分 821.00，平均得分 6.414 1±0.303 26；教学评价总得分 857.00，平均得分 6.695 3±0.301 44；校本研修总得分 882.00，平均得分 6.890 6±0.308 44；学科专业知识总得分 782.00，平均得分 6.109 4±0.323 24；师生心理健康总得分 814.00，平均得分 6.359 4±0.310 32；现代教育技术总得分 859.00，平均得分 6.710 9±0.308 22；教育研究方法总得分 789.00，平均得分 6.164 1±0.303 52；名师经验总得分 811.00，平均得分 6.335 9±0.291 42；其他总得分 756.00，平均得分 5.906 2±0.299 84。详细结果如表 2-4 所示。

表 2-4 课程内容需求情况分布

课程内容	样本	最小值	最大值	和	平均数
新课标的理解	128	1.00	12.00	786.00	6.140 6±0.317 57
新教材的利用	128	1.00	12.00	815.00	6.367 2±0.297 60
新方法的运用	128	1.00	12.00	912.00	7.125 0±0.294 93
指导学生学习	128	1.00	12.00	821.00	6.414 1±0.303 26
教学评价	128	1.00	12.00	857.00	6.695 3±0.301 44
校本研修	128	1.00	12.00	882.00	6.890 6±0.308 44
学科专业知识	128	1.00	12.00	782.00	6.109 4±0.323 24
师生心理健康	128	1.00	12.00	814.00	6.359 4±0.310 32
现代教育技术	128	1.00	12.00	859.00	6.710 9±0.308 22
教育研究方法	128	1.00	12.00	789.00	6.164 1±0.303 52
名师经验	128	1.00	12.00	811.00	6.335 9±0.291 42
其他	128	1.00	12.00	756.00	5.906 2±0.299 84

整理所有结果排序，得到教师职后课程内容需求的最终排名情况：①新方法的运用；②校本研修；③现代教育技术；④教学评价；⑤指导学生学习；⑥新教材的利用；⑦师生心理健康；⑧名师经验；⑨教育研究方法；⑩新课标的理解；⑪学科专业知识；⑫其他。具体情况如图 2-2 所示。

3. 职后教师教育课程结构需求调查

调查显示，128 名中小学在职教师职后课程内容结构需求差异较大。按学科

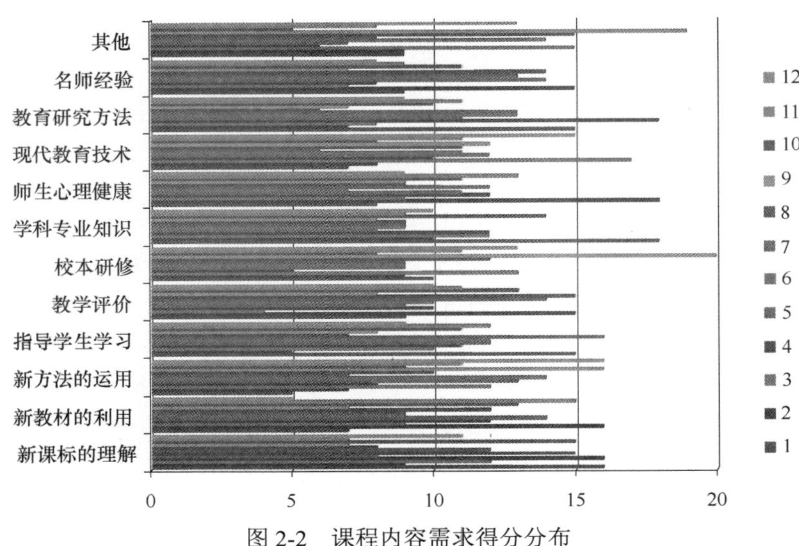

图 2-2　课程内容需求得分分布

组合总得分 524.00，平均得分 4.093 8±0.191 30；按主题组合总得分 539.00，平均得分 4.210 9±0.175 26；分理论与实践各占一定比例，总得分 471.00，平均得分 3.679 7±0.158 01；按模块组合总得分 579.00，平均得分 4.523 4±0.154 88；按教师需求自由组合总得分 500.00，平均得分 3.906 2±0.193 85；主题+模块总得分 544.00，平均得分 4.250 0±0.161 41；需求+主题+模块总得分 607.00，平均得分 4.742 2±0.170 49。课程结构需求调查如表 2-5 所示。

表 2-5　课程结构需求调查

课程内容	样本	最小值	最大值	和	平均数
按学科组合	128	1.00	7.00	524.00	4.093 8±0.191 30
按主题组合	128	1.00	7.00	539.00	4.210 9±0.175 26
分理论与实践各占一定比例	128	1.00	7.00	471.00	3.679 7±0.158 01
按模块组合	128	2.00	7.00	579.00	4.523 4±0.154 88
按教师需求自由组合	128	1.00	7.00	500.00	3.906 2±0.193 85
主题+模块	128	1.00	6.00	544.00	4.250 0±0.161 41
需求+主题+模块	128	2.00	7.00	607.00	4.742 2±0.170 49

整理所有结果排序，得到教师职后课程内容需求的最终排名情况：①需求+主题+模块；②按模块组合；③主题+模块；④按主题组合；⑤按学科组合；⑥按教师需求自由组合；⑦分理论与实践各占一定比例。具体情况如图 2-3 所示。

4. 职后教师教育课程实施需求调查

调查显示，128 名中小学在职教师职后课程实施相对集中，专家讲授总得分

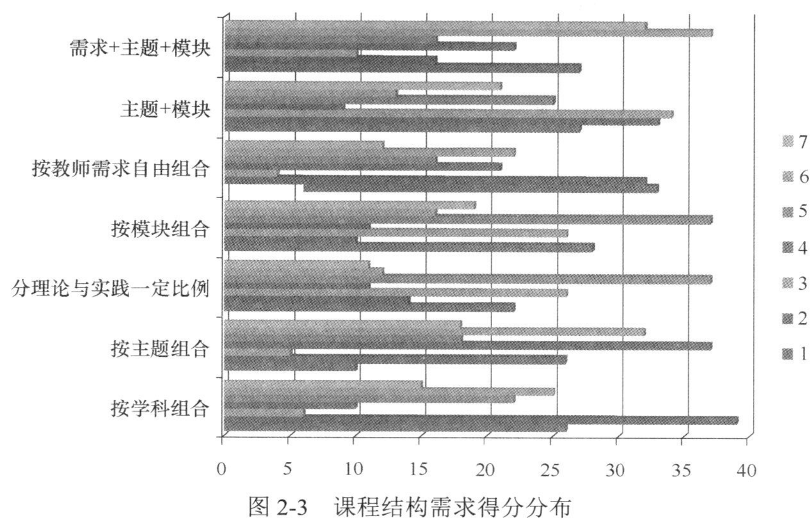

图 2-3　课程结构需求得分分布

677.00，平均得分 5.289 1±0.219 09；与专家同伴交流讨论总得分 672.00，平均得分 5.250 0±0.213 07；案例分析总得分 645.00，平均得分 5.039 1±0.234 35；课题研究总得分 633.00，平均得分 4.945 3±0.234 59；课堂观察总得分 649.00，平均得分 5.070 3±0.208 75；参与式职后教师教育总得分 718.00，平均得分 5.609 4±0.220 23；专题沙龙总得分 684.00，平均得分 5.343 8±0.216 06；专家指导自学总得分 545.00，平均得分 4.257 8±0.199 11；实地考察总得分 711.00，平均得分 5.554 7±0.239 65。调查结果与第一次调查结果基本一致。调查结果如表 2-6 所示。

表 2-6　课程实施需求调查

课程实施	样本	最小值	最大值	和	平均数
专家讲授	128	1.00	9.00	677.00	5.289 1±0.219 09
与专家讨论	128	1.00	9.00	672.00	5.250 0±0.213 07
案例分析	128	1.00	9.00	645.00	5.039 1±0.234 35
课题研究	128	1.00	9.00	633.00	4.945 3±0.234 59
课堂观察	128	1.00	9.00	649.00	5.070 3±0.208 75
参与式职后教师教育	128	1.00	9.00	718.00	5.609 4±0.220 23
专题沙龙	128	1.00	9.00	684.00	5.343 8±0.216 06
专家指导自学工	128	1.00	9.00	545.00	4.257 8±0.199 11
实地考察	128	1.00	9.00	711.00	5.554 7±0.239 65

创造“适合每位学生发展的教育”的理念已经得到各方共识，但如何在职后教师教育过程中，构建起适合每位教师不同需求的课程体系，还需要我们统一思想并真正予以落实。对待不一样的学生，需要哪些不一样的方式因材施教，不同的教师也需要不一样的探寻。因此，教师是否需要一种服务导向的课程设计需要实证调查。调查显

示，对于教师职后课程的服务导向，坚决反对为6人，占了4.7%；比较反对的6人，占了4.7%；不支持不反对的23人，占了18.0%；比较支持的73人，占了57.0%；非常支持的20人，占了15.6%。可见，超过701%的人表示支持课程实施服务化导向。

在授课教师的选择上，各位在职教师的选择也呈现出“和而不同”的情况：选择课改专家的有17人，占了13.28%；选择学科教学专家19人，占了14.84%；选择教研人员24人，占了18.75%；选择骨干教师24人，占了18.75%；选择教材编者13人，占了10.16%；选择教育新政领导24人，占了18.75%；选择其他7人，占了5.47%。具体如图2-4所示。

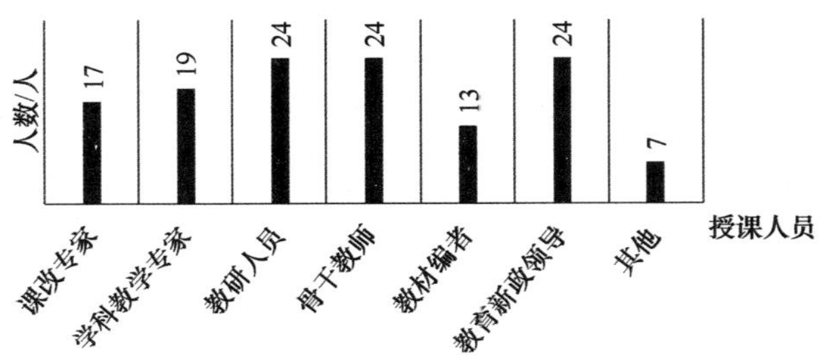

图2-4　授课教师的需求情况

整理所有结果排序，得到职后教师教育课程实施方式需求的最终排名情况：①参与式职后教师教育；②实地考察；③专题沙龙；④专家讲授；⑤与专家讨论；⑥课堂观察；⑦案例分析；⑧课题研究；⑨专家指导自学。具体情况如图2-5所示。

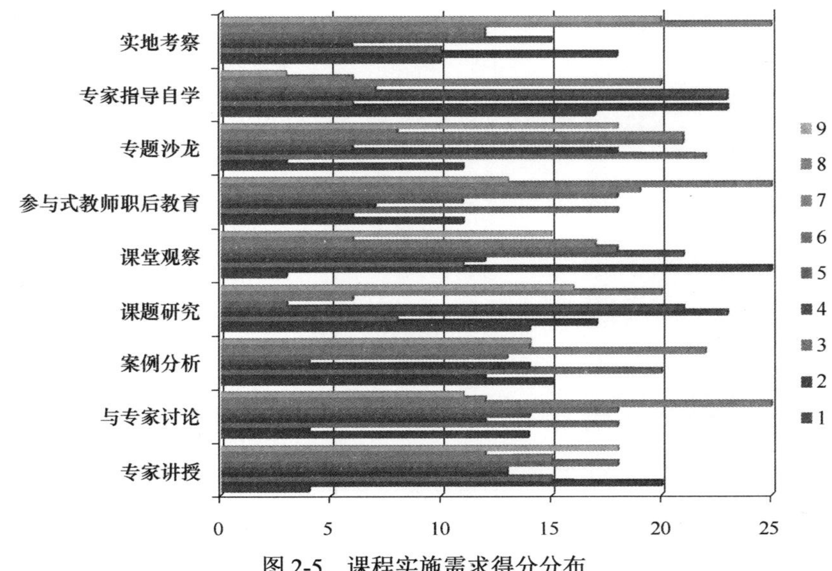

图2-5　课程实施需求得分分布

5. 职后教师教育课程评价需求调查

调查显示，128 名中小学教师职后教师教育课程评价改革认同有所差异，但是都强调评价模式要改革。在评价方式上，认为用课程作业的有 9 人，占了 7.0%；用心得体会论文的有 50 人，占了 39.1%；用教案和说课的有 55 人，占了 43.0%；用课堂表现的有 14 人，占了 10.9%。如表 2-7 所示。

表 2-7　评价形式需求一览表

评价形式	频次	百分比/%
课程作业	9	7.0
心得体会论文	50	39.1
教案&说课	55	43.0
课堂表现	14	10.9
总计	128	100.0

调查显示，128 名中小学都强调评价模式要改革，特别关注评价过程结果的管理。对于实施学分银行，比较反对的有 13 人，占了 10.1%；不支持不反对的有 48 人，占了 37.5%；比较支持的有 43 人，占了 33.6%；非常支持的有 24 人，占了 18.8%。具体情况如图 2-6 所示。

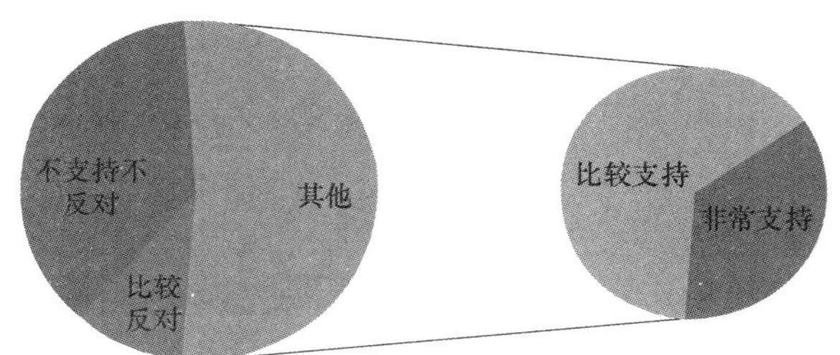

图 2-6　学分融通模式的需求调查

综合以上统计分析，我们可以发现，当前职后教师教育的课程，在课程目标、课程内容、课程结构、课程实施和课程评价上，并不完全与教师期待相吻合。因此。本研究的基本假设为 H0：以往和当前的职后教师教育课程与教师的需要不匹配，是成立的。

二、职后教师课程学习的理性分析

教师需求是确定职后教师教育课程的设置的重要参考因素。但是，教师个体的需求毕竟是非理性的、或者说个体性的。要设计出良好的职后教师教育课程，还必须有深刻的理性思辨。尤其是结合职后教师的学习动机、学习特征和学习条件，根据职后教师课程学习的理性分析，构思课程的目标、内容、结构、实施与评价，对开发设计职后教师教育课程大有裨益。

（一）职后教师的课程学习动机：获得实践知识与反思能力

教师学习是教师通过反思和行动培养技能、获得知识和专长的过程。这是 Billett 早在 2001 年就提出的科学论断。Kelly 也认为，教师学习是教师旨在获得专业知识的过程，教师学习包含教师为了参加课堂活动而参与实践认知的过程，这种过程包含了在场的教师身份的发展[①]。可以发现，回答教师为何而学的问题，尤其是职后教师学习动机的问题，就必然回答学习内容和学习目的的问题。很明显，教师的教育教学活动是实践性的活动，他们参加职后课程学习，其目的就是为了收获知识，学习技能。但是，职后教师和师范生学习的不同在于，师范生是为了学习教育教学的基本理论知识和一般的师范生教育教学技能，然而，走上工作岗位的在职教师，他们的学习目标则更加具体到自身的工作岗位和发展目标。因此，基于个人工作需求和职业生涯发展的实践性知识和实践技能是职后教师学习的第一动机。

然而，把“教师学习”仅定义为获得知识和技能的过程肯定是有缺陷的，因为“学习不仅是一个获得知识的过程，它还密切关系到个性、情绪及社会技能的发展，而且它的成功取决于学习者的情感、动机和信心”[②]。因此，职后教师学习还是一种工作场学习，这种学习以问题为中心进行学习，强调“用中学”。因为学习的内容与工作世界中的问题具有高度的关联性，因此，职后教师的学习以解决工作世界面临的问题为起点，对可以立即应用的知识尤其感兴趣。这种学习动机为职后教师教育课程的设计提供了方向性借鉴。

（二）职后教师的课程学习特征：持续统一的综合发展活动

教师学习是一个持续的统一体。约翰·斯克威尔等为教师学习构建了一个概念框架，即认为教师学习是一个持续的统一体（the continuum of teacher learning）[③]。他们认为，“政策的形成以及教师准备和持续专业发展项目的设计都要最佳地考虑教师学习的整个领域，即从教师先前开始的学校学习到贯穿教师整个教学生涯的学习机会。”古德莱德（Goodlad John）认为：①教师学习是实践和问题导向的；

---

① KELLY P, 2006. What is teacher learning? A socio-cultural perspective. Oxford Review of Education, 32(4): 514-515.

② SHAW K. E, 2001. The intelligent school [J]. Peb Exchange Programme on Educational Building, 3(1): 147-152.

③ JOHN S, MARTIAL D, et al, 2007. Global perspectives on teacher learning: Improving policy and practice [R]. Paris, UNESCO: International Institute for Educational Planning: 29-34.这一统一体由四个相互连接的阶段构成：①学徒身份的观察（apprenticeship of observation）；②教师的职前准备（pre-service preparation of teachers）；③入职（induction）；④持续的专业发展（continuing professional development）。

②教师都想维护自己的自尊；③教师倾向于把新知识和旧知识融合起来；④尊重教师的个人需要；⑤教师都看重自己经验的价值；⑥教师倾向于在学习上自我指导并做出自己的选择。这种看法强调了教师学习的实践性、问题性和个性需求①。考伦-斯密斯和利特尔（Cochran-Smith and Lytle）曾概括了有关教师学习的三种观点：第一，教师学习是一个掌握和应用已知的教学法和学科内容理论知识的过程；第二，教师学习是一种通过经验的反思进行的实践知识的建构过程；第三，教师学习是教师教学所需要的知识的生成过程，当教师有意把他们自己的课堂和学校作为探究的场所时，学习便发生了②。

由职后教师学习的持续发展阶段可以看出，职后教师教育课程至少要：在目标上，区分出职后教师的学习目标层次；在课程内容上，能够满足不同阶段职后教师的需要，能够贯穿教师的职业生涯发展；在课程结构上，能够体现教师的职业生涯发展，方便不同阶段职后教师学习；在课程实施上，方便不同阶段的职后教师学习，也能够形成一个连贯的整体；在课程评价上，能够满足关注教师贯通式的持续发展。

（三）职后教师的课程学习条件：基于工作情境的实践参与

首先，教师学习发生在不同层面的实践中，包括在课堂中，在学校共同体中，在专业发展的课程和工作坊中，也可能发生在放学后与一个淘气学生的商讨中。所以，为了理解教师学习，必须研究这些多元的情境，既要考虑作为个体的教师学习者，又要考虑其参与的社会系统。从情境的视角来看教师学习是“不断参与教学实践的过程，通过这种参与活动而达到理解和认识教学的过程”③。而且，教师学习被视为处于教育和学校变革情境中的“教师变革”（teacher change），教师不是变革的被动承受者，而要在在日常教学实践中、在参与教师专业发展活动的过程中，透过反思实现自己的专业成长，成为主动的学习者。

其次，教师学习是带了一定先验经验的学习，这种经验既可以是丰富的资源，又可能是新知识融入的藩篱。作为成人学习者，职后教师通常具备较为丰富的知识经验和较强的独立意识，在学习过程中，擅长以独立的自我经验从事各种学习活动及设定学习目标和结果。学习需求与变化着的工作世界紧密相关，尤其是职业生涯发展到中后期的骨干教师或者熟手教师。作为课程学习者，职后教师根据变化着的工作世界，诊断自己的学习需求，并根据需求调整有效的

① GOODLAD J. I, 1975. Am emphasis on change[J]. The Education Digest, 48(8): 2-8; Goodlad J. I, McMannon T. J, 1997. The public purpose of education and schooling[M]. San Francisco: Jossey-Bass.

② COCHRAN-SMITH M, LYTLE S. L, 1999. Relationships of knowledge and practice: Teacher learning in commu-nities[J]. Review of Research in Education, 24(1): 249-305.

③ ADLER J, 2000. Social practice theory and mathematics teacher education: A conversation between theory and practice[J]. Nordic Mathematics Education Journal, 8(3): 31-53.

学习策略。

再次，和师范生不同，职后教师的学习时间和条件还存在诸多因素的限制。一方面，职后教师课程学习的时间不如师范生那么充沛，因为学习者必须面临工作的精力分配。同时，职后教师多已成家立业，家里琐事必然会分走职后教师的学习时间。另一方面，职后教师都已走上工作岗位，远离他们曾经的学习场所，尽管各自在家里、学校也可以从事学习，但是仍不及师范生或者专业研究人员学习资源丰富和学习氛围浓厚。所以，职后教师的课程学习必须贴近职后教师学习需要，才能更加高效、轻松和便捷。

三、职后教师教育课程的终极理想：面向反思实践的模块课程

美国学者汤姆•戈特将“现实状态”与“理想状态”之间的“差距”称为“缺口”，建立了培训需求差距分析模型[①]，如图 2-7 所示。本研究在已经分别实施了教师职后课程现状调查和教师职后课程需求调查后，基于理想状态和实然状态的比较，寻找职后教师教育课程的终极样态。

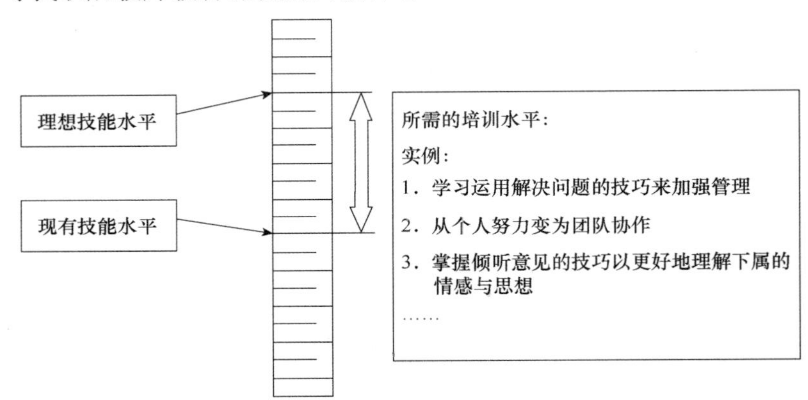

图 2-7 培训需求差距分析模型

实证数据已经证明，当前我国职后教师教育课程存在着以下问题：职后教师教育课程目标重“实用”不重“实践”，职后教师教育课程内容重“客体”不重“主体”，职后教师教育课程结构重“顺序”不重“逻辑”，职后教师教育课程实施重“输入”不重“输出”，职后教师教育课程评价重“当下”不重“发展”。然而，职后教师的课程学习又是以实践为根本动机，以服务自己职业生涯发展和工作过程为根本需求，同时，在学习的过程中，还受到学习时间、学习资源等条件的限制。因此，理想的职后教师教育课程应该服务于职后教师的职业生涯发展，服务于职

① 黄静，2005．我国企业培训需求分析研究及模型建构［D］．重庆：重庆大学．

后教师的工作过程，而且符合职后教师的学习实际，并方便职后教师的学习。因此，本研究构想出面向反思实践的模块课程，基于提高职后教师的实践性知识和反思能力，致力于将职后教师培养成反思性实践者；课程内容采用情境化问题导向，服务于职后教师的工作过程；课程结构采用阶段化生涯导向，服务于职后教师的职业生涯发展；课程实施采用结构式服务导向模式，遵循学科知识逻辑与教师实践性知识发展逻辑，方便职后教师学习；课程评价采用贯通式发展导向模式，为职后教师学习和生涯发展服务。

（一）职后教师教育模块课程目标：培养反思性实践者

职后教师教育课程目标的调查数据显示，教师自评平均分 15.439 7，专家评分平均分 13.166 7。根据职后教师教育课程调查的判断标准，职后教师教育课程目标级别为第Ⅳ级。这就是说明，职后教师教育课程目标尚未达到理想水准。具体来说，教师自评情况，课程目标切实性的平均水平为 2.262 9，课程目标清晰度的平均水平为 2.021 6，课程目标指引力的平均水平为 2.090 5，课程目标操作性的平均水平为 2.125 0，课程目标具体性的平均水平为 1.931 0。专家评价方面，课程目标切实性的平均水平为 2.666 7，课程目标清晰度的平均水平为 2.500 0，课程目标指引力的平均水平为 2.333 3，课程目标操作性的平均水平为 2.500 0，课程目标具体性的平均水平为 3.166 7。总体来说，职后教师教育课程目标表现为很注重实际用途，但是并没有偏向反思实践。

所以，H1：教师教育课程的目标与教师所期待的发展目标不一致，成立。

同时，基于 128 名中小学教师职后课程学习目标调研发现，职后教师教育课程学习目标相对集中，其中，获得教学新理念和方法的人有 65，占了 25.1%；想要提高专业知识和技能的人有 92，占了 35.5%；想要实现自我发展的人有 68，占了 26.3%；其他学习目标的有 34 人，占了 13.1%。总体来说，教师对教育教学中遇到的实践问题关注较多，同时，从自身专业发展角度考虑教师教育的也占了一定比例，说明教师们已经意识到职后教师教育的课程目标应该更加关注教师作为人的主体专业发展而非知识本身。

访谈发现，教师们对参加教师职后课程学习充满了期待，而且，一部分学员通过教师职后课程学习确实有了很大的收获，教师们在学习过程中也意识到主体参与、主体的发展应该作为职后教师教育课程的目标。

- 江北区 H 老师（初中语文）：

每次参加培训，似乎都能找回自己读书时候的影子，听得特别认真，也认真记笔记，生怕听漏了或者记错了一个字。也许很多人认为，教师职后培训，更多的是注重形式，其实不然，当我每次聆听专家的讲解，或者现场听名师的讲课，我也总会暗自下决心：回学校后我一定要……但是一回到工作岗位，就将所学忘了。我想这是因为课程目标没有和我们的实际问题结合起来，在实施中没有太多教师参与的机会，所以学习内容并没有内化，也无法应用。

- 南岸区 X 老师（小学数学）：

认可教师职后培训课程的学习，认为培训有必要性。兴趣比较浓。教师观念发生变化，通过培训能接受新的理念、学会新的方法、提升教育教学能力。

- 渝北区 C 老师（初中语文）：

我积极参与学习，有浓厚的兴趣。职后培训如果切合了一线教师的实际需要，授课教师调动学员积极性、多与学员互动，应该说兴趣很深厚，愿意积极学习，充实自己。但如果课程设置与师资配备均不太满意、课程实施有没有体现教师主体参与的话，很打击参训教师的学习积极性。

- 永川区 K 老师（小学语文）：

目标定位应该更加清晰一点，一线教师需要得到专业发展与提升，因此，做一项培训之前应该有专业的教师进行训前调研、问卷调查，以使课程内容设置更科学，课程目标定位更加明确。

- 渝中区 M 老师（初中数学）：

我对参加教师职后培训课程的学习的态度是积极主动的，兴趣高昂。教师职后培训课程学习，使我对新课程理更加清晰，深入钻研教材的方向更明确，从以前关注学生学习知识转变到关注学生学习方法的培养，从关注学生考试的成绩，转变到关注学生学习过程及学习兴趣的培养。

- 九龙坡区 L 老师（初中数学）：

我认为参加教师职后培训课程的学习是必须的，并且非常有兴趣。我觉得当前教师职后培训课程的目标定位应该是多元化的，针对不同层次的教师，通过教师职后培训课程学习，你会在自己的教学中，运用到培训所学的方法，看实施效果如何；还会更新自己的教学理念，总之，培训目标要体现教师为本。

- 铜梁区 G 老师（中学数学）：

我对职后培训课程的学习态度是认真的。因为我特别珍惜这种学习机会，特别感谢教师师修校及学校领导对我的信任，所以总想把圆满完成学习任务。学习兴趣是较深厚和兴奋的。因为可以弥被工作中的知识盲点，且提高自己。我觉得教师职后培训课程的目标定位是提高自己的专业化成长，不仅增长知识，而且提高修养，向名师迈进。我发生的变化是，自己对教育工作充满了信心和企盼。本以为赛课得了市一等奖就算完成任务了，可以松懈下来了。却不知在各种培训中，激励着自己不断学习，更加有雄心壮志，加之学校领导的期望，我感到肩上的任务却更加重了，累并快乐着！

- 南岸区 C 老师（初中物理）：

很喜欢参加学习，因为这可以提高业务素质，促进自身专业发展。

- 巴南区 W 老师（初中政治）：

希望得到针对性培训。学习后，在专业领域有一定的认知和反思，能运用到实际教学中去，能引领学生。

- 北碚区 Y 老师（中学数学）：

本着提高自身素质和专业知识的态度，以浓厚的兴趣参加职后教师教育课程培训。我觉得当前教师职后培训课程应与教师的实际工作紧密联系，应理论联系实际，不能重理论轻实际，教师职后培训应有针对性，给教师以发言权。

人是二重地存在着的，“主观上作为他自身而存在着，客观上又存在于自己生存的这些自然无机条件之中”[①]。职后教师教育的实质是通过有目的、有计划的设计、组织及实施职后教师教育课程，促进教师主体的自我建构，在自我建构中走向专业发展。这种建构不仅仅是主体对经验和环境的单纬反应，而是主体与环境的多纬互动的过程。因此，职后教师教育课程要纠正重“实用”不重“实践”的取向，从高度关注教师的主观能动性开始，充分彰显教师的主体性，催生教师作为“人”的主体建构，促进人的互动交往，培养反思性实践者。

1. 唤醒反思性实践者：催生“人”的角色外显

课程的设计实施要落脚于催生“人”的主体建构，这种建构是教师以主动生长的态度，主动探究的过程，在原有知识和经验基础上，不断丰富教育理想和知识，增进专业理解和技能，不断更新自我，培育创造生命力的过程。这种建构既是教师自身认知结构的建构，也是教师与环境社会的互动建构。

皮亚杰是认知建构主义理论的奠基者，他对认知建构主义的解释是：知识并不是直接观察的结果而脱离对客体的建构，或者不依赖于现存的、内在的认知结构。智力的功能只能通过认知结构来表达，这个结构具有遗传性和创造性，通过与对象积极的互动而形成。基于这样的观点所形成的认识论，既不是经验主义也不是先验主义，只能是建构主义[②]。因此，教师在面对新的认知时，会激活已有认知结构并与新认知发生以下三种变化：一是新旧认知产生链接，教师原有的认知结构通过顺应得到扩展和完善；二是新旧认知发生冲突，通过现有认知结构顺应新经验而产生新的认知结构，完成教师信念、知识和经验实质上的更新，引导新的教学实践；三是教师忽略认知的链接或冲突，用已有认知同化新认知。在以上的三种变化中，第一、二种变化导致教师得以提升，而事实上，大多数老师往往过分依赖已有的认知结构，不习惯质疑、忽视认知结构中出现的链接或冲突，导致已有认知结构的重建无法完成。换言之，职后教师教育课程的核心价值只有走

---

① 马克思，1979. 马克思恩格斯全集：第 46 卷上［M］. 北京：人民出版社.

② PHILLIPS D. C, 1995. The good, the bad and the ugly: The many faces of constructivism[J]. Educational Researcher, 24(7): 5-12.

向“以教师为本”，只有教师主动参与、主动建构的前提下，真正意义上的教师学习才能发生，课程的意义才能得以实现。

2. 拓宽反思性实践网络：促进“人”的互动交往

教育的实质是一种交往。在对职后教师教育及教师学习的理解上，认知建构主义重视教师个体的心智运作过程和理解建构，却忽视了认识的社会性，否定了意义建构的合作性。维果茨基作为社会建构主义的代表，认为人的智力结构和思维过程来自和其他人的社会交往，这些交往不只影响到认知发展，实际上创造了认知结构和思维发展。认识活动的社会本源性说明高级心理过程首先在人与人之间的协作活动中共同建构出来，然后被人内化成为自己认知发展的一部分①。这就是说，职后教师教育中教师主体建构的发生、认知结构的发展是社会互动的结果，与社会生活相辅相成。教师的认识活动是在与他人进行交流、批评与反思，以及不断改进的过程中发生、发展的。导致教师认知结构改变的认知冲突往往需要通过社会互动进行意义协商才能产生。换言之，职后教师教育是基于教师原有认知结构为逻辑起点，促进教师在与环境、社会交往互动中实现认知的链接、完善或改组为着力点，教师的自我实现和专业发展为落脚点。因此，职后教师教育要体现“以人为本”，必然要重视教师作为生命体的参与建构，重视教师在与人、与社会互动交往的过程，才能实现其应有之价值。

3. 升华反思性实践者：追寻“人”的意义世界

人是一种高级动物，因此在一定程度上必须像动物那样屈从于物质欲望，但人的生命活动绝非仅此而已。人和动物的生命活动最本质的区别在于：“动物和它的生命活动是直接统一的。动物不把自己同自己的生命活动区别开来。它就是这种生命活动。人则使自己的生命活动本身变成自己意志和意识的对象。他的生命活动是有意识的，这不是人与之直接融为一体的那种规定性。”②人是以创造意义世界来润泽、舒展生命。“人的存在从来就不是纯粹的存在；它总是牵涉到意义”③。然而，意义世界所表征的往往并非人的实然性，而是人的应然所在。为此，人不可能不追求意义所在、价值所在而追求实然的存在。阿德勒认为人从他生下来后就在追寻、建构自己的意义世界，他说：“从呱呱坠地之日起，我们即在摸索、追寻此种生活意义。”④因此，职后教师教育的核心价值走向“以人为本”便是对人追求意义世界的应有要义，可以说职后教师教育帮助教师建构意义世界既是现

① 阿妮塔·伍德沃克，2005. 教育心理学［M］. 南京：江苏教育出版社.
② 马克思，2000. 1844年经济学哲学手稿［M］. 北京：人民出版社.
③ A. J 赫舍尔，2007. 人是谁［M］. 隗仁莲，安希孟，译. 贵阳：贵州人民出版社.
④ 阿德勒，2006. 自卑与超越［M］. 李心明，译. 北京：光明日报出版社.

实诉求又是应然取向。

（二）职后教师教育模块课程内容：情境化问题导向

职后教师教育课程内容的调查数据显示，教师自评的最低得分为5.00分，平均分15.396 6；专家评分最低得分为5分，平均分13.000 0；职后教师教育课程内容实际评估的得分水平占到了总分的58.54%。根据职后教师教育课程调查的判断标准，职后教师教育课程内容级别为第Ⅳ级。具体来说，教师自评的课程内容实用性的平均水平为2.064 7，课程内容经典度的平均水平为2.060 3，课程内容学理性的平均水平为2.112 1，课程内容趣味性的平均水平为2.262 9，课程内容前瞻性的平均水平为3.064 7。专家评价情况，课程内容实用性的平均水平为2.916 7，课程内容经典度的平均水平为2.750 0，课程内容学理性的平均水平为2.666 7，课程内容趣味性的平均水平为2.166 7，课程内容前瞻性的平均水平为2.500 0。可见，当前我国职后教师教育课程内容的问题，集中表现为课程内容去“人本化”，有内容，无“主体”，重“客体”不重“主体”，简而言之，有丰富多彩的内容（客体），然而却不考虑学习这些内容的人（主体）。

同时，基于128名中小学在职教师职后课程学习内容调研发现，教师职后课程内容需求的最终排名情况：①新方法的运用；②校本研修；③现代教育技术；④教学评价；⑤指导学生学习；⑥新教材的利用；⑦师生心理健康；⑧名师经验；⑨教育研究方法；⑩新课标的理解；⑪学科专业知识；⑫其他。教师职后课程内容组合需求的最终排名情况：①需求＋主题＋模块；②按模块组合；③主题＋模块；④按主题组合；⑤按学科组合；⑥按教师需求自由组合；⑦分理论与实践各占一定比例。因此，要不断走向“情境导向”及“趋向融合”的职后教师教育课程结构变革。所以，H2：教师教育课程的内容与教师所期待的学习内容不一致，成立。

访谈发现，课程内容是职后教师学习非常在意的一项内容，但是，在课程需求项上，则呈现出“和而不同”的局面：

- 江北区H老师（初中语文）：

希望通过培训，能提升自己的专业知识和技能，对教材有独到的理解，逐步形成自己独特的教学风格。

- 渝北区C老师（初中语文）：

我想做一个研究型的老师，所以希望职后教师教育课程应该包括：一是学做课题研究；二是提高课堂教学技能。

- 渝中区M老师（初中数学）：

一线教师愿意获得与本专业发展的前沿性的观点、理念、具体做法以及与所授学科密切联系的技能等，希望课程内容是当前教育教学的趋势热点、自己教育教学实践中的难点，能够学以致用。

- 九龙坡区L老师（初中数学）：

我觉得教师职后培训课程的内容应该理论与实践相结合，专家讲座与骨干教师经验交流相结合，挖掘本学科教学本质与课堂教学巧设计相结合。

- 南岸区C老师（初中物理）：

首先，培训内容最好是前沿性的、先进的教学理念和方法；其次，通过调查问卷的形式了解教师的具体需求，再根据需求制定课程内容；最后，课程内容可以分成几大类，供教师自由选择。

- 巴南区W老师（初中政治）：

希望课程内容跟工作岗位相关，适合当前教育的发展趋势。特别希望能根据老师本身实际需求自选，希望多些可操作的内容。

- 北碚区Y老师（中学数学）：

有些课程内容与教师发展关系不大，在编排内容时，应针对城市教师与乡镇、农村教师的不同，结合城乡差异，有效整合。

- 铜梁区Y老师（中学数学）：

希望在培训学习中，多针对我们工作的实际问题，让有经验的骨干教师来讲，我们会更能学以致用。我觉得自己在教导处工作后，没有参加过教导主任能力提高培训方面的学习，有点期盼。

可见，职后教师教育课程内容，需要参照教师职业生涯发展和具体教育教学实践中面临的问题。以问题的形式转化成模块。因此，在职后教师教育课程内容的选择上和课程结构安排上，一方面要充分考虑职后教师的真实需求，另一方面要兼顾职后教师的工作过程与情境。课程内容选择要改变有内容无“主体”、重“客体”不重“主体”的现状，实现课程内容情境化问题导向，课程内容选择指向教师的工作场情景和工作的具体问题。

如此说来，职后教师教育课程的内容选择要考虑到面对的是不同的年纪、教龄、阅历的教师，其个性更是百花齐放，在宽基础上，更强调课程的灵活性，弹性选课，从教师的“选”和学校的“选”两种思路来设计，在使用课程综合化手段时强调拓展和发展教师个性的“大模块”的重要性。建立可持续发展的长效机制。教师教育是一个漫长的过程，不能一蹴而就，要保证教师教育的健康发展，就必须建立一个长效保障机制。

（三）职后教师教育模块课程结构：阶段化生涯导向

职后教师教育课程结构的调查数据显示，教师自评的最低得分为5.00分，平均分14.659 5；专家评分最低得分为5分，平均分11.333 3；职后教师教育课程结构实际评估的得分水平占到了总分的54.41%。具体来说，教师评分的课程结构连贯性的平均水平为 2.887 9，课程结构渐进性的平均水平为 2.944 0，课程结构灵活性的平均水平为 3.224 1，课程结构科学性的平均水平为 2.762 9，课程结构方便性的平均水平为 2.840 5。专家评分课程结构连贯性的平均水平为 2.333 3，课程结构渐进性的平均水平为 2.333 3，课程结构灵活性的平均水平为 2.333 3，课程结构科学性的平均水平为 2.083 3，课程结构方便性的平均水平为 2.250 0。概而言之，当前我国职后教师教育课程结构的问题，集中表现为课程内容缺乏逻辑性。尽管内容呈现上体现了知识内在的结构体系，但是没有从职后教师学习的角度去思考知识的组合结构，特别是不考虑教师的职业生涯发展规律、“一刀切”和不兼顾教师的工作情境与过程，表现出重“顺序”不重“逻辑”的内在结构问题。

同时，基于 128 名中小学在职教师职后课程内容结构需求差异较大。按学科组合总得分 524.00，平均得分 4.093 8±0.191 30；按主题组合总得分 539.00，平均得分 4.210 9±0.175 26；分理论与实践各占一定比例总得分 471.00，平均得分 3.679 7±0.158 01；按模块组合总得分 579.00，平均得分 4.523 4±0.154 88；按教师需求自由组合总得分 500.00，平均得分 3.906 2±0.193 85；主题+模块总得分 544.00，平均得分 4.250 0±0.161 41；需求+主题+模块总得分 607.00，平均得分 4.742 2±0.170 49。整理所有结果排序，得到教师职后课程内容需求的最终排名情况：①需求+主题+模块；②按模块组合；③主题+模块；④按主题组合；⑤按学科组合；⑥按教师需求自由组合；⑦分理论与实践各占一定比例。所以，H3：教师教育课程的结构与教师所期待的学习顺序不一致，成立。

访谈发现，课程结构是职后教师学习非常在意的部分，但是，在课程结构需求上，灵活自由的模块课程成为了大家的第一选择。

- 江北区 H 老师（初中语文）：

我参加过很多次培训，但感觉这些课程之间没有任何联系，很多课程的主题讲座，都是同一个老师上，上课内容非常重复。我觉得教育行政主管部门应该统筹考虑培训课程的主题，我们不同各阶段，每年学习的课程主题之间有一定的联系、顺序，这样才更有利于我们的学习和发展。

- 南岸区 X 老师（小学数学）：

专家讲座—实地考察—案例分析—总结，时间合理性、内容实用性、培训多样性，以受培训老师的需要而设计框架，坚持他们个人素养、兴趣专长的原则。

- 渝北区 C 老师（初中语文）：

要坚持科学、有针对性、重点突出的原则。整体课程设计应该根据培训目的的设计来进行。

- 永川区 K 老师（小学语文）：

我觉得教师职后培训课程的框架应该理论与实践相结合，专家讲座与骨干教师经验交流相结合，挖掘本学科教学本质与课堂教学巧设计相结合的原则。

- 渝中区 M 老师（初中数学）：

我觉得教师职后培训课程的框架结构的设计应该根据“想让教师知道的”和“教师想知道的”的原则，混合设计。

- 九龙坡区 L 老师（初中数学）：

兼顾职业道德，专业能力，个人素养这几个方面。内容要体现均衡度、连贯性、渐进性、灵活性、科学性、方便性。

- 巴南区 W 老师（初中政治）：

我对自己参加了市培、国培所设计的课程都是挺喜欢的，只不过最认为适用的还是教学案例方面，个人认为框架结构要兼顾各方面，顾全学员生理和心理。

- 南岸区 C 老师（初中物理）：

由于教师职后培训是一项长期的任务，因此，教师职后培训应系统规划，重视培训的渐进性、持续性，坚持科学、公正、实用的原则，理论联系实际，提高教师继续教育的质量。

可以发现，职后教师教育课程不仅在内容上有所甄选，而其在课程的结构安排上，还要方便职后教师学习。主要考虑职后教师的学习条件限制，兼顾职后教师的职业生涯阶段和发展。特别要改变重“顺序”不重“逻辑”的现状，把职后教师教育课程转向阶段化生涯导向课程。在课程结构上，根据职后教师职业生涯阶段，选择内容，安排课程结构，服务职后教师的生涯发展。宏观的课程结构上，要遵循课程之间的连续性、顺序性、整合性和开放性；微观的课程结构，应遵循知识的逻辑和教师学习的心理逻辑，这样才更有利于促进教师在情境中学习体验，反思实践，促进教师专业发展。具体来说，要做到以下两点。

1. 基础课程与特色课程相结合

职后教师教育课程改革应该构建出科学合理的课程体系，在这个体系中，要注意基础课程与特色课程的有机结合。集群式模块化课程模式的“宽基础、活模板”为教育教育课程的改革提供了清晰而明确的思路。“宽基础”是面向一个职业群的定向教育，是为受教育者在一个职业群的范围内终身接受定向教育奠定基础的内容；“活模块”中的每一个“大模块”是针对一个职业的定向教育，是让受教育者具有一个职业的必备知识、技术和能力的内容。“小模块”的内容即为专项能力。在处理“宽”与“专”关系的具体实施操作中，要认真研究“宽基础”与“活模块”的结构比。

2. 静态结构与动态结构相互搭配

职后教师教育课程的静态结构是横断界面的学习结构，方便职后教师在一个阶段学习一门课程；动态结构是基于教师职业生涯发展和工作情景变化的发展递进式课程结构。因此，在构建教师教育课程模式时，需要处理好动与静的关系。

在这个动态的社会里，教育教育课程必须走在时代前沿，以静制动与以变应变相结合，预测未来教师需要掌握哪些技能，确保课程的顺利开发。在开发教师教育课程，建构课程结构时，在符合教育行政部门相关规定的基础上，及时调整教学内容的课程方案。课程设置的基本框架和主要科目相对稳定，这有利于学校师资、设施设备方面的基本建设。

（四）职后教师教育模块课程实施：结构式服务导向

职后教师教育课程实施的调查数据显示，教师自评的最低得分为 5.00 分，平均分 15.698 3；专家评分最低得分为 10 分，平均分 13.333 3；职后教师教育课程实施实际评估的得分水平占到了总分的 59.79%。根据职后教师教育课程调查的判断标准，职后教师教育课程实施级别为第Ⅳ级。具体来说，教师自评课程实施情境性的平均水平为 3.060 3，课程实施开放性的平均水平为 3.232 8，课程实施吸引力的平均水平为 2.900 9，课程实施效率的平均水平为 3.245 7，课程实施效果的平均水平为 3.258 6。专家评分认为课程实施情境性的平均水平为 2.833 3，课程实施开放性的平均水平为 1.916 7，课程实施吸引力的平均水平为 2.583 3，课程实施效率的平均水平为 3.000 0，课程实施效果的平均水平为 2.666 7。当前职后教师教育课程实施的问题，集中表现为课程课程实施特别注重授课方的讲授、表演，一味地给学员们“输入”，学员们倾注热情，疯狂投入到学习过程的活动中，但是，却缺少自己的反思，对于职后教师的学习输出似乎只停留在课程目标的文本规定上，没有很好地反思、内化课程学习收获。所以说，职后教师教育课程实施：重“输入”不重“输出”。

同时，基于 128 名中小学在职教师对职后课程实施需求相对集中，专家讲授总得分 677.00，平均得分 5.289 1±0.219 09；与专家同伴交流反思讨论总得分 672.00，平均得分 5.250 0±0.213 07；基于情境的案例分析总得分 645.00，平均得分 5.039 1±0.234 35；课题研究总得分 633.00，平均得分 4.945 3±0.234 59；课堂观察总得分 649.00，平均得分 5.070 3±0.208 75；参与式职后教师教育总得分 718.00，平均得分 5.609 4±0.220 23；专题沙龙总得分 684.00，平均得分 5.343 8±0.216 06；专家指导自学工总得分 545.00，平均得分 4.257 8±0.199 11；实地考察总得分 711.00，平均得分 5.554 7±0.239 65。调查结果与第一次调查结果基本一致。教师职后课程实施需求的最终排名情况：①参与式职后教师教育；②实地考察；③专题沙龙；④专家讲授；⑤与专家讨论；⑥课堂观察；⑦案例分析；⑧课题研究；⑨专家指导下自学。所以，H4：教师教育课程的实施与教师所期待的认知发展不一致，成立。

访谈发现，课程实施是影响职后教师学习效果的关键。教学是一个复杂的过程，但是，在课程实施需求上，能促进教师反思的，基于真实情境的参与式课程实施方式成为了大家的第一选择。

- 永川区 K 老师（小学语文）：

上课教师应该是有丰富实践经验专长而且授课风格幽默有趣的；上课地点最好在实际的课堂情境中；上课方式可以以讲座研讨、实践考察、实地操作、讨论反思等多种方式进行。总之一句话，课程的实施一定要强调学习者的参与。

- 江北区 H 老师（初中语文）：

当前的培训方式，大多是集中授课和通过网络听讲座自学，后者缺乏督促，大多流于形式了。

- 南岸区 X 老师（小学数学）：

课程实施方式应该多样，而且以互动参与式为主、授课教师应以一线教师为主、上课地点以学校为主、上课方式要分享交流。

- 渝北区 C 老师（初中语文）：

说一下，上课方式最好不要大会议室上，一个班三十人左右为宜。教学方法多样化，不要只限行讲座之类。

- 渝中区 M 老师（初中数学）：

教师职后培训课程的学习的教学方法要新，要体现多样化的结合，体现学员的主体，而不是教授一味在讲。

- 九龙坡区 L 老师（初中数学）：

希望时间上更自由，方式上更具体。希望线上和线下结合，最好不要占用太多老师的休息时间。

- 南岸区 C 老师（初中物理）：

目前很满意以前的课程。没有其他建议。时间允许，加入讨论和点评。

- 巴南区 W 老师（初中政治）：

教师方法应针对城乡差异，在乡村，缺乏多媒体等教育手段，教师怎样才能上好一堂生动、有趣的课？在教师职后培训中，应针对不同教师分层次，重实效。

- 北碚区 Y 老师（中学数学）：

个为认为职后培训课程的教学可以增加些小组讨论、小组合作、给每个组配一个导师进行实地指导，细化辅导，小组学习后，再进行集中交流，成果展示。教学方法可以灵活些，上课方式可以是朋友式，交谈式，提问式。

因此，职后教师教育课程实施要改变重“输入”不重“输出”的局面，逐渐转向“反思实践取向”。以“服务”为导向，这一概念的提出同样是秉承着以教师职后专业能力与实践能力的发展为首要考虑，将教师作为职后教育课程实施过程中的主体，换而言之，教师职后教育课程的实施是基于教师职业生涯发展的需要，基于教师实践工作的需要而开展的，是“服务”于教师职后发展，乃至终身发展的培训课程。在对教师职后教育模块课程的实施理念进行定位之后，对于课程的组织要处理好纵向组织与横向组织之间的关系。横向组织强调模块与模块之间的整合性，这种整合性包括模块课程与学习者经验的整合、各模块内容之间的整合及与教师的教育实践的整合。

首先，应该借鉴施瓦布实践课程理论中的“实践兴趣”——指向课程实践过程本身。针对过去教师教育实践课程只注重结果评价而忽视活动过程的问题，职后教师教育课程实施要注重手段和过程，相互理解，相互作用。因此，在课程实施的过程中注重结果的同时，不能忽略对过程中教育资源的开发和利用，才能与课程实施的基本理念和目标追求相一致。

其次，各地和各校应根据自己的实际情况开发教师教育实践活动课程，制定适应自身条件的实践活动的资源包或指导计划，资源包集中反映了实践活动课程的内容。实践活动课程的实施在很大程度上属于校本课程，课程内容应该反映校本特色，体现“地方特色”与“本土特色”。这就应该积极借鉴施瓦布实践课程理论中集体审议的方法，让学校、社会和教育专家参与课程开发，积极听取各个因素对课程设计的意见，合理定位课程目标，适时修订课程，更新课程内容，保证教师教育实践课程的设置能体现应有的实践性价值。

最后，贯彻施瓦布实践性课程理论中行动研究的方法论，做反思性教师，进行反思性教学。在教师教育实践课程的开发、实施过程中教师是关键性因素，教师是连接课程与学生的枢纽，作为 21 世纪的教师，既是课程的研究者又是课程的实践者；在理论与实践的结合中，教师是课程与教学的主力军，教师的研究与创新推动着课程的发展与进步。

（五）职后教师教育模块课程评价：贯通式发展导向

职后教师教育课程评价的调查数据显示，教师自评的最低得分为 5.00 分平均分 14.797 4；专家评分最低得分为 5 分，平均分 12.666 7；职后教师教育课程评价的实际评估得分水平占到了总分的 58.87%。根据职后教师教育课程调查的判断标准，职后教师教育课程评价级别为第Ⅴ级。教师自评结果，课程评价科学性的平均水平为 2.995 7，课程评价公正性的平均水平为 2.922 4，课程评价发展性的平均水平为 2.819 0，课程评价一致性的平均水平为 3.034 5，课程评价人本性的平均水平为 3.025 9。专家评分结果，课程评价科学性的平均水平为 2.666 7，课程评价公正性的平均水平为 2.416 7，课程评价发展性的平均水平为 2.500 0，课程评价一致性的平均水平为 2.416 7，课程评价人本性的平均水平为 2.666 7。与课程目标、课程内容、课程结构、课程实施相比，课程评价的得分要略略高于前四者。但是，整个职后教师教育课程评价依然存在问题，其中最核心的问题就是忽视了被评价者，只关注现在的得失，而忽视了学习者未来的发展。所以说，职后教师教育课程评价重“当下”不重“发展”。

同时，调查显示，128 名中小学在教师职后课程评价改革认同有所差异，但是都强调评价模式要改革。在评价方式上，认为用课程作业的有 9 人，占了 7.0%；用心得体会论文的有 50 人，占了 39.1%；用教案说课的有 55 人，占了 43.0%；用课堂表现的有 14 人，占了 10.9%。对与实施学分银行，比较反对的有 13 人，占了 10.2%；不支持不反对的有 48 人，占了 37.5%；比较支持的有 43 人，占了 33.6%；非常支持的有 24 人，占了 18.8%。

所以，H5：教师教育课程的评价与教师所期待的培训收获不一致，成立。

访谈发现，课程评价是影响职后教师学习效果的重要因素。但是，在课程评价需求上，评价结果成为了大家共同关心的问题。

- 江北区 H 老师（初中语文）：

课程的评价考核方式应多样化。要体现过程、体现发展，考核以实用性为主，如案例分析、论文成果等。

- 南岸区 X 老师（小学数学）：

引领走教师专业化发展道路，比任何考核都重要。

- 渝北区 C 老师（初中语文）：

现在考核这一块比较薄弱：考核这一块不太好操作，如果采用试卷的方式应该不太能考察出教师真正的变化；考试方式应该结合教师的实际工作，结合学校对教师的年终考核等进行；评分原则重在考察教师的成长、所取得的发展等不太能进行量化的部分。

- 永川区 K 老师（小学语文）：

教师职后培训课程的考核可以从多方面进行评价，出勤情况、作业完成情况、考试成绩等，最后综合评价，要特别重视学习的过程。

- 渝中区 M 老师（初中数学）：

多角度评分，每项有基础分，如果基础分不达到，其他项再高也不给予及格。

- 南岸区 C 老师（初中物理）：

可以使用同一平台，每次学习考核都有记录。

- 九龙坡区 L 老师（初中数学）：

成人学习，以学会、会用为标准吧，不一定是考试分数，最重要是学习的时候讨论、运用。

- 巴南区 W 老师（初中政治）：

教师培训的最终目的是要让每位教师主动发现自我的不足，主动地自我学习，提高水平，弥补不足。个人觉得考核应针对教师教学这块，在以后的教学中应如何提升自我，如何驾驭不同的课堂。

- 北碚区 Y 老师（中学数学）：

分值的细化对学员有严格的督促作用。只是在评选优秀学员时可否是得分情况与小组推荐相结合。特别是那种学习完第一阶段后，要遴选出一半的学员参加第二阶段学习，这样的淘汰制就显得对学员压力大，学员不乐意接受，遴选出的学员是否兼顾各区县有一定名额，因为毕竟有地区差异。

访谈发现，在课程评价需求上，评价结果虽然被大家所重视，但是有什么样的评价方式得出的评价结果反倒更令人感兴趣。因此，职后教师教育课程评价必须改变只关注现在的得失，而忽视了学习者未来的发展的现状，扭转职后教师教育课程评价重“当下”、不重“发展”的弊病。

因此职后教师教育模块课程评价要不断创新为贯通式发展导向。这里的贯通指向两种含义：第一是教师的专业发展贯通于教师的学习过程、工作过程和职业生涯发展过程；第二是评价活动贯穿于教师的整个生涯，体现在其时间和空间上的贯通。教师职后教育模块课程评价要坚持为教师职业生涯发展服务，因此，要贯彻学业合格评价的基本尺度、职业生涯贯通的发展理念和学分银行融通的认证制度的理念，实施贯通式发展导向职后教师教育模块课程评价。在评价方法设计、评价实施程中要不断探索和创新，致力于将教师培养成反思性实践者。评价要着眼于教师的学习和工作过程和职业发展，落脚于评价结果在教育行政部门的运用，以评价促进教师主体性发挥及整体发展。评价要重视以问题解决、实践重构为载体的静态结果性评价，也关注过程中学习者在问题解决过程中、在实践共同体中进行积极的行动反思。

赢得好射手美名并非由于他的弓箭，而是由于他的目标。

——莉莱

第三章 职后教师教育模块课程目标

教师职业伴随着社会活动的产生而产生并发展，历史久远。但作为专门培养学校教师的专业性教育却只有300多年的历史。教师作为人类文明的重要传递者和创造者，其社会功能、素质要求、职业特征等均不断发生变化和发展。这些变化和要求反映在人们对教师角色的认知上，具体体现于教师教育的培养目标。理想的教师形象也不断变革，纵观教师发展历程，从"圣者型"教师、"技术员型"教师、"专家型"教师到"反思实践型"教师的培养目标变化，教师形象不断革新。

一、职后教师教育课程目标变革：对传统教师角色的批判

随着社会的变革，教师角色的定位与培养目标也因时而异。教师角色特性是随着社会的变化而变化的。纵观教师发展历程，自教师作为专业的职业而产生以来，教师这一社会角色经历了从长者为师到有文化知识者为师，再到教师即知识传递者的演变历程；从社会对理想教师角色的期望来看，呈现出从"圣者型"教师、"技术员型"教师到"专家型"教师培养目标的历程。在21世纪，社会对教师提出了新的要求，"圣者型"、"技术员型"及"专家型"教师角色都受到了社会批判，一种更理想的教师角色呼之欲出，同时一种新的教师教育课程也成为了学者们所重点研究的对象。

（一）"圣者型"教师的培养目标

我国历史传统宣扬的是一种"尊师重道"的观念，维护的是"师道尊严"，古语云"道之所存师之所存"。教师作为"传道者"的角色，都被看做当时人类文化的主要传递者，是具有神圣地位的职业之一。从教师的发展历程来看，"圣者型"教师成为了一种文化与思想的领导，代表着地位高者、能力强者之意。

在原始社会里，家庭中的父母兄长、氏族部落的首领、长者，都有将生产和生活经验传递给子女及较小的成员的责任。所以，为了共同生存，繁衍后代，具

有一定生活经验和生产技能的长者或能者，就成为人类社会历史中最早的“老师”。在这一阶段，没有专门的教育机构和专门的教师职业，教育活动是由全体劳动者参加，并在劳动和生活中进行的，表现为长者为师、师长合一，养老与育幼紧密结合的特点。

到了原始社会末期、奴隶社会初期，学校成为一种专门的教育机构，也标志着教育开始从体力劳动中分离出来，教师也开始由原来的具有一定生活经验和生产技能的长者或能者演变为以教育教学为职业的专门人员。在这一漫长时期中，教师被看成是某种神圣的或社会主导性观念的传播者。教师有如牧师，是圣训的代言人，或是统治者声音的发布者。长者为师、能者为师转变为以吏为师、以僧为师、学者为师，并出现“圣者型”教师。

在我国，自西周以来，学校由官府控制，表现为“官守学业”“学在官府”“官师合一”的特点。因此，在官学系统之中，政府官员是学校当然的教师。他们既是学校的教师，又是政府中的官员，并且他们的教职轻重与职位高低呈正相关。虽然，春秋战国时期私学的兴起，打破了官守学业的局面，但是，在人们的心目中，教师仍由“圣者”来担任。从《师说》一文中，我们可以了解当时人们对教师选择的标准：“生乎吾前，其闻道也固先乎吾，吾从而师之；生乎吾后，其闻道也亦先乎吾，吾从而师之。吾师道也，夫庸知其年之先后生于吾乎？是乎吾，吾从而师之。吾师道也，夫庸知其年之先后生于吾乎？是故无贵无贱，无长无少，‘道之所存，师之所存也。”由此可见，在这一时期，无论是官学还是私学的教师，都具有神圣地位，处于社会的上层。

“圣者型”教师在西方，则出现在中世纪封建社会。当时宗教成了封建制度的精神支柱和统治人民的工具，僧侣垄断了文化和教育，出现“教会及学校”的形象，即“学在教会”，教师的角色自然由僧侣、神父、牧师来承担。他们之所以能成为教师，并非他们受到了专业训练，而是由于他们具有知识或观念，他们能够代表统治阶级的意愿，培养出对上帝虔诚、服从教权和政权、进行宗教活动的教士。

由此可见，在很长的一段时期，无论是东方还是西方，都把教师视为拥有知识的圣人。在中外教育史上，从事教师职业的人多是博学之人。如我国的孔子、董仲舒、朱熹，古希腊的苏格拉底、柏拉图和亚里士多德等，都是“知者为师”“学者必为良师”的典范。因此，在这一时期，存在教师这以职业，但还未专业化。教师是主要靠知识、才能、经验谋生的智者，没有专门培养的必要，不需要由专门的机构来教授科学的知识和技艺，表现出教师职业的“圣者化”的特点。

“圣者”是我国教师的一个传统角色定位，随着时代的发展，“圣者”形象越来越脱离教师专业发展所赋予的教师本质角色的应有之意。从社会层面来看，社会忽视了教师的内在生命价值——教师作为人的存在，教师角色失去独立性；从学校层面来看，学校维护教师“圣者”形象的目的是为了更好地服务于学校管理；

最后，“圣者”角色形成发展中的工具价值易导致教师忽视自己的生命，无视学生主体。由此可见培养“圣者型”教师已不符合现代教师教育的培养目标。

（二）“技术员”教师的培养目标

始于18世纪下半叶的第一次工业革命，使社会对教育提出了新的要求，社会生产力的发展需要大量有文化、有技能的劳动生产者，因而普及义务教育提上了重要的议事日程。而义务教育的实施，必须有受过专门职业训练的教师队伍。随着义务教育和班级授课制的普及，人们认识到，教师不仅要有博深知识，还要具备一定的教育教学的技能和管理的才干。因而，师资培养模式由知识范式转向能力范式，“技术员型”的教师便成为教师教育的培养目标和评价标准。

这种“技术员型”的培养目标强调的是师范生教学技能以及与此相关的其他行为“能力”。人们把“只要掌握各种技术，就能有效工作”的假设也传递给了准教师，使他们失去批判分析能力，不愿思考复杂的教学背景和过程，甚至放弃了该有的责任感，这样的教师培养是无效的。因而，“技术型”教师的培养目标受到人们的普遍质疑。甚至有人认为“技术员型”教师角色对教育活动有较多危害，实质表现为使教师缺失生命意义，具体表现如下。

第一，“技术员型”教师角色认识论根源：技术理性主义。技术员取向的教师角色源于技术理性认识论。技术理性主义以行为主义心理学为理论基础，是实证主义的实践认识论。行为主义心理学关注如何用合理的方法来实施课堂教学和培养教师的行为和能力。实证主义主张用科学的知识和技术来控制人类社会。因此在技术理性主义的指导下，教育目的的有效性、教育过程的可控性、教育实施的程序性、知识的客观性成为关键词。

长期以来，在“技术理性”认识路径下，教育、教学就是单向传授系统，注重技术与应用，它关注并根据理性标准来评判。基于此，教学被视为一种具有普适性及线性特点的技术，教师只要掌握了这种技术，便可以胜任课堂教学，同时这种教学技术可通过模仿经验丰富的教师而习得。教师角色便成为熟练掌握这种线性教学流程的“技术员”，用他人已设计完成的课程达到他人设计目标，是手段—目的的中介人。教师的角色类似于技术员，其工作简单并且已经被固定化，只要遵循操作手册、按照教学原则便可完成教学任务。正如帕克（S. Parker）所说的“知识是可以包装并传授给别人的商品”。学生的任务就是被动地接受教师传授的预定知识与技能。因此，教师在教学中的主体性被消解，教学过程成为丧失生命意义追寻的过程。换言之，教学就是客观知识的传递或专家设计的方案的执行，教师教育实施的前提假设便是只要将科学的知识、教学技能和教学方法传授给教师，教师便能够胜任课堂教学。因此，教师教育目的就是培养可以正确按照操作手册进行教学操作的“技术员型”教师，教师教育课程是一套具有线性或普适性的教学知识、技能或者方法体系，教师教育实施便是以专家讲授为主，教师教育评价便成为考核知识是否获得、方法技能是否掌握的活动。

第二，"技术员型"教师角色知识观根源：客观主义知识观。既然教师的角色是技术员，按照一定的规则流程向学生传授知识和技能。那么教师如何看待知识？其知识观是影响教师角色的重要因素。"技术员型"教师角色受客观主义知识观影响。在客观主义知识观视角下，知识具有客观性、等级性、普适性特征。首先，知识是客观的，所谓"学校知识"（school knowledge），是那些通常是在大学中产生的能够清晰陈述的形式化、范畴化的知识，是用词语或术语等一类符号系统来表述的，也称理论性的知识，以成品化和定论化为其特征①。既然知识是科学的、客观的，是由专家们生产的，是游离于教师以外、不以教师的意志为转移的，那么在教师教育中，使教师掌握有关教育教学的客观知识既为目的。其次，知识是有等级性的，经过论证的科学知识（理论知识）由于其客观性位于上位，而个人知识（实践的知识）则被认为应该居于理论之下。因而教师教育课程结构被分成了不同的等级，形成一种自上而下的线性等级关系：原理类的教育课程居于顶层，学科教学法等课程因赋予理论与实践联系的中介作用则处在中间环节，实践课程作为理论的应用，位于教师培养项目的底层。

因此，"技术理性"背景下的教师教育课程基于以下三方面假设②：一是教育理论具有科学性和普遍性，教师教育的目的就是要把这些科学、普遍的知识和技能传授给受教育者，使其今后能够应用；二是教育理论优于教学实践，教学理论工作者理所当然成了教育理论知识的生产者和权威解读者，而受教育者（中小学教师）成为教育理论知识的消费者；三是教育实践是对教育理论知识的应用，是运用理论知识解决实践问题的过程。"技术理性"背景下的教师教育存在很大的弊端，它仅承认理论对行动的指导，而忽视了理论对行动的依赖，由此产生了理论和实践的人为分离。在"技术理性"认识逻辑下，教育实践被误解为一种操作过程，教师角色也逐渐被定为于"被动执行者"，教师是教育教学专家制定的课程、教材及教学计划的执行者。

（三）"专家型"教师的培养目标

随着教师专业化进程的到来，人们对教师教育的培养目标也由"技术型"教师向"专家型"教师转变。虽然，"技术型"教师和"专家型"教师的培养，都是基于行为主义理论，同属于技术理性教师教育观，但两者之间存在一定的差别。

① 戴伟芬，2012．由技术理性主义到整合主义：美国专业取向教师教育课程的演进［J］．教育发展研究（2）：75-79；洪明，2004．"反思实践"思想及其在教师教育中的争议：来自舍恩舒尔曼和范斯特马切尔的争论［J］．比较教育研究（10）：1-5；周险峰，2009．教师作为知识分子：走向批判的教师教育［J］．外国教育研究（7）：34-38．

② 戴伟芬，2012．当代美国教师教育课程思想的三种价值取向分析［J］．教育研究（5）：147-153．

“技术型”教师培养目标注重的是师范生单纯的技术训练，是以形成教师所需的相关知识、技能为基本取向的，是以胜任为本、操作技能为本，把教师专业化看成是一个结构，努力寻求专业中普遍运用的准则或标准，有明确的操作技巧，强调重复训练达到熟练，讲究的是工作效果。而“专家型”教师的培养，视教学为一种应用科学，把教学实践视为应用知识和技能解决问题的活动，并且认为这些知识和技能应来源于科学的理论[①]。因此，在教师培养过程中，不仅注重教学方法和技术的传授与训练，而且关注教育的“基础学科”知识，如哲学、历史、心理学和社会学等学科的系统学习。“专家型”教师培养在课程设置上体现了普通教育内容和专业教育内容的综合，强化了对教师职业所需要的关于教育的非智力方面的培养。

二、现代教师角色定位与重构：成为反思实践型教师

面对教师教育课程的突出问题，学者们首当其冲想明确这一基本问题，即竭力探究怎样的教师角色才应该是现代理想教师形象？就在此时，美国麻省理工学院教授、当代教育家舍恩于 20 世纪 80 年代，在批判传统教师角色的同时，提出了“反思实践”的概念假设，试图弥合传统的理论与实践的分离。相继，“反思实践型”教师这一概念浮现水面，进而“反思实践型”教师逐渐成为世界各国所倡导的教师教育培养目标。于是“反思实践型”教师逐步取代了“专家型”教师，成为人们心目中理想的教师形象，即教师教育所追求的培养目标。然而事实上，“反思实践型”教师并非对“专家型”教师的否定，而是在更高水平上对“专家型”教师的提升。

（一）“反思实践型”教师是能动的问题解决者

反思实践是教师带有主体能动意识，有目的、有计划地推动和改善实践的过程。能动问题解决者角色指向教师个人的主体发展以及由此而来的社会实践改善维度。首先，反思实践教师是渴望主体发展的人，具有主体性。在心理层面上，反思性实践活动是教师对自己教育教学过程的重新认识和思考，反思过程伴随着教师自己元认知能力水平的应用和提高，是一个教师自我发现、自我分析、自我判断、自我体验、自我提升的过程。在实践层面上，反思性实践的主体是教师本人，反思的核心对象是实践行为，反思的方式是通过教师对实践活动的反思而体现，反思的效果是教师的反思水平显著提高，实践性知识得以生成，教师得到专业发展。基于此，主体的内发性是教师专业发展的驱动力；其次，反思实践教师

① 周钧，2005．技术理性与反思性实践：美国两种教师教育观之比较［J］．教师教育研究（6）：76-80．

是实践改善者。反思实践过程始于情境中的问题发现，发展于行动中基于问题解决的反思，结束于教育实践的完善，并回归到又一轮的反思实践、问题解决以及实践完善。因此，反思实践教师是教学实践的完善者，在教育实践活动中，总是善于发现问题，并通过行动中反思，不断调整教育教学行为，以达到改善教育教学实践的目的。

（二）“反思实践型”教师应拥有丰富的实践性知识

拥有实践性知识是反思实践型教师的典型特征，实践性知识与一般意义上所讲的知识不同，它具有整合性、动态性、个体性和情境性的特征。首先，实践性知识具有整合性的特征。它是整合了多种知识的集合体，整合了教师知识中的“理论知识”（应知）、“教学技能”（会做）、“职业素养”（愿持），同时还关乎教师的“教育机智”。教师实际上是以一种涵盖了规则、经验、直觉、情感等综合的“知识”在行动[①]。实践性知识是教师在教育实践活动行为中的知识、解决问题的知识，它内隐着教师的观念理念，外显于教师的行为，换言之，教师的实践性知识是教师本着对教育的情怀、对学生发展的责任感（职业道德），通过问题解决、实践改善体现出来的教育教学行为（技能），但是这种行为或者问题解决背后必然隐藏着教师的教育理论知识、学科教学知识等（知识）。其次，实践性知识具有个体性特征（内隐性特征）。与之相对应的是知识的客体性特征（公共性特征）。传统意义上的知识被认为是具有普适性、客观性的、价值中立的，不以人的爱好、兴趣及价值观为转移。这忽略了教育实践活动的主体性。教育实践过程主体是人，这里的人主要涉及教师和学生，人在教育实践活动中是关乎价值偏向的。实践性知识是具有个人品行的、内隐的、不可传递的。教师通过对教育教学实践的经验探索、自我反思实践，形成一套对自己有帮助的方法和策略。这些方法和策略并不是冷冰冰的，而是浸透着教师自己的能力性向和知识品性，从而成为其人格的内隐方面，在教育教学实践中，“自动化”的表现出来。再次，实践性知识的情境性（动态性）。传统意义上的知识被认为是具有普适性、静态的，普适性体现在知识是放之四海而皆准的，教师只要掌握了这种知识，只需要按照一定的流程进行应用。但它忽略了教育实践过程情景是丰富的、复杂的，因此，问题的表现和解决方式也会发生相应的变化。正因为实践性知识来源于实践，因此不可避免的带有情境性。

（三）“反思实践型”教师应具有良好的职业道德素养

职业道德包含了教师的教育情怀、责任心、师德修养等方面。职业道德是教师专业发展的源动力。反思实践型教师的职业道德体现在对教育事业的一种使命

---

① 王艳玲，2011．教师教育课程论［M］．上海：华东师范大学出版社．

感与责任感，体现在对社会发展的推动、对教育实践行为不断完善、对学生持续发展的关怀以及对自我发展孜孜不倦的追求。反思实践型教师借由职业道德这一源动力，才能自主、能动地不断完善教育教学实践，通过对教育教学行为的不断反思，发现问题，寻求实践完善和改善；反思实践型教师因为职业道德这一源动力，才能通过反思不断了解学生，寻求促进学生持续发展最佳方法和路径；教师对教育教学实践的改善和对学生持续发展的追求，从而体现出对教育事业深深的使命感。这种责任感不仅是一种德行、师德表现，更是我国教师职业道德的明确要求。责任感也是杜威提到的反省思维的特征之一，杜威认为责任感，表现在思维对象的集中，信念与信念之间的协调一贯，以及依据思维的结果进行判断并改变信念的意愿。换言之，杜威提到的责任感是贯彻思维的决心和信念，也正是这种决心和信念促进教师不断发现问题、反思探究、改善实践。

三、职后教师教育课程目标重构：实践性知识—反思实践型教师

鉴于“反思实践型”教师的特殊性，本研究中的教师教育课程针对的对象是入职后的教师。在提出“反思实践型”教师这一新的培养目标时，相应的教师教育课程目标也应切合培养目标，在教师课程培养过程中，首先应明确“反思实践型教师”应具备的素养结构和能力特征，最后构建培养反思性实践者的职后教师教育课程。

（一）反思性实践者角色的素养结构对课程目标的启示

专业素养（special quality）是专门职业对从业人员的整体要求。随着教师职业专业化的程度越来越高，人们也越来越重视对教师应该具备的专业素养的研究。然而，不同的学者从对教师的专业素养结构提出了不同的看法，如表 3-1 所示。概言之，一般教师应该具备的专业素养包括：崇高的职业道德、丰富的专业知识、良好专业能力和健康的身心素质。

表 3-1　教师素养的一般结构

研究者	教师素养结构
叶澜	专业理念；知识结构；能力结构
艾伦	学科知识；行为技能；人格技能
林瑞钦	所教学科的知识；教育专业知识；教育专业精神
饶见维	教师通用知能；学科知能；教育专业知能；教育专业精神
姚志章	认知系统；情意系统；操作系统
唐松林	认知结构；专业精神；教育能力

然而，反思实践型教师作为教师的一般属性，也应具有一般教师的共性特征，

同时也存在其独有的特性，本书接下来将重点阐述反思实践型教师的独特性。对于反思实践型教师的理解，学者们有不同的见解，然而他们都普遍认为，“反思实践型”教师的核心特质是“反思能力”与“实践智慧”。也可以说，反思实践型教师角色的两大独特素养结构即反思与实践，反思体现在理论层面的思考，实践是对向应用层面的操作。深刻解读了反思性实践者的素养结构，才能有效地培养出合格的“反思实践型”教师。

在20世纪70年代中期以后，随着“行动研究”的盛行，更多的学者逐渐认识反思性实践在教师专业成长及教师教育中的重要作用，认识到“所有教师都在以某种方式反思；他们可以更为明确地表达和交流他们的反思；专业教师的核心要素在于反思；教师教育应该使这种明确的反思以更加实用、更加彻底的方式来进行”。在此基础上，研究者们开始进一步关注以下问题：什么是反思？反思什么？怎么反思？如何更好地促进反思？并在对这些问题的追问中拓展着反思的定义、内容、过程、机制等。

第一，什么是反思？从对反思的定义来看，无不把反思和实践看成事物的一体两面，有反思即有实践，有实践便有反思，体现了反思与实践的融合。例如，赫藤和史密斯（Hatton and Smith）认为“反思即审慎地思考行动以便改善行动的思维形式”①。范梅南将反思定义为“教师参与批判性思维，如仔细的评议（deliberation）和分析、做决策，作出与教学相关的行动过程的决定”②。

从反思的内容来看，研究者从不同的角度对反思的内容进行了论述，这些论述涵盖了教育教学中的方方面面。比如：蔡克纳（K. M. Zeichner）提出了五种取向③：①学术取向，它强调学科内容、以及呈现（representation）和转化这些学科内容知识来促进学生的理解的反思；②社会效率取向（social efficiency），强调特定教学策略的应用的反思，以便明智地使用各种教学技能和策略，这些教学策略是作为实践的“知识基础”而要求教师掌握的；③发展主义（develo-pmentalist）取向，强调教学要对学生的兴趣、思维和成长十分敏感；④社会重建主义取向，从制度、社会、政治等视角反思学校教育，同时强调学校和社会中课堂行动对于更平等、公正和人性的环境的贡献；⑤一般性反思的取向，即强调反思的作用，但对反思的目的和内容没有特别的专注，该主张的基本的观点是，只要教师更加审慎地反思，他们的教学行为必然更好。从反思过程来看，都含有情境性、主体性和循环性的特征。情境性体现在问题情境伴随着整个反思过程，实践者在情境

① HATTON N, SMITH D, 1995.Reflection in teacher education: Towards definition and implementation [J]. Teaching & Teacher Education, 11(1): 33-49.

② 王芳，2010．课程改革背景下师范生教育实习状况及影响因素研究［D］．长春：东北师范大学．

③ ZEICHNER K.M, 1994. Conceptions of reflective practice in teaching and teacher education[M]//Action and Reflection in Teacher Education: 15-34.

中感知、厘清问题，在情境发展中慎重衡量、评估，做出行动并修正行动，在情境的再现中总结反思评价并再审议。

在对反思和实践概念发展溯源的基础上，我们可以归结以下四个观点。其一，反思是实践者的基本生活方式。实践者的思考也就是反思，从这个意义上讲，反思不是专家学者们才有的，而是所有实践者基本的生活方式。其二，反思与实践的融合性；研究者们对反思和实践的论述始终是相伴融合的。反思和实践是事物的一体两面，反思指向过程和方式，实践指向调试和目的。反思和实践是过程融合的，反思必然是为了实践、在实践中、对实践的反思，分别体现了反思的目的性、情境性和对象性。实践必然有反思的参与才能体现应有之意，这正是知行合一观的体现。因此，反思实践并不是反思＋实践的简单机械组合，而是相互融合的。反思实践的融合性可以消解教师教育中理论与实践二元分离。其三，反思实践的主体性。从对反思和实践的研究溯源中，我们可以发现，古代朴素哲学观基础上反思实践强调人的主体性；技术理性认识路径基础上，强调科学技术的主宰性；人本主义视野下反思实践体现了对人主体性的回归。主体性的参与使得教师不断通过追问教育教学中的合理性，努力摆脱陈规的框架模式和束缚，致力于寻求教育教学实践的不断完善，推进社会的改进。其四，反思实践体现情境性。反思性实践认识论以认知建构主义心理学为理论基础，建构本身即是主体在情景中与各要素之间的互动和建构，所以反思实践活动必然要体现情景性。

第二，教师反思什么？反思意味着人要对自己参与其中的实践活动进行监控，包括对实践活动的意向性、实践中的行为以及实践的寓意进行思考。那么对于教育实践的参与者——教师——而言，应该做到的应该是让“反思性回归自身”，即确保教师在实践中通过反思获得成长的同时，使教育活动本身呈现出教育的意义和追求。反思作为应该是一项集体性的自我监控，应从精神气质的角度，对教育实践者自身反思的品格提出相应的要求，以确保教师群体价值观取向的正确性。首先，视育人为己任，在实际的教育生活实践中，教书不育人，即教不好书，也育不好人的现象较普遍。对于教师而言，在教育实践中，坚持“视育人为己任”的信念，意味着教师的教育活动应该围绕着开启学生的心智，陶冶学生的品格，使学生实现真正意义上的发展而展开，这既是目的，也是过程，当然更是结果。这是为人之师的一种“天职”，也是一种职业自律。其次，合作的品质，对于教育实践活动而言，教师的反思是关于师生互动与合作的反思，也是关于教师之间的合作与反思，它是在关系中展开的反思意识将自身意识与对象意识融为一个关于实践的整体意识，其意义在于把“教师的在”与“学生的在”联系在一起，把“此在”与“彼在”联系在一起，形成一种“共在”。由此可见，反思是在合作中展开的，是反思实践型教师必备的素养。

第三，教师教学中如何反思？如何更好地促进实践教学？反思实践型教师不仅仅是理论家，还是教学场域的实践者，他不是简单的按着操作程序的机器，而是复杂情境中能动的问题解决者，其典型特征是“行动中反思”“行动中的认识”。对此，舍恩的见解另辟视角，针对“技术理性”将实践者看成是工具性问题解决者，从专业人员的实践场景出发，将实践者看成是复杂情境中能动的问题解决者。舍恩把专业人员的实践分成两大领域：一是属于“坚硬的高地”的领域，这里，情境和目标都是清晰的，实践者能够运用科学理论和技术去有效地解决问题；二是“湿软的低地”，是实践的“不确定地带”，充满着“复杂性、模糊性、不稳定性、独特性和价值冲突”。在真实世界中，绝大部分的问题情境都是属于“湿软的低地”中的，实践者的实践是“以一种不确定性和艺术的方式努力探究的过程”。实际情境中所面临的问题往往都非常复杂，实践者只能依靠自身主动积极地探寻——“行动中反思”和“行动中认识”，调动已有的经验、认识框架和各种资源来解决问题。

在实践情境中，会遇到很多反思性问题。 当我认识到这些时，我注意到哪些特点？我作出判断时，我的判断原则是什么？当我执行这些技巧时，我采取了哪些程序？我如何确定要解决的问题？而且，实践者反思的内容是多方面的，总之，“行动中反思是实践的核心”。反思和行动是一体两面、相互融合的，反思必须在行动中才具固有之本，行动中要有反思参与才能体现应有之义。实践反思型教师的行动借助的是“行动中的认识”①。在教学实践中，真正主导着教师的，不是外在的理论、原理与技术，而是教师日积月累形成的“实践性知识”。在实践情境中，外在的理论、技术都不能发挥作用，实践者解决问题所借助的是“行动中的知识”。

（二）在课程目标的概念中重构反思实践型教师的能力特征

教师能力是指教师在教育教学活动中表现出来的，直接或间接影响教育教学活动的质量和完成情况的个性心理特征，是在实践中发展起来的，反映教师职业活动要求的能力体系。反思实践型教师的素养与教师教学能力未必成正比。素养是基础，而能力还需要在教学实践中内生。

1. 教师教育实践的本质就是一种反思性实践

对教师教育课程的研究要落脚到对教师的教育实践的本质研究上，追问教师的教育实践究竟是怎样一种实践？教师的教育过程本质上是教师的实践过程，教育从根本上是一种实践活动，教育的实践性表明教育不仅仅是教师谋生的手段，

① 李莉春，2007．“行动中反思”的实践认识论评述及其对教师发展的意义［J］．教师教育研究，19（6）：14-18．

也不单纯是知识的传递，而是师生之间追寻意义实现的过程[①]。

一是教师教育实践目的性。教育过程绝不是价值中立的，而是体现着强烈的目的性。教育是受“意图”支配的，并指向促进每一个学生发展的目的。首先，教育是受“意图”支配的，这里面有国家层面的意图，教育总是体现了政治性；教育教学有社会的意图，教育教学的目的内容总是体现社会发展的因素；更重要的是教育教学工作贯穿了教师的主体意图。其次，教师的教育过程是有目的指向的，它指向每一位学生的发展。教育教学活动是一种良心工程，需要教师的爱心投入。

二是教师教育实践的情境性。国外研究发现，教师每小时做出与工作有关的重大决定为30个，在一个20～40名学生的班级中，师生互动每日达1 500次[②]。此时，教师必须在有限的时间里迅速地做出反应和行动，使教师没有时间去搜寻适配的理论知识并应用。这使教育教学实践成为复杂情境中的即时抉择，需要教师的“教学机智”。这种范梅南口中的“教育机智”正是其反思类型中的特殊反思：“全身心的关注”，这种“全身心关注”是获益于日常反思的结果。

三是教育实践过程的主体性。教育实践的主体是教师，教育的对象是人，这使得教师教育过程成为预设性与生成性相统一的过程。教育中，几乎不可能做到完全的预设、计划并能加以控制，教师基于学生的活动反应，随着教学情境的展开，预设的教学过程在生成中展开。教师工作是一个需要整合知识处理问题的过程。教师的问题解决是整合学科知识、儿童发展知识、教育教学知识、各种文化知识等来促进学生的发展。同时教师工作具有多维度任务。这些任务包括校内的、校外的，与校长的、与家长的、与教育教学专家等各方面的沟通。在这一过程中，教师的主体性得以彰显和发挥。

2. 反思性实践的具体内涵

“反思性实践”是什么？首先，从目的、性质上看，反思性实践致力于消解教育理论与实践的分离，恢复实践者在“理论—实践”中的地位，突出实践者的个人经验和自主反思在沟通公共知识与个人实践方面的功能；同时，教师的反思性实践意味着对教育实践合理性的追问，关注教育实践活动内在的道德目的，努力摆脱外在的不合理观念、体制的束缚，质疑各种既定的认识框架和行为模式，成为自觉主动的、积极探究的实践者，不断寻求教育实践的改善。其次，从机制上看，反思性实践既是一个能动的、审慎的认知加工过程，也是一个与情感和认知都密切相关并相互作用的过程，在此过程中，不仅有智力加工，而且需要情感、态度等动力系统的支持。再次，从过程上看，反思性实践体现的是一种反思探究的循环。反思性实

① “以反思性实践”来概括教师教育实践的性质，表达的是这样一种理解教育实践性质的基本态度：摆脱那些二元对立的无休止的争论，突出教师主体性，强调依靠教师的自身力量来融通教育实践中长期分离的两个领域——“理论”和“实践”。参见：王艳玲，2011．教师教育课程论［M］．上海：华东师范大学出版社．

② 郭道明，1989．发展中国家师范教育值得注意的几个问题［J］．教师教育研究（5）：22-26．

践的过程不是线性的，而是循环往复的螺旋式过程——从“为实践反思”开始，转向“实践中的反思”，然后是“对实践的反思”，最后回到为实践反思，进入一个循环往复的进程之中。最后，从内容上看，反思性实践既强调教师的教学反思，又强调对教学赖以发生的社会和组织背景的分析。它要对发生在学校内外的事件及其社会背景进行反思。反思性实践对个人、群体乃至整个社会的信念、经验、态度、知识和价值的意义及其他社会条件承担了认知、检查和反馈的责任①。

3. 反思性实践者的特征

第一，关注反思实践者教育品质和社会性特征。最早提出反思概念的杜威提出反思型教师的三个重要特征：一是开放的心态，用一种积极的心态去倾听多方面意见，而不是固守一见，对可能出现的答案和选择给予关注。二是责任心，这种责任心指仔细思考行为所导致的结果：个人结果，即教师的教学对学生自身观念的影响；学术结果，即教师的教学对学生发展的影响；社会和政治结果，即教师的教学对每个学生生活状态转变的客观影响。这种责任感不仅包括满足与一些具体问题的解决，也包括教师自己对教育教学中无法预测的结果的反思等诸方面的检验。三是执着，执着的教师经常对自己的教育假设、教育信念及其教育教学行为的结果进行检查，并以学习的态度走进各种教育教学的情景，努力理解自己的教育教学，理解影响学生的方式，并从各种角度去理解不同的教育教学的情景②。英国教育学家斯腾豪斯（L. Stenhouse）基于“解放理性”的认识路径，强调解放在教师教育中的意义，提出教师成为研究者的角色。随后埃利奥特（J. Elliott）在此基础上提出“以思促行”，认为教师改变教学行为的行动往往先于理解力的发展，即教师的专业发展有时始于教学行为上的转变，随后为行为转变寻找理论的依靠③。

第二，关注反思性实践者教育品质及知识发展的特征。美国麻省理工大学舍恩教授首先提出反思性实践者概念，他主要从知识的角度在他这里，反思性实践者是具有主体性的问题解决者，是具有反思性的知识创生者，拥有“实践性知识”是反思性实践者的典型特征。面对复杂的实践情境，实践者常常反思行为并不断追问：“当我认识到这些时，我注意到哪些特点？我作出判断时，我的判断原则是什么？当我执行这些技巧时，我采取了哪些程序？我如何确定要解决的问题？”④通过“行动中反思”，实践者不断评估情境，做出调整行动。这一过程是实践者的主动反思过程、行动研究过程，也是实践者创生知识的过程，这种创生的知识亦

① 苟顺明，王艳玲，2013．论教师成为“反思性实践者”［J］．学术探索（4）：135-139．

② 杜威，1991．我们怎样思维：经验与教育［M］．姜文闵，译．北京：人民教育出版社：24-26．

③ 张蕾，2014．美国南印第安纳大学反思型教师培养计划研究［D］．重庆：西南大学：39．

④ 唐纳德·A．舍恩，2007．反映的实践者：专业T作者如何在行动中思考［M］．夏林清，译．北京：教育科学出版社．

即舍恩提到的“默会的、行动中的知识”或是“实践性知识”。正如舍恩所说：“对反思性实践者而言，行动中反思是实践的核心。”其次，拥有“实践性知识”是反思性实践者的典型特征。实践者往往依赖的是“实践性知识”而非理论性知识或技术，这种“实践性知识”亦即舍恩所说的“行动中的知识”。这种知识往往是以案例为载体而存在。由于实践者面对的情景总是发生着变化的，没有完全一样的情景，因此所有经历过的“行动中的知识”和“行动中反思”都会形成、丰富和完善无数生动的个案并生成案例库。通过情景再现、提取“实践性知识”、行动实践、反思调整、再行动实践、案例储存，“实践知识库”不断的拓展完善、内隐并自动化，教师的“实践性知识”在这一动态中不断生成，教师在这一实践中不断成为反思性实践者。教师是情景中的研究者。

第三，关注反思性实践者教育品质、知识特征及社会性特征。瑞根（T. G. Reagan）等人认为，首先，反思型教师是一个能做出理性决定的决策者；其次，反思型教师的决定与判断有相应的理论基点；再次，反思型教师必须成为职业道德行为与职业道德敏感性的典范[①]。反思性实践者本着改造教育实践、推进教育事业和社会发展的目的，基于实践性知识基础，不断对教育实践情境进行探究、抉择、改进以及问题解决。

尽管研究者们分别基于不同的视角对反思性实践者进行了论述，但综合他们的研究都对以下问题进行了讨论：首先，对反思性实践者角色的论述都是基于人、知识、社会三个维度框架中来探究。例如，杜威等人较少从知识层面去关注教师的发展，主要从反思型教师个人教育品质的维度，延伸到教师对教学、对学生的关注，对环境的关注，进而对社会发展的推进。舍恩等学者都主要从知识论角度入手，研究了反思实践型教师知识生成，重点关注了“缄默知识”在对教师角色发展的重要性，进而延伸到教师作为反思性实践者应该具备的个人教育品质。他们较少关注到教师作为社会人的社会性。而瑞根、佐藤学等学者从个人教育品质、知识发展及社会责任几个维度，对反思性实践者的特征进行了论述。其次，研究者们对反思性实践者都不约而同提出了以下特征。一是主体性。反思性实践者是具有主体性的问题解决者，体现了教师作为人的教育品质维度。反思实践过程是有目的的实践过程，过程中，实践者为了问题的解决，不断与实践环境进行反思对话，并调整行为。这一过程始终伴随着实践者主体性发挥。二是探究性。实践者是在真实情境中具有反思性的探究者，体现了教师知识生成的维度。反思性实践者是知识的创生者，他们通过实践全过程反思，去发现问题、界定问题、尝试解决问题、评估情境、调整行为、再反思完善实践。过程中反思实践型教师实践

① RENEE C，2005．课堂问题分析与解决：成为反思型教师［M］．沈文钦，译．北京：中国轻工业出版社．

性知识得以生成和发展。三是创造性。实践过程是反思性实践者“实践性知识”生成和发展的过程；实践过程是反思性实践者课程开发的过程；反思实践型教师的课程绝非预设而是生成性的；实践过程是反思性实践者不断批判现有情境、创造性改造实践的过程。四是拥有“实践性知识”是反思实践者的典型知识特征。研究者们都认同教育实践是一种反思性实践过程，反思实践型教师拥有的个体的、缄默的、案例的“实践性知识”是反思实践者的典型特征。

基于以上分析，笔者认为对反思实践型教师的定义要基于两个方面的考虑：一是对反思实践型教师的定义要基于人、知识和社会三个维度作为分析框架；二是反思性教师应囊括其基本特征。因此，笔者认为，反思实践型教师就是指具有教育情怀、开放心态和责任心，善于通过反思解决问题完善实践，能够通过在实践中主动反思、质疑、调整行为，从而丰富自身实践性知识，提升实践品质的教师。

（三）为培养反思性实践者的目标设计开发职后教师教育课程

课程史上，有三种基本价值取向：儿童（人）本位课程、知识本位课程及社会本位课程。同样在知识本位课程视域下，以实践性知识为取向的职后教师教育课程提出：“职后教师教育课程就是为了促进教师实践性知识的生成和建构。”要弄清楚实践性知识，首先我们要了解知识在哲学上的意义。知识观则是人们关于知识本质、来源、范围、标准、价值等的假设、见解与信念。它是伴随着知识的积累，人们对知识所做的一种意识和反思[①]。B. 霍尔姆斯和 M. 麦克莱恩在《比较课程论》一书中指出，任何国家的教育和课程都建立在这样一个基础上：什么知识最有价值以及对它的回答。因此，从知识观的角度来梳理职后教师教育课程的发展对于重建职后教师教育课程具有重要的理论和实践意义。人们对知识的理解和看法经历了理性主义、经验主义、实用主义与后现代主义这四个阶段[②]。经验主义认为知识是人脑对外部世界的忠实反映，它来源于人类感觉和经验，而观察和实验是获得知识的基本途径。理性主义则对由感觉而获得的知识持反对态度，他们认为只有通过“理智”“思想”等获得的知识才具有真正的价值。尽管理性主义和经验主义知识观对于知识的观点截然不同，但都是建立在认识主客体二元化的认识论基础之上，认为知识是认识主体通过感觉经验或理性对认识客体的客观反映。实用主义突破主客体二元分离的认识论，认为知识是人与环境相互作用的产物，强调人在与环境的互动中主动的获得知识。实用主义成为建构主义的理论基础之一[③]。后现代主义则批判了知识的“客观性”和“确定性”，张扬“差异性”

① 潘洪建，2003．当代知识观及其对基础教育课程改革的启示［J］．课程·教材·教法（8）：9-15．

② 卢梭，2007．论人与人之间的不平等的起因与基础［M］．北京：商务印书馆．

③ 巴春蕾，孔凡哲，2014．实践性知识：教师知识研究中的夸张与限制：兼论建构主义知识观对我国教师教育的影响［J］．现代教育管理（12）：51-55．

和“多元化”等特征，主张用批判的态度来看待知识。因此，可以把以上的知识观的演变过程分为两种不同的观点：科学主义知识观和建构主义知识观。如上所述，知识观决定着课程观。

1. “科学主义”知识观与职后教师教育课程

自从17世纪斯宾塞提出“什么知识最有价值”的问题以来，科学主义知识观就开始控制了人类的生活并渗透到教育领域。对知识的看法主要集中在以下四点。第一，知识的表现形式是客观的，知识的客观性体现为知识的绝对化、普适性、静态性和价值无涉。掌握了这些知识之后便可以将他们运用到各种不同的情境之中，去认识世界，解决问题，因此知识本身具有自明的有用性，对学习者自然可以构成意义。知识与认识主体的个人兴趣、爱好、价值观都无关，个人只是知识的“旁观者”和“消费者”。第二，知识的价值是有等级性的。“什么知识最有价值”这一命题本身就蕴含着知识是被分门别类的排列为一个等级谱系。科学知识（特别是自然科学知识）则占据了这个谱系最核心的位置，被视为最有价值。而那些无法根据特定法则进行推理和证明的知识（例如个人知识）则被视为最没有价值的知识，被放逐在知识谱系的边缘，不能被合法地存在和传播。第三，知识的的存在形式是分离的。既然各种知识是有类别和等级之分的，因此各类知识在生产、传播及应用过程中是独立地进行的，彼此之间没有联系。因此，才存在着知识分类的说法。第四，知识的增长方式是累积的。既然知识是绝对的、客观的，是价值无涉的，那么知识增长主要依靠学科知识的积累，知识的发展就是旧知识为新知识所取代，不存在多样化的知识。

传统的职后教师教育课程是建立在“科学主义”知识观的基础上，强调知识的客观性和普适性、等级性和分离性。首先，知识是有等级的，科学知识（理论知识）被认为最有价值，而实践性知识（个人知识）则被边缘化。研究教育教学的大学“专家”是知识的“生产者”和权威者，有着生产和解读职后教师教育课程知识的权利，而教师只能是知识的“旁观者”或“消费者”，在教师教育活动中，被动的接受“专家”的理论知识灌输。其次，知识具有客观性和普适性，知识是独立于个体外在存在的，不以个体的爱好、兴趣等为转移，只要掌握了这些知识，教师自然能够提升专业素质，提高教书育人的能力。过于强调知识的客观性、普适性及等级性，造成了一直以来存在于教师教育中对知识认识的两个误区①：第一，将知识等同于公共知识，导致个体知识的缺席；第二，将知识等同于显性知识，导致隐性知识的缺席。这两个误区造成了教师精神世界“个人意义缺失”，这种“个

① 周燕，2005．从知识的外在意义到知识的内在意义：知识观转型对教育的影响［J］．全球教育展望（4）：29-33．

人意义缺失”表现为教师通过教师教育所掌握的概念和原理等理论知识无法融入个人的经验，因而不能迁移运用到具体情境中去。这种知识永远是死的知识，不能被激活而失去其应有的价值，更没有生命的意义。

科学主义知识观过分强调知识的客观性、等级性及外在意义，忽视了知识对人的内在意义。“人们认为自明地具有价值的知识，对学习者并不一定构成意义，而且脱离了具体情境的知识也并不一定能够自然地应用于各种实际情境中”[①]。职后教师教育课程也不关注教师的生活经验及个体体验，不关注教师个体的内在意义建构，导致教师专业发展因为失去“人性”而显得苍白。因此，人们在科学主义知识观带给教育及教师教育领域人性缺失的基础上认识到，人与知识的关系的主题必然要由“发现知识”“占有知识”转向“探寻和构建知识与人的意义关系”。

2. “建构主义”知识观与职后教师教育课程

科学的知识观以主客体分离为基础，追求的是把个人的、人性的成分从知识中清除。这种做法是不可取的，因为即使是在个人成分参与量少的精密科学中，知识的获得也要求科学家的热情参与到个人判断中，更不用说其他领域了。建构主义知识观对知识的主张主要体现在以下四点。第一，知识价值取向的个体性。它更强调知识的个体价值取向，彰显知识对个体存在的内在意义。教师知识获得的过程与个人的经历是密不可分的。知识不再追求外在的客观性而转为寻找知识与人的内在意义。知识是一种主体性的获得，是认识主体基于自己的经验以及所处的社会文化历史背景，通过主动建构的方式而获得的知识[②]。建构主义所主张的“认识起源于主客体的相互作用（活动）”的观点，正是知识的个体性和情境性的体现，用波兰尼的话说，就是要“还原知识所具有的热情的、个人的和人性的成分”，知识的获得是正在识知的人“无处不在”的个人参与。第二，知识的内容表征的整体性。它是建立在一定的社会文化历史等背景基础上，包括个人的旨趣、生活经历、理想信念、价值观等的综合因素。这些因素内化于知识之中，并在个人的行动中表现出来。这种整体性体现为知识的多元性和有机性。因此，我们应着眼于整体观来看待知识。第三，知识生成过程的动态性。知识因其生成性而具有动态性，知识是认识主体在具体情境中与情境互动中根据自身的价值观对情境进行判断、选择、重组建构形成的。知识会随着情境、环境的变化而不断生成，这一过程是主体知识生成的过程，也是认识主体创造性发挥的动态过程。第四，知识的增长方式的建构性。知识的传授不再认为是单维度的、线性的受授的过程，而是认识主体在不断的认知与理解、体验与感悟、生成与内化中建构的。

---

① 郑太年，2002．意义：三个世界的联系与对话［J］．全球教育展望，31（11）：25-30．

② 胡芳，2004．知识观转型与教师角色变迁［D］．金华：浙江师范大学．

通过明确结构思考力的四个基本特点，就可以让我们做到隐形思维显性化。

——《结构思考力》

第四章 职后教师教育模块课程框架

“阶段式问题为导向”的职后教师教育课程模块是一种以促进教师实践性知识生成、提高教育实践能力、促进教师专业发展为旨归，基于教师在专业化发展过程中及教育实践中存在的问题为课程内容的主题及逻辑起点，宏观体系上遵循教师从“新手”到“骨干”的专业成长路径，中观结构上观照教师阶段岗位核心能力特征，微观实施遵从教师实践性知识生成路径的课程模块。它包括以下含义：一是这种课程模块的终极目的是指向培养反思实践型教师，直接目的是促进教师实践性知识生成和提升，提高教师教育实践和反思能力，从而带动教师整体综合素质的发展；二是问题是课程模块的逻辑起点，课程模块主题来源于教师在专业化发展过程中及教育实践中的问题，问题解决贯穿于模块课程的实施过程，问题解决、实践改善是课程模块的落脚点。三是从课程模块的建构路径来看，课程模块以教师专业成长阶段为体系建构路径，以阶段教师核心能力领域为结构建构路径，以教师实践性知识生成逻辑为主题实施路径。

一、面向反思性实践的职后教师教育模块课程的内容选择

课程内容作为课程的重要组成部分，是课程目标的具体体现，要确定课程内容前提，要对课程内容进行选择。“理想地说，人类的教育有一种把人类所有的科学知识、生活经验和社会技能都教给学生的愿望，但鉴于有限的受教育时间以及科学知识更新速度的加剧，这一良好的愿望永远也不可能实现！”[①]因此，“阶段式问题导向”职后教师教育课程模块的设计也要应围绕三级目标的实现，通过选择与阶段目标适切的，具有典型性的实践性知识的问题主题，并在此基础上进行组织、衍生与设计，建构出具有整合性、开放性及选择性的模块课程，“问题”是这

① 钟启泉，2007．课程论［M］．北京：教育科学出版社．

种模块课程的逻辑起点，“问题解决”是模块课程的逻辑归属。以学习者在实践中面对的问题为中心，消解了以学习者经验为中心、以学科知识逻辑为中心还是以社会需求为中心的争论，成为课程模块建构的生长点和逻辑起点，体现课程体系建构的链接要素、课程逻辑与路径。“阶段式问题导向”职后教师教育课程模块则遵循“理论与实践融合”的思维模式，以问题主题为核心，将教师学习者在教育教学实践中的实际问题作为主题，问题解决过程实际上是教师实践性知识生成、教师意义重构过程。以教师实践性知识生成路径为主线构建主题、实施专题，以阶段教师岗位专业核心能力领域作为结构化主线使主题模块结构化，遵循新手教师—成熟教师—骨干教师的成长规律使模块课程体系化，以此构成模块化、结构化、体系化，具有弹性和选择性的模块课程。它体现了“做中学、学中思、思中行”的课程理念。

（一）内容选择的依据

1. 顺应时代背景，致力于教学实际问题的解决

辩证唯物主义认为，世界上的一切事物都处在永不停息的运动变化之中，我们要坚持用运动、变化和发展的观点看待问题。在不同时期，教师所处的时代背景不同，面临的教学问题也有所差异，这就要求接受不同内容的学习。具体而言，课程内容的选择首先必须顺应时代背景和教育改革。随着课程改革的不断深入与推进，新课程理念受到一线教师的广泛认同并被不同程度地践行着，为此课程内容不能再停留于理念推广层面，而应该结合教师所处的环境、面临的新问题及学习需求，重新选择课程内容。其次，培养反思性实践者取向的职后教师教育，其课程内容的选择必须以教师面临问题的解决为出发点。教师参加职后学习都希望能解决教学实践中遇到的问题，这就要求课程内容的选择必须对教师的实际教学产生指导意义，并能帮助教师获得解决各种教学问题的观念、知识和能力。因此，只要与解决教学实际问题相关的知识与技能都是可供选择的课程内容，只要选择重点后，以教学实践中实际问题的解决为逻辑主线加以精心组织便可提升课程内容的有效性和针对性。

2. 满足一线教师合理的学习与培训需求

“当前教材的编写以知识体系为中心而不是以教师需要为中心。很多编写教师继续教育教材的专家、学者们并不十分了解中小学教师的实际需要，也并不完全清楚中小学教育教学的实际情况，想当然地在知识的‘新’上下功夫，而没有在教师的‘心’上下功夫。这使得教材成了‘高’‘精’‘尖’知识的集合。”[①] 可见，多数培训课程的设计并没有关照到不同阶段教师专业发展的需求，而只是专家依

① 王新艳，2003. 教师继续教育课程设置中存在的问题［J］. 中国成人教育（8）：53.

据自身研究特长和优势设定，传递给教师的是普适性的理论，很难用于解决具体教学实践中存在的问题。为实现真正的对症下药，2012 年 2 月由教育部颁发的《“国培计划”课程标准（试行）》强调培训前要对教师需求进行调查，从而使课程内容符合一线教师的需求和特点。具体而言，培训课程除研究“教”与“培训”外，更重要的是要研究“学”。因为“教”和“培训”侧重知识和技能的单向传递，整个过程是由外到内，主要依靠专家完成，属于短期、结构化的学习经历，所学知识不一定能解决实际问题；而“学”则是学习者主动从外界获取知识和技能以寻求教学实践问题的解决之道，是一种从内到外，主动完成自我建构与更新的过程，所学知识能致力于实际问题的解决。

3. 考虑教师已有的知识和经验

在“做中学、学中思、思中行”课程理念指导下的职后教师教育课程要把教师已有的知识和经验作为反思的基础，借助相关情境的创设，引导教师在教学实践、教学体验中对已有的认知及经验进行反思，在集体的交流与分享中汲取他人之长，从而产生新的认识，实现自我提高。如果课程内容脱离教师已有的经验和实际教学工作，就无法被理解和接受。因此，职后教师教育课程内容的选择必须以其已有的知识和经验为基础，这不仅能促进教师交流教育经验，使得新手教师可以从成熟教师和骨干教师中获得新知和启示，还能在交流中对自身经验进行重新认识和评价。

4. 关照教学实践

案例研究实质是检验和考证与案例相关的、有价值的信息的系统过程，目的是依托典型分析找到对现存问题的解决方法，该方法适用于深入、全面地考察真实情境中存在的具体问题或复杂问题。案例作为贯通抽象理论与形象实践的桥梁，不仅可以使教师在职后学习中通过案例教学将理论知识与教育实践对接，并在不断的反思中获得实践性知识；还能引导教师将所获得的实践性知识与原有的教育理论进行对比研究，实现实践性知识的进一步深化。因此，基于实践—反思价值取向构建的职后教师教育课程可以将教学案例研究作为可选择的内容之一。

5. 遵循课程自身的逻辑结构

当前的教师职后培训课程主要由大量独立的讲座构成，不同时期负责讲座的专家团队不同，内容难免会发生重复甚至矛盾，这就要求对专家讲座进行规范，使其培训内容系统而又符合逻辑，从而增强职后教师教育的有效性。此外，由于专家的课程领导力相对较为广泛，其专业背景、学术研究背景、对一线课堂的熟悉程度、深入教育实践的经历等都会影响其对课程的认知与设计，因此在选择培训团队时，必须考虑多重因素。目前的职后教师教育课程内容没有充分考虑一线教师的知识背景，缺乏系统性和前瞻性，往往只能使教师掌握所教学科知识，这不利于教师的专业化发展。尽管不同学科教师具备的知识结构和知识内容不同，但它们都有相通之处，这就要求在进行职后教师教育课程内容设计时，不仅要从横向上考虑教师所具备的知识结构，还要从纵向上关照教师不同专业发展阶段显现出的特征，以使教师习得系统、合理的知识结构，从而促进教师的专业发展和自我实现。

（二）内容选择的程序

课程内容是学习者在学习过程中需要掌握和可以掌握的内容，涉及知识、能力和情感态度各个层面。面向反思性实践的职后教师教育模块课程要致力于实际问题的解决，并引发教师对教学的反思。可见，“问题”是这种模块课程内容选择的起点，“问题解决”和“引发反思”是模块课程内容的逻辑归属。因此，选择职后教师教育课程内容必须遵循需求分析—探寻问题—确定内容这一路径。

1. 需求分析

职后教师教育课程需求分析应循着社会需求、知识发展及教师需要三条主线来开展。随着时代的发展，当前社会对教师素养角色提出了什么要求，这集中体现在教育行政部门的各种关于教师教育的文件中；学科知识的更新发展给教师发展带来哪些机遇和挑战，这往往会通过教师渴望通过职后教育学习需求体现出来；各发展阶段的教师在教育教学实践中究竟有哪些亟待解决、共性的、核心的问题，教师的专业化发展需要获得什么支持，对这些问题的回答事实上也就阐释了职后教师教育内容应该是何的问题。因此，分析教师的需求也就成了选择课程内容的首要前提。托马斯认为，“要满足一线教师的学习需求，必须由教师参与界定其学习需要；学校课程和师范教育课程要统一；一般知识与专门知识相结合；不仅要强调认识，还要重视态度和情绪；提供不同的内容，满足不同的需要；把重点放在填补教师自身基础知识的空白上；把重点放在学校运作的一些关键问题上；不把任何问题看成是理所当然”[①]。该主张较为明确地提出职后教师教育课程要基于教师需求，基于教师实践中面临的问题，对这些问题的分析可以较为全面地把握什么是教师参加职后学习渴望得到的。

2. 探寻问题

有效的教师培训应当是基于实际问题设计并开展的问题解决式学习过程，这

① 罗莎·玛丽娅·托马斯，1997．没有师范教育的改革，就没有改革教育［J］．教育展望：中文版（3）：24-26；MAR M，2007．Powerful teacher education：Lessons from exemplary programs［J］．Hammond，7（12）：167-169．

就意味着课程内容选择必须以实际问题发现作为逻辑起点。阶段式问题导向的“问题”主要源于教师在各阶段教育教学实践中存在的核心问题，这就需要了解在每个阶段教师群体中，存在着哪些影响他们发展的待破解的核心关键问题，以及有哪些待改进和提升的实践经验，也就是明白教师在专业化发展过程中面临的问题，从而为课程内容的选择提供依据和参照。此外，还要从教育行政部门的角度考虑社会需求，从专家或机构的角度考虑职后教师教育实施中面临的问题，从而确定课程内容的选择。如赖莫斯等人通过对职后教师教育内容的思考提出如下七个问题：课程设置要侧重基础知识还是教学技能？培训中是主动传授知识给教师还是鼓励教师积极创造并增加新知识？开设何种课程？培训目标是该将教师培养定位为通才还是专才？针对不同国家，是否应该设置部分共同科目，还是由学校自主设置自己的课程？教师教育是制定短期还是长期方案？培训方式要重点放在住校式教育、远程教育还是学校教育？课程重点应该放在思考还是动手上？

3. 确定内容

通过综合考虑并分析社会需求、学科知识发展及教师需求、教师在教育实践中存在的问题以及职后教师教育实施过程中面临的问题，在一定程度上就可以获取课程内容选择的依据。紧接着，就可以结合这些依据，预设学习者务必知道、应该知道的内容，适当区分可以显性呈现的和隐性吸收的内容；还要事先猜想在培训过程中可能会产生的，也就是学习者可以知道的显性内容和隐性内容；最后在课程实施过程中，从应然和实然层面把握学习者的具体掌握情况，并依此灵活筛选重组、加工提炼、吸纳生成性内容。

（三）内容选择的模块呈现

课程内容是课程体系的重要组成部分，在某种意义上，它影响着课程功能的发挥。本研究所构建的“阶段式问题导向”的职后教师教育课程模块，以解决教师专业化成长过程及工作过程中存在的问题为逻辑起点，终极目的是培养反思性实践者，因此课程内容的选择必须基于反思实践型教师的素养要求。反思实践型教师必须具备崇高的职业道德素养、广博的理论素养、精深的专业素养、教育科研素养、终身学习素养和阳光的身心素养。与六个素养相对应的是如下六类培训课程内容，如图 4-1 所示。

1. 反思的方向保障：师德修养培训

“德高为范，身正为师”，教师道德素养的高低直接影响着教师的从教动机和从教行为，在一定程度上还关系着教学质量的高低。因此，师德修养一直以来都是教师教育的重要内容。

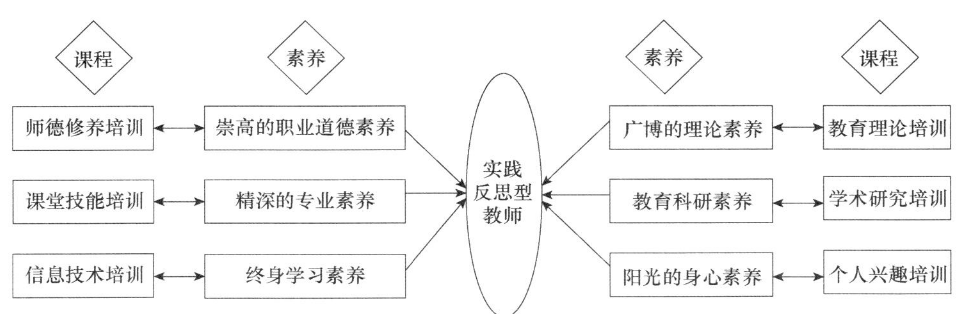

图 4-1　职后教师教育课程内容

随着时代的发展和新课程改革的推进，社会赋予了师德修养新的内涵和评判标准。当前高尚的师德已不局限于教师悲壮的奉献，而是侧重教师通过言传身教促进自我及学生发展的品质与能力；不再强调“师道尊严”的教师主导地位，而是更加注重平等、民主、对话的师生关系。可见，新的师德修养是以教师教育观念的转变为前提，这就要求将其作为教育培训的主要内容，以引导教师接受新的师德修养规范。

2. 反思的理论支撑：教育理论培训

教育理论知识能为教师反思提供理论支撑，这就要求反思实践型教师必须具备广博的理论素养，相应的职后教师教育课程内容就应该包含教育理论知识。尽管教师在职前教育中已经系统学过教育学、心理学、教育心理学等相关学科的理论知识，但这类学习都是基于知识本位，忽略了与教育实践的结合，削弱了教育理论知识的实践价值，从而使得教育理论培训陷入困境。要真正实现反思性实践者的培养，就必须在职后教师教育中开设促使理论与实践通过反思融通的课程，使一线教师能通过相关理论知识的学习获得思维能力的提升，也就是能从更高层面反思教育实践活动，最终促成“实践性知识”的生成和专业水平的提升。

3. 反思的实践支持：课堂技能培训

相比于其他职业，教师岗位专业性较强，其要求教师具备精深的专业素养。面向反思实践的职后教师教育课程是以阶段性问题为导向，旨在帮助教师发展实践性知识以解决教育教学实践中面临的问题，从而提升教师的专业化水平和职业素养。换言之，教师参加职后学习是为了更好地服务于教学活动，这就要求课程中必须包含教育教学实践内容，以帮助教师提高教学技能，掌握教学策略，从而改善教学质量。当然，教育教学实践学习可以渗透在日常的教学工作中，也就是与学生共同在教室完成相关训练，如针对自己在课堂教学中的实况录像进行评价和反思。

4. 反思的成果表达：学术研究培训

要成为反思性实践者，教师必须学会“在行动中认识”和“在行动中反思”，换言之，教师要对教育实践活动持探究性态度，要成为自身教育实践的研究者。此外，作为教师专业发展的主要标志，学术研究能力已成为中小学教师能否顺利适应新课程的关键因素。对中小学教师进行学术研究培训不仅能让其强化学术科研意识，丰富学术科研知识，掌握学术科研方法，提高普遍的学术研究能力，更重要的是使教师能够将自身的教育实践活动放置于一个较为广阔的反思性探究脉络中，以便对自身进行反思，从而发现问题，研究并解决问题，最终发展成为反思性实践者。因此，学术研究培训是教师职后教育必不可缺的内容。

5. 反思的可持续发展：信息技术培训

“终身学习是21世纪的生存概念”，具备终身学习能力已经成为社会成员适应知识社会的必然要求。尤其是随着信息时代的带来，知识快速增长，更新周期逐渐缩短，终身学习能力逐渐演化为对信息的掌控能力，即信息素养，其不仅能使学习者获得大量的学习资源，还能使其对学习进行自我指导和控制。当前，现代信息技术凭借其信息容量大、直观生动、互动性强等特点在教育教学领域广泛应用，这使得传统的教学模式、教育内容、教学手段与方法发生重大变革。为真正推进教育信息化和现代化的发展，必须加强对中小学教师信息技术应用的培训，让他们能够“学会用”“学用好”这种现代教育技术，并真正以其为媒介致力于学科教学的发展。因此，教师职后教育内容离不开现代信息技术。

6. 反思的特色外显：个人兴趣培训

反思实践型教师除具备以上素养外，还需要拥有阳光的身心素养，这可以通过在职后教师教育中开设个人兴趣培训选修课程来实现。教师接受个人兴趣培训可以帮助发展兴趣爱好，充实业余生活；还可以充分调动教师的积极主动性，并促使这种正面的情感迁移到教育实践中，从而增强教师的职业认同感，更好地实现敬业、乐业。可见，职后教师教育课程内容包含个人兴趣培训也是非常重要的。值得注意的是，个人兴趣培训可以但不必一一与教学联系。例如，有关艺术史课程的学习可能是个人发展的需要（包括作为一名教师），但却不必将这一点作为课程的目的和目标。

二、面向反思性实践的职后教师教育模块课程构建

面向反思性实践的职后教师培训模块课程是一种以促进教师实践性知识生成、提高教育实践能力、促进教师专业发展为旨归，基于教师在教育实践中的问题为课程内容主题及逻辑起点，宏观体系上遵循教师从“新手”到“骨干”教师的专业成长路径，中观结构上观照教师阶段岗位核心能力特征，微观实施遵从教

师实践性知识生成路径的课程模块。它包括以下含义：一是这种课程模块的终极目的是指向培养反思实践型教师，直接目的是促进教师实践性知识生成、提高教师教育实践能力，通过促进教师实践性知识提升、教师教育实践能力的提高，带动教师整体综合素质的发展；二是问题是课程模块的逻辑起点，课程模块主题来源于教师在教育实践中的问题，问题解决贯穿于模块课程的实施过程，问题解决、实践改善是课程模块的落脚点；三是从课程模块的建构路径来看，课程模块以教师专业成长阶段为体系建构路径，以阶段教师核心能力领域为结构建构路径，以教师实践性知识生成逻辑为主题实施路径。

（一）课程模块构建的逻辑结构

1. 初级逻辑：回归教育实践

教育本质具有实践性。杜威从实用主义哲学诠释了教育的实践性，他认为“教育即生长”“教育即生活”“教育即改造”，教育是学习者基于自身经验，在经验中为经验的改造和重构而进行的发展历程。这是对传统认识论主张的经验——“主观的感性的认识”的超越，它逐渐走向一种建构的实践方式[①]。胡塞尔从现象学角度提出的“回到事情本身”也为教师教育课程提供了一种新的理论视角，引申到教师教育亦即职后教师教育课程的建构要回到“教育实践本身”，回到教育真实情境。胡塞尔这里的事情本身是针对着概念的规定而言的，“回到事情本身，正是要挣脱那个概念的规定性，回到那个尚未被概念所规定，保有着它全部的生动和丰富的本来面目”[②]。换言之，事情本身是丰富的、清晰的，生动的，一旦被作为普适性的知识、概念或规则抽象出来，就失去了其原有的清晰、生动和丰富。他认为：“具有在最本真意义上给予充盈的成分之特征的是直观的成分，而不是符号的成分。”“符号意向自身是‘空乏的’并且是‘需要充盈的’……直观表象才将符号意向带向充盈并且通过认同而带入充盈。符号意向只是指向对象，直观意向则将对象在确切的意义上表象出来，它带来对象本身之充盈方面的东西。”认为意识的指向“在直观化的行为中得到充实”[③]。只有回到事情本身，才能找寻到对教育意义更为充盈的表达和理解。那么教师教育课程不应该是给一些抽象出来的知识规则或技能方法，而应该回到真实的丰富的教育情境、问题及现象之中，方可认知和理解教育本身。因为教师教育或教育本身不是被某个词汇、术语、概念或法则所定义的、规定的，只有回归教育实践的现场，在丰富的现实的教育实践情境中进行直观和体验，才能获得对教育的真正理解。

---

① 王增福，2017．康德对传统经验概念的重构及其知识论价值［J］．学术论坛（5）：135-140．
② 宁虹，2007．教育的实践哲学：现象学教育学理论建构的一个探索［J］．教育研究（7）：8-15．
③ 胡塞尔，1998．逻辑研究（第二卷）［M］．倪梁康，译．上海：上海译文出版社．

2. 中级逻辑：构建实践性知识生成机制

这一问题关乎职后教师教育课程学科体系的解构与行动体系的重构。现代课程论奠基人泰勒曾提出关于课程开发的四个经典问题：确定目标、选择和形成经验、有效组织经验及课程评价，从而明确提出了课程组织的概念。泰勒指出："为了使教育经验产生积累效应，就必须将他们组织起来，使之互相强化……课程组织就是将学习经验组织成单元、学程和教学计划的过程。"①泰勒的课程组织是一个线性的发展逻辑。杜威在实用主义认识论基础上提出经验课程的概念，强调儿童在与情境环境的互动中建构知识。在这里，杜威对课程组织的理解超越了泰勒认为的"使学习经验产生积累效应"，而具有课程组织"是在个体与知识之间建立联系"的内涵②。课程运行中存在一种自我生长机制，课程组织便是一种课程的生长机制，按照不同的课程组织方式将课程各要素组织起来，就意味着形成了不同的课程生长机制。因此，我们在理解课程组织时不能仅仅将它理解成是实现知识积累的途径，也不能理解为是对课程要素的合理安排，而应该是决定课程内容的一种实践机制。既然课程组织强调人与知识的联系，强调生成和实践机制，那么教师实践性知识从何而来、如何发生？是课程组织应该回答的重要问题并成为课程组织的逻辑。课程组织是一个层次系统，波斯纳认为，课程组织宏观含义是指学段间（比如小学与中学）、不同类型教育间（比如职业教育与普通教育）的课程关系；微观含义是指具体的课中概念、事实、技能等元素间的关系。在宏观与微观间有很多不同层次的课程组织。课程组织是微观层面针对教师教育课程中概念、事实、技能等课程要素之间的关系。基于实践性知识生成角度的职后教师教育课程建构在教师实践性知识生成机制的基础上，更有利于课程各要素之间的互动生成和发展。

3. 终极逻辑：促成教师专业发展

教师专业发展的理解有群体和个体两种视角。群体视角从教师职业角度寻求群体的标准及特征，偏向的群体的共同目标和外在保障条件等同于教师专业的发展。本研究关于教师专业发展侧重于教师个体专业发展。从全球教师专业发展历程看，教师专业发展内涵也经历了从关注教师专业的入职标准、社会地位等外在因素到聚焦个体的主动内在因素。持不同价值取向的研究者对于教师专业发展的核心要素持不同的观点，由于本研究基于实践性知识取向视角，因此对教师个体的专业发展内涵进行了以下解读。

第一，提升教师"行动中反思"能力是直接旨归，这体现了教师在专业发展

① TYLER R.W，2008．课程与教学的基本原理［M］．北京：中国轻工业出版社：73-76．
② 徐国庆，2008．从工作组织到课程组织：职业教育课程设计的组织观［J］．教育科学：37-41．

中的主体能动性。教师专业发展是教师个体与环境互动基础上主动建构的过程，教师“行动中反思”是建构的关键因素，可以说，没有教师在行动中主动反思，建构过程就不能实现和完成。由此，基于实践性知识视角的职后教师教育课程要将课程的直接旨归聚焦到教师行动中反思能力的提升。

第二，提高教师“教育实践”能力是间接旨归。教师职业具有实践性特征，实践性知识是教师专业所特有的知识特征，教师专业发展的核心是在丰富自身实践性知识的前提下发展教育实践能力。教育实践能力富含在实践情境中框定问题的能力、结合自身信念做出价值判断的能力、在行动中反思的能力以及对情境问题的决策、处理的执行力中。而要获得这些实践能力，前提是教师要参与到现实的教育实践和复杂烦琐的真实教学情境中，对自身的教育信念和课堂教学经验进行反省和检察，即对已有经验进行反思，并基于此反思重新总结、主动验证，不断促进实践性知识的生成、建构和丰富，最终将这些实践性知识频繁付诸不断变化发展的教育实践中。

（二）课程模块构建的基本原则

以问题阶段式为导向的职后教师教育课程模块构建不是对传统教材设计的全面否定，而是对它的扬弃和超越。基于实践—反思取向的教师教育课程模块构建除遵循一般原则，如专业性、科学性、知识性、系统性外，还应考虑如下原则。

1. 知识建构与发展规律

不同于普通的学生，教师的学习是以教学实践中存在的问题为导向，基于自身已有经验的一种有意义的、自我导向式的学习，其学习过程不再是被动地接受教育理论知识，而是基于已有的知识和经验主动建构，不断发展新知识和新经验的过程。同时，面向实践的职后教师教育主要是以问题解决为逻辑归属，因此教师学习的过程也是行动研究的过程，即教师在专业引领下实践探索、积累经验并不断反思提升。为适应教师建构式的学习方式，课程模块构建也要遵循建构性原则，这便于让教师将课程知识纳入已有的知识体系中，从而促进实践性知识和理论知识的提升。职后教师教育课程结构的安排还要考虑到教师专业发展的规律，处在不同发展阶段的教师需求不同，课程结构的安排也就必须以此为据，不断满足各时期教师发展的主要需求。

2. 实践取向与情境设计

反思实践型教师的显著特征是具备实践性知识，它与传统的一般知识不同，一般知识往往放之四海而皆准，是普适性的，且呈现静态形式，教师只要掌握了这种知识，就可以按照一定的流程进行应用；而实践性知识则是动态的、整合的、情境性的，它是指特定的教师，在“特定的境脉”，将“特定的课程内容”和“特定的认知”作为对象而形成的知识，它的积累和传承是通过“案例知识”的形式来完成的[①]。由于实践性知识来源于实践，所以职后教师教育课程结构的安排必须遵循实践取向。同时，实践依赖于情境，加之基于反思—实践价值取向的职后教师教育要求教师“在行动中反思”，这就意味着教师的学习过程是一个在情境中不断经验、探究并反思的过程。杜威所言极是，直接经验的情境可以引起个体的反思，这就要求教师教育课程安排要创设生动活泼的学习情境，并努力使教学与具体情境相关联，紧扣实践情境问题的解决。教师基于已有的知识经验在具体的情境中不断探究，经历发现问题、提出问题、解决问题和反思活动，最终实现实践性知识的发展和教师专业成长。行动研究、案例教学法正是体现了情境性的课程设计理念。

3. 开放性与整合范式

传统的教师教育课程结构编排基于学科体系，侧重知识的逻辑顺序，内容选择注重系统性、严谨性以及结论的唯一性，这种教材虽然在结构上比较完整，但内容缺乏开放性和灵活性，较为封闭和僵化，会严重阻碍教师的职后学习和专业化发展。基于实践—反思取向的教师教育课程要求为教师搭建反思的平台，促进教师基于实践经验的反思活动，这意味着课程模块构建必须突出开放性。同时，教师教育课程结构的安排必须遵循理论与实践整合的范式，反思性实践者的培养既需要教师获取作为实践性知识来源和养料的教育理论知识，又需要教师不断发展自身的实践性知识。因此，教师教育课程不仅要重视公共知识的价值，还要关照到教师已有的经验和体验。

4. 自主性原则与对话导向

自主性原则是指课程结构组织要适应教师的自主学习。教师作为具有独立人格的个体，通过不断的社会化已经习得独立自主的自我概念，这表明他们在社会性上和心理上开始走向独立、自律阶段，开始以社会成员的角度看待自己每个阶段所面临的主要任务，并希望用自己的力量去开拓今后的人生之路。在职后教育中，教师以主动独立的姿态参与其中，呈现出“我想学、我要学、我能学”的积极学习心态；同时围绕问题解决，以自我导向的学习方式去学习自己所需求的课程。因此，对职后教师教育课程结构进行安排时要体现自主性原则，为教师的自我学习提供空间，充分发挥他们在学习中的主体地位。面向实践的反思性教师培养要求课程内容是对话式的，这样有利于加强学习者与教材之间的交流对话，从而让教师更好地理解培训内容，促进知识迁移。

---

① 张立忠，熊梅，2010．论教师实践性知识的内涵与结构［J］．课程·教材·教法（4）：89-95．

5. 联系性与阶段性结合

课程结构的安排要体现教师职前、职后各阶段之间的合理衔接。这种联系性和阶段性是针对整个教师教育计划而言的，包括各门课程、各阶段课程之间的内在衔接。麦克·扬（Michael Young）提出"未来的课程"就是遵循这样的原则："未来组织课程结构的核心原则……强调的是知识联系的新形式。它们涉及不同科目和学科之间的联系，以及科目知识与非科目知识之间的联系；它们还关系到理论的解释与他们的应用之间的新的关系；它们也涉及学校学习和非学校学习之间的新的联系……它涉及一种未来社会的概念，以及建立和维持这种未来社会所需要的各种技能、知识和态度及其联系。"[①]

可见，教师教育课程模块构建必须基于整个职后教师教育生涯来完成，既要实现不同学科、不同课程之间的联系，也要实现不同阶段之间课程的衔接，从而使教师教育课程形成一个结构完整的系统。

（三）课程模块构建的程序范畴

1. 课程需求确认

从操作层面看，需求不再是通常意义上的期望、意愿或目标，而是"希望状态"与"现有状态"之间存在的差距，对教师需求的调查是职后教师教育课程设计与开发的直接依据，也是课程模块构建的出发点。对职后教师教育课程需求把握越准确，模块构建也就越具针对性和有效性。课程需求的确认主要由需求调查与需求分析两个环节构成。想要获得的课程内容、想要体验的课程实施方式以及教师自身已有的知识经验和学习特点等方面。调查步骤一般是：第一，确定调查对象；第二，制定调查计划；第三，确定课程需求调查工作要达到的目标；第四，选择调查方法（问卷法——发放课程需求问卷；集中讨论法——与学校领导、教师、专家等相关人员座谈；访谈法——对参加职后教育的教师进行访谈；观察法——作为第三方分析观察）；第五，确定课程需求调查的具体内容；第六，实施需求调查工作。调查工作完成后，就要结合所得数据对职后教师教育课程需求进行分析。而所谓课程需求分析就是在职后教师教育活动开始之前，由专家或部门采用各种方法和技术，系统地分析和判断教师的素质结构和社会对教师可持续发展的要求、阶段教师在教育教学实践中面临的核心问题，从而确定为课程内容选择和课程模块构建提供依据的一种活动。结合国内外学者的研究可总结出分析教师教育课程需求的步骤：一是归类整理课程需求调查所得信息分析起因；二是课程需求的必要性分析；三是课程需求的原因

① 麦克·扬，2003. 未来的课程［M］. 谢维和，王晓阳，译. 上海：华东师范大学出版社.

分析；四是课程需求的识别与选择，职后教育需求主体多样，其对课程的需求也各异；五是课程需求评估，职后教师教育对课程需求的分析并非一次性的，需要进行多次循环。

值得注意的是，职后教师教育需求主要分为外在需求和内在需求。外在需求是社会及教育工作本身对教师发展提出的要求；内在需求则是教师对自身参加职后教育提出的目标要求，是外部需求和教师学习内驱力相互作用的结果。对教师教育课程需求的分析要更加侧重内在需求，即从学习者自身的学习需要去加以分析并确定课程内容设计和模块构建。

2. 课程内容安排

课程内容的选择是以课程标准或大纲中的“内容标准”为依据，选择具体的事实、情境、活动，从而促进教学目标实现的过程，事实上是丰富和具体化了课程内容。课程内容的选择并不是一个完全依赖技术的操作性过程，它在很大程度上受设计者的价值影响，无法避开对“价值”的取舍。教师专业发展的反思—实践取向认为，教师专业成长的关键在于实践性知识的不断丰富和实践智慧的不断提升，核心是获得能处理复杂性和不确定性情境的实践性知识。因此，基于该价值取向的教师教育课程内容选择要更加关注实践性知识，从而引导教师进行问题解决和不断反思，最终成为反思性实践者。

3. 课程结构整合

随着教师专业化发展理论和终身教育理论的出现，课程内容不再只是关注社会需求，而是更加重视教师的内在需求和专业化发展。这使得课程内容较为丰富，主要包含师德修养、教育教学实践、学校工作培训、学术研究培训、专业资格培训、个人兴趣培训和信息技术培训等。针对课程内容的广泛性和不同学科间存在的割裂和对立问题，需要对多样化的课程内容进行整合。比如，要实现理论性知识和实践性知识的整合。教师知识是一个有机的整体，各知识类别相互支撑、相互作用。如理论知识可指导实践体验，而实践体验又支撑着理论学习，两者相互影响；加之教师教育质量的提高有赖于教育理论与实践性知识的整合，故职后教师教育课程要加强教育理论与实践性知识的整合，激活理论知识在实践层面的活力。此外，在教师教育领域中长期存在“学术性知识”与“师范性知识”之争。“学术性”强调的是教师教育课程中的人文社会学科和自然科学学科所具有的学术性——实证性、客观性、有效性。而“师范性”则针对的是教育学科及其研究的性质。换言之，源于人文社会学科和自然科学学科的知识属于学术性知识，而培养教师所涉及的课程则属于师范性知识。两者的分离不利于完整知识的获取，更不利于反思性实践者的培养，因此要将其进行整合。

4. 课程模块排序

确认课程需求，选择并将课程内容整合成模块后，紧接着就要对模块课程的顺序进行编排。由于职后教师教育模块课程是以阶段式问题为导向，问题解决为逻辑归属，因此“围绕核心问题”展开对模块课程的排序是最为合适的。模块课程顺序编排的类型如表 4-1 所示。

表 4-1　模块课程顺序编排的类型

类型	解释
独立的模块	顺序对各模块课程的学习无关紧要，各模块间相互独立
按时间排序	时间顺序对讨论问题有明确意义
按空间排序	从介绍某个位置开始，而后论及毗邻的位置
同心圆结构	此时涉及的每个模块都包含已论述的各个模块的内容
按因果排序	从第一个原因开始，沿着因果链叙述到最后结果
结构逻辑	某些模块课程需先行介绍，才能使后面的内容有意义
围绕核心问题	适用于让学习者通过对一些核心问题或案例的探索而得到结论
螺旋式深入	不断回顾之前关注的问题，而每一次的认识都更为深入
反向链	为了意义明确，从最后的内容开始讲授，再讲倒数第二的内容，以此类推

“阶段式问题导向”职后教师教育课程模块的特征要求课程设计开发者按照问题驱动的思路来进行课程排序。这种排序方式不仅可以为教师提供明确的学习任务，还能够通过解决现实问题帮助其发展实践性知识。例如，关于“中小学教育科研方法”的教师职后教育课程内容，如表 4-2 所示，有两种不同的排序方式。

表 4-2　“中小学教育科研方法”课程的不同排序方式对比[①]

按学科知识的逻辑排序	围绕核心问题的逻辑排序
第一部分　教育科学研究方法 第一讲　教育科学研究概述 第二讲　观察法 第三讲 调查法 第四讲　实验法 第五讲　行动研究法 第六讲　文献分析法	第一讲 科研为何而做？——辨清学校科研的取向 一、学校科研的价值立场 二、学校科研的特殊之处 三、学校科研的一般过程 第二讲　研究问题从何而来？——发现真实的研究问题 一、热点聚焦中的问题（政策取向的问题） 二、日常经验中的问题（实践取向的问题） 三、文献阅读中的问题（理论取向的问题）

① 张怡，2009. 教师培训教材设计研究［D］. 长春：东北师范大学.（注：此案例摘自华东师范大学网络教育学院开发的“中小学教育科研方法”课程的大纲线索。左面的课程线索是传统教材的编排顺序，右面的课程线索是由华东师范大学教育管理系李伟胜老师设计的。）

续表

按学科知识的逻辑排序	围绕核心问题的逻辑排序
第二部分　课题研究指导 第一讲　选题 第二讲　文献检索 第三讲　形成假设 第四讲　制定研究方案 第三部分　资料收集与学术表达 第一讲　分析研究资料 第二讲　撰写研究报告或论文 第三讲　发表论文和推广研究报告	第三讲　课题如何策划？——形成可行的研究方案 一、筛选问题的基本方法 二、确立课题的思维策略 三、形成研究假设的三条路径 四、制定研究方案的常规方法 第四讲　如何整理资料？——发现原始资料的价值 一、整理原始资料的常规方法 二、整理原始资料的思维过程 三、整理原始资料的有效工具 第五讲　怎样写出新意？——规范成果及其转化 一、叙事研究 二、调查研究 三、教育案例 四、科学论文

表 4-2 的左边是依照传统的学科逻辑知识结构排序，右边是围绕核心问题进行排序。两种排序对比不难看出，右边的任务驱动式更容易被参加职后教育的教师接受。

5. 课程结构优化

教师教育的课程结构是指构成教师教育课程体系的各要素之间通过组织、排列和配合而成的形式。系统科学论认为，系统功能的大小、性质优劣是由结构决定，而课程功能的具体体现形式是培养目标，这就意味着教师教育的课程结构直接关系到其培养目标，换言之，培养目标是否能实现直接由课程结构的优劣决定，对课程结构进行优化有助于达成培养目标[①]。课程结构优化集中体现为课程整体功能的增强，它是最为理想的一种课程存在状态。课程结构优化可以通过改善课程结构各组成要素的自身条件，增强各构成要素间关联性两个途径来实现，达到优化的课程结构具备三个特点。优化的课程结构不仅要使得课程设置遵循专业知识自身的逻辑序列，贯通理论与实践，呈现出一个系统而又严谨的知识学习和技能训练课程体系，更重要的是要能激发教师学习的主动性，让他们在职后教师教育过程中主动建构实践性知识，并不断反思自身的教学实践，从而实现反思性实践者的培养目标。

① 郭晓明，2002. 课程结构论：一种原理性探寻［M］. 长沙：湖南师范大学出版社. 三个特点具体为："一是从构成要素看，课程系统内各种课程类型的划分以及各科目和活动项目的设置合理，能满足课程总体目标的多方面要求，为课程结构形成多样的序变可能和灵活的序变机制提供基础；二是从构成要素间的关系看，课程系统各部分要最充分地相互协调，形成一个有机整体，不仅没有功能冲突，而且能产生'非加和性'，即具有非线性特征，最大限度地实现功能耦合；三是从整体看，课程的宏观、中观和微观结构的优化相互协调。"

（四）课程模块构建的框架体系

“阶段式问题导向”职后教师教育模块课程是以培养反思实践型教师为目标，以问题为课程模块的主题生长点，以问题解决为实践路径，遵循教师实践性知识生成逻辑，对接教师专业发展阶段核心能力领域所构建的模块课程。这一模块课程以“问题主题”课程模块为中心，向上指向各阶段教师专业核心能力领域，向下对接课程的实施单元子模块。结合对课程模块要素分析，本模块课程从纵向上分为实施单元专题、问题主题课程模块、岗位核心能力领域以及教师专业发展阶段。

1. 教师专业发展阶段——体现教师专业发展的连续性

教师专业发展具有阶段性和连续性，每个阶段核心问题的解决有利于教师从一个阶段发展迈向另一个阶段的发展。因此，将阶段划分作为课程模块建构的纵向体系，有利于更好关照教师阶段核心问题的解决，也有利于实现教师专业发展的连续性。本研究将教师专业发展阶段分为新手教师、成熟教师及骨干教师阶段，这是基于以下几个方面的原因。第一，由本研究的目的决定。本研究主要是针对职后教师教育课程构建模块，力求通过教师专业发展阶段划分为职后教师教育课程体系提供支撑，因此主要关注职后教师教育发展阶段。第二，职后教师教育常设项目对象主要集中在新手教师、成熟教师及骨干教师。目前我国职后教师教育项目，从培训对象看，主要是针对新手教师、成熟教师及骨干教师这几个层次，因此，本研究构建的课程模块也主要对这三个阶段的教师进行划分。为对接《中小学教师继续教育规定暂行办法》，本研究将新手教师定义为任职1～5年的教师，成熟教师为5～10年的教师，骨干教师为10年以上的教师。本课程模块教师专业发展阶段建构如图4-2所示。

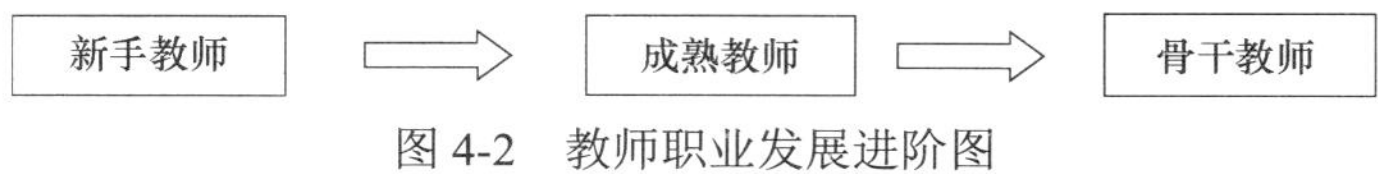

图4-2　教师职业发展进阶图

2. 各阶段教师核心能力领域——对接《中小学教师专业标准》指导性

教师专业发展阶段划分的目的是为模块课程提供体系逻辑，从新手教师、成熟教师到骨干教师，他们面临的主要矛盾和核心问题不同，“阶段式问题导向”职后教师教育模块课程应着力在对阶段教师核心能力领域内涵明晰，及对各能力领域下教师专业发展面临的主要矛盾、核心问题解读中构建。因此，明确各阶段教师发展能力领域内涵以及面临的主要矛盾和核心问题是本部分的研究重点。

关于教师岗位应该具备什么样的能力，也就是教师岗位的专业标准，是本研究构建职后教师教育课程体系的重要参照依据。教育部《中小学教师专业标准（试行）》征求意见稿（以下简称《专业标准》）是国家对合格中小学教师应达到的专业素质的界定；是引领中小学教师专业发展的基本准则；是中小学教师培养、准入、培训、考核等工作的重要依据；是教师队伍建设、教师培养培训及教师专业发展规划的重要依据。因此，在《专业标准》基础上拟定本研究的课程模块建构体系中的教师岗位能力领域具有重要意义。《专业标准》在学生为本、师德为先、能力为重、终身发展的基本理念背景下，将中小学教师专业标准划分为专业理念与师德、专业知识及专业能力三大维度，又因中小学教师发展的不同特征分别制定了中、小学教师专业标准的 14 大领域。具体维度及领域见表 4-3。

表 4-3　中小学教师专业标准划分维度与领域

维度	领域	
	小学	中学
专业理念与师德	职业理解与认同 对小学生的态度与行为 教育教学的态度与行为 个人修养与行为	职业理解与认同 对学生的态度与行为 教育教学的态度与行为 个人修养与行为
专业知识	小学生发展知识 学科知识 教育教学知识 通识性知识	教育知识 学科知识 学科教学知识 通识性知识
专业能力	教育教学设计 组织与实施 激励与评价 沟通与合作 反思与发展	教学设计 教学实施 班级管理与教育活动 教育教学评价 沟通与合作 反思与发展

通过解读《专业标准》，可以得出以下三个结论。第一，《专业标准》对教师核心能力标准进行了界定和划分，这对于教师队伍建设、教师培养培训及教师管理，是重要的依据，具有指导意义。第二，《专业标准》本着易于分类的原则，割裂了职业态度、职业知识及职业能力三个方面。在维度的划分上，《专业标准》将其划分为理念与师德、专业知识、专业能力三个维度。在领域的划分上，《专业标准》结合三个维度，理念与师德维度落脚于认识、态度和行为，专业知识维度落脚于知识，专业能力维度落脚于能力。但在教师的教育教学实践中，理念、知识及能力是整合于教师的实践性知识中，通过教师的教育行为展现出来的。第三，《专业标准》领域及基本内容关注了与教师专业发展相关的三个核心要素，教师、学生及教学，这三个要素也是教师教育的基本要素。教师是专业发展的主体，在教育教学中发挥主导作

用；学生既是教师教育的对象，也是学习的主体，在教育教学中发挥主体作用；教学则是联结教师和学生的纽带，教师与学生在教育教学交往中成长。基于此，本研究在领域划分上以教育教学中三大基本要素为中心，分别是关于教师自身、关于学生以及关于教育教学。教师、学生及教学是整合的关系，教师与学生在教学实施过程中，在教学交往中实现共同建构和共生发展。态度、价值观、知识、能力等都以整合的形式体现在各问题中。因此，我们将课程模块图拓展如图 4-3 所示。

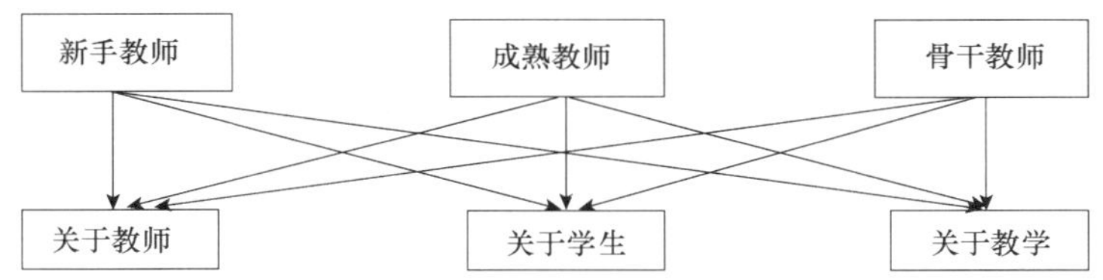

图 4-3　职后教师教育课程模块的内容组织图

3. 各阶段各能力领域问题模块的建构——关照实践中问题解决的针对性

教师的专业发展是一个长期的过程，需要经历一系列的发展阶段，每个发展阶段都有着共性能力领域和个性核心问题。职后教师教育课程的构建必须基于不同发展阶段教师呈现出的特点和核心问题，有针对性的设计。“阶段式问题导向”的课程模块对上指向各阶段教师核心能力领域以及一系列核心问题的解决来共同促进某个核心能力领域的发展，而几个核心领域的发展又共同促进教师的专业化发展，从而帮助教师实现从新手教师、成熟教师到骨干教师的连续性发展。如图 4-4 所示，面向反思实践型教师培养的职后教育课程模块，要基于教师的专业发展阶段和工作过程，即以阶段式问题为导向，还要围绕教师、学生和教学三大要素领域中存在的核心问题或普遍性问题进行构建。这种反思—实践价值取向的课程模块不仅能引导教师在行动中认识，在行动中反思，还能引导教师在反思中实践，从而不断生成实践性知识，实现自身的专业化发展。值得注意的是，不同教师专业

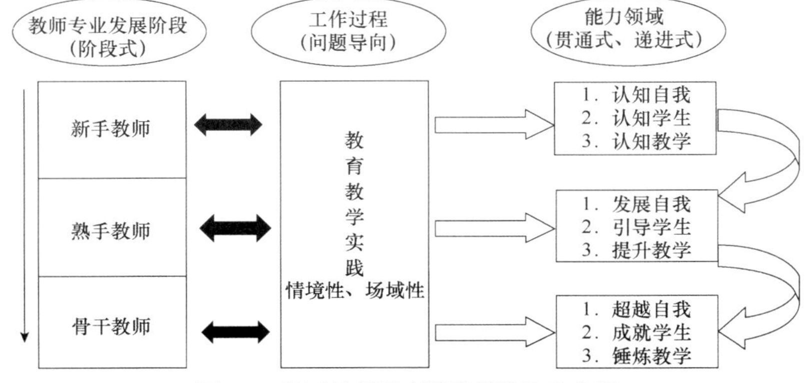

图 4-4　职后教师教育课程模块构建依据

发展阶段的课程模块呈贯通递进式，这符合终身教育理念，有利于教师专业化水平的持续发展。

具体而言，反思实践型新手教师的培训目标主要是教会其怎么做，模块课程侧重实操化，培训模式表现为手把手，教师发挥的自主性较小；反思实践型骨干教师的培养旨在引导其探索怎么做更好，培训模块课程比较复杂，难度大，且偏重实践性，培训模式体现为甩开手，即培训专家讲得少，团队间交流切磋空间大，教师发挥更多的自主性进行反思和探索；而反思实践型成熟教师的课程难度、培训模式和发挥的自主性都介于新手教师和骨干教师之间，课程目标集中体现为让教师知道怎么做好，理论课程与实践课程并重，培训模式主要是放开手，教师自主性的发挥多于新手教师。总之，从新手教师到骨干教师，其反思实践能力为递进式培养，构建的课程模块难度逐渐加深，知识的实践性逐渐增强，培训专家教得越来越少，教师自主性要求越来越高。具体如图 4-5 所示。

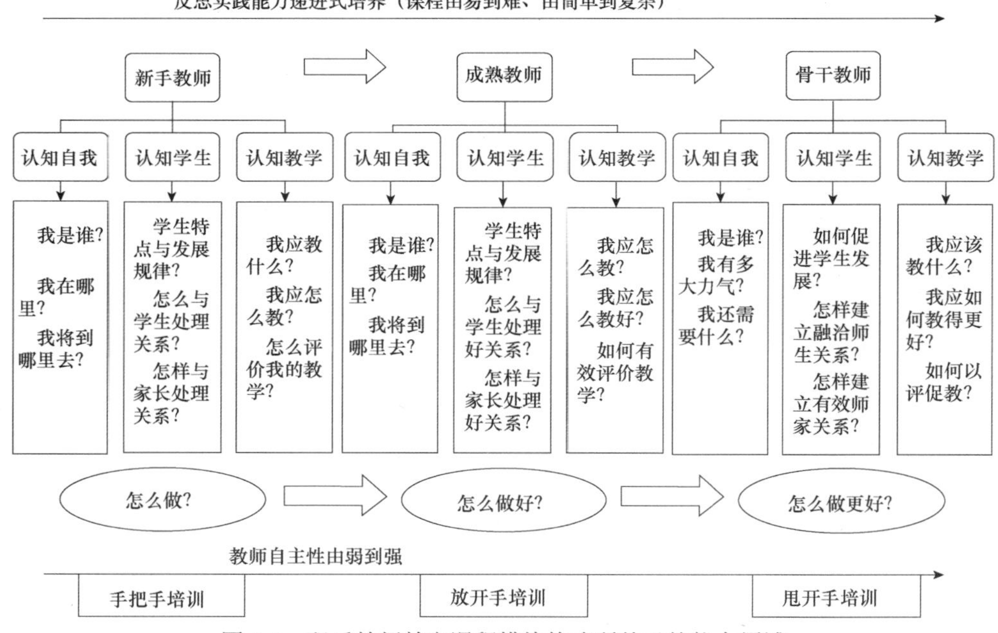

图 4-5 职后教师教育课程模块构建所基于的能力领域

（1）新手教师的核心问题课程模块

新手教师是职后教师专业发展的起始阶段也是关键阶段，很多研究发现入职教育对新教师发挥着不可替代的作用：一是便于促成新教师的角色转型；二是降低新教师的离职率；三是提高工作满意度。教师的专业发展是内发驱动与外部支持共同发展的结果。新手教师的发展往往历经以下路径：一是教师能顺利度过职业生存期，习得专业知识、专业态度、专业能力，找到职业的自我价值，完成教师专业发展自我更新之路；二是新手教师通过模仿，逐渐形成课堂教学基本能力，逐渐成为教师专业发展的旁观者，产生职业倦怠、进入高原期；三是新手教师无法适应教师职业生存期，而转向别的职业。数据显示，在北美，50%的教师在从教 5 年后便弃教他就[①]。因此，在把握新手教师专业发展关键期的问题的基础上，构建具有灵活性、选择性及连续性，能促进其专业发展的模块课程，对新教师更好地度过适应期、培养责任感和使命感，更好地掌握教育教学常规、获得各方认同，更快进入学校文化系统、进入职业角色，促进持续专业发展等具有关键作用。

新手教师主要是指入职 1～5 年内的教师（与教师继续教育规定中 5 年的规定相照应），这一阶段教师具有以下特点：处于合法边缘地位，“具备了参与的身份，但由于缺乏与共同体成员互动、共事的经历（相互的介入和共同的事业），不具备对话的基础（共享的技艺库），而处于边缘地位”[②]。富勒、卡茨、伯顿、白益明等关于教师专业发展阶段理论中，都将新手教师阶段归结到“生存”关注上，换言之，新手教师初次接触实际教学，关注点聚焦在自身的生存问题上，也就是能否在全新的教学环境中得以生存。此阶段的教师通常会努力寻求学生、同事、学校管理者的认同与接纳。钟祖荣教授在对北京市部分教师进行调研的基础上归结了教师阶段发展特点和主要任务，认为新手教师具有教学技能不熟悉，缺乏教学实践经验的特点，其发展任务是形成良好的师德规范，树立育人为本的教育思想和素质教育的理念，学会分析教材内容、初步掌握科学的教育方法和有效的教学技能。从以上的分析可以发现，新手教师阶段关键词是适应与教育教学常规，有以下核心问题需要解决。一是个人心理维度的适应与角色转变问题。尽管学生的课桌和教师的讲台之间，只有很短的一段距离，但可能有一段最长的心理距离。这些年轻人要在如此短的时间内跨越它。面对突然被赋予的成人角色、全新的工作环境以及社会、学校、家长等多方的期待，新手教师往往会因为心理压力大，无法融入新环境而不能实现角色的转变。二是专业知识能力方面教育教学常规问题。也即是新手教师怎么做的问题。这一阶段的教师刚从师范生到新手教师，随着对教育教学实践的探索，他们慢慢发现，课堂教学及教育实践中的实际问题，往往仅靠他们学习的理论知识是无能为力的，他们最为缺乏的是教育教学实践性知识。需要在具有实践性知识的教师团队引导下，在实际的教育教学场景中，通过行动中反思，在知识、态度、信念和行动上作出调整，以克服对教学实践的不适应。维恩曼（Veenman）的调查表明，新手教师普遍呈现出的困难如下：课堂纪律问题、对学生的评价问题、与学生家长沟通不畅、教学资源缺乏、教学准备时

① 大卫·杰弗里·史密斯，2000．全球化与后现代教育学［M］．北京：教育科学出版社．
② 王红艳，陈向明，2008．新教师的定位问题：自我、学科与学生［J］．当代教育科学（9）：27-29．

间不充足、与同僚的相处等[①]。也有研究者在对部分教师的调研基础上发现，新手教师在他们最初教学的几年，经常遇到各种难题。基于此，新手教师存在的主要问题可以归结为三类：对自我的认知和适应问题，对教育教学常规问题及对学生的了解。

综上所述，本研究将新手教师阶段模块课程建构以新手教师问题解决为原则，以“入职适应、胜任课堂”为导向，围绕教师在教育教学中三大基本核心要素（教师、学生、教学内容）建立新手教师专业发展的三大范畴领域，并提出建议课程模块。新手教师能力领域及问题课程模块见表 4-4。

表 4-4　新手教师能力领域及问题课程模块

课程模块	专题	内容要点
模块一：师德修养（认知自我）	1．教师的角色、职责，职业道德及职业认同	1-1　新手教师的常见问题及调适
		1-2　新手教师人际关系
我是谁？		1-3　教师职业道德
	2．本区域教育发展形势及教育教学相关制度	2-1　区域教育发展基本情况和趋势
		2-2　区域教育教学制度
我在哪旦？	3．学校教育教学文化及规章制度	3-1　学校教育教学文化
		3-2　学校教育教学管理制度
		3-3　区域/学校教师考核文件
我将到哪里去？	4．教师专业发展及路径，做好职业发展规划	4-1　新手教师专业发展路径
		4-2　新手教师五年成长规划
		4-3　教研合作共同体建立
模块二：教育心理学知识（认知学生）	1．学生身心发展规律特点	1-1　学生身心发展的阶段
		1-2　各阶段学生身心发展的特点
学生特点及发展规律？		1-3　学生身心发展水平的差异
		1-4　促进学生身心健康发展的策略
	2．学生多样性及学习方式	2-1　学生的认知特点
		2-2　学生的认知水平
		2-3　学生学习策略
怎样与学生处理好关系？	3．师生关系	3-1　师生关系类型
		3-2　处理师生关系应注意的问题
		3-3　与学生友好相处的策略
怎样与家长处理好关系？	4．家校联系	4-1　交流方式
		4-2　交流周期
		4-3　交流内容
		4-4　良好家校关系建立策略

① VEENMAN S, 1984. Perceived problems of beginning teachers [J]. Review of Educational Research, 54 (2): 143-178.

续表

课程模块	专题	内容要点
模块三：教育教学理念（认知教学） 我应教什么？	1．规范进行教学设计	1-1　各学科课程标准解读
		1-2　各学科教材培训
		1-3　备课基本规范
		1-4　课堂观察技巧
		1-5　课件制作
我应怎么教？	2．完整、规范的教学任务完成	2-1　课堂教学基本常规
		2-2　课堂教学应注意的问题
		2-3　新手教师反思型行动研究
	3．课堂管理技艺	3-1　课堂管理基本策略
		3-2　学困生应对
		3-3　课堂激励语言的使用
怎么评价我的教学？	4．学生评价开展	4-1　撰写学生评语
		4-2　试卷制作基本规范

（2）成熟教师的核心问题课程模块

大多数学校里以及整个教师群体中的主流是成熟教师，成熟教师是入职后5～10 年的教师，是职后教师专业发展的起始阶段也是关键阶段，该阶段教师在基本掌握课堂教育教学常规，成为成熟教师后，很容易进入高原状态[①]。研究表明，教师专业化成长中最困难、也最重要的是成熟型教师的专业成长。因为教师在职业生涯中，达到一定成熟水平，就容易产生职业懈怠，停滞不前，但 10 年左右又是教师发展的关键期。因此，构建针对性的模块课程，促进成熟教师进一步走向卓越具有重要的意义。

成熟教师在专业发展中面临的问题更多[②]：一方面是因为成熟教师群体较大，因而受到的关注程度相比新手教师和骨干教师较少；另一方面是成熟教师自身教学经验丰富，已具备一定“功成名就”之感，不愿意接受更多的培训，也不愿意接受新事物，缺乏创新意识。多重原因交互作用就使得成熟教师有明显的专业发展障碍，如专业知识不足，包括学科知识缺失、教育理论知识不够丰富、实践性知识的低水平满足；专业能力提升处于瓶颈期，表现为教学水平缓慢提高甚至停滞不前、解决问题能力不强、科研能力低；专业情意（即教师对教育事业的情感态度与价值观的融合，是教师职业道德的集中体现，也是教师专业持续发展

① 寇冬泉，张大均，2006．教师职业生涯“高原现象”的心理学阐释［J］．中国教育学刊（4）：31-32．

② 曲中林，2006．结“伴”成熟：教师专业发展无极地：个案叙事描摹专家型教师职业智慧的生成［J］．教育理论与实践（16）：26-28．

的根本动力）薄弱，如缺乏自主专业发展规划意识、职业倦怠感膨胀、职业发展步入高原期、容易产生满足感等。但成熟教师又是学校教学的重要力量，其专业发展直接影响到学校的教育质量，因此，针对成熟教师发展过程中面临的问题构建模块化课程，可以为其消解专业发展障碍并成为骨干教师奠定基础。成熟教师能力领域及问题课程模块如表 4-5 所示。

表 4-5　成熟教师能力领域及问题课程模块

课程模块	专题	内容要点
模块一：师德修养（认知自我） 我是谁？	1．教师的多重角色、职责，职业倦怠调适	1-1　成熟教师的多重角色及关系协调 1-2　成熟教师的常见问题及调适 1-3　成熟教师的人际关系 1-4　教师职业倦怠及其应对
	2．本区域教育发展形势及教育教学相关制度改革把握	2-1　未来五年区域教育发展趋势 2-2　区域教育教学制度改革
我在哪里？	3．学校教育教学文化及制度文化认同	3-1　学校教育教学文化认同 3-2　区域/学校教育教学制度文化认同
我将到哪里去？	4．教师专业发展路径探索，职业发展生涯规划	4-1　成熟教师专业发展意识唤醒 4-2　成熟教师专业发展路径 4-3　成熟教师专业发展定位及其规划 4-4　自主学习研究型团队建设 4-5　自我潜能开发
模块二：教育心理学知识（认知学生） 学生特点及发展规律？	1．学生身心发展差异及问题	1-1　学生身心发展阶段论 1-2　各阶段学生身心发展特点 1-3　学生身心发展水平的差异 1-4　学生心理发展问题调适
怎样与学生处理好关系？	2．学生多样性及学习方式	2-1　不同年龄学生认知特点 2-2　学生认知水平 2-3　学生个体差异 2-4　不同学生的学习策略
	3．和谐师生关系构建技巧	3-1　师生关系常见问题调适 3-2　和谐师生关系构建策略
怎样与家长处理好关系？	4．和谐家校联系	4-1　与家长的有效沟通方式 4-2　和谐家校关系建立策略 4-3　家校联动体构建

续表

课程模块	专题	内容要点
模块三：教育教学理念（认知教学） 我应该怎么教？	1．先进教育理念、教学方法、现代教育技术融入教学设计	1-1　各学科课程标准的深层解读 1-2　先进教育理念应用 1-3　现代信息技术与教育的融合技巧 1-4　传统教学方法的超越 1-5　差异性教学的开展
	2．有效教学	2-1　课堂应急策略 2-2　有效性教学开展
我应怎么教得更好？	3．教学、管理问题诊断	3-1　课堂教学有效性探究 3-2　学生学习差异性兼顾 3-3　教学管理问题的调适艺术
如何有效评价教学？	4．评价学生和自我评价	4-1　多元评价模式 4-2　多元评价观树立 4-3　多元评价策略 4-4　反思型团队建设

（3）骨干教师的核心问题课程模块

国家大计，教育为本；教育振兴，骨干为先。骨干教师作为推动教育发展的中坚力量，他们对教育教学理念有开创性的见解，具备较强的专业敏感性、洞察力及问题解决能力，能充分利用信息技术提供的网络平台进行交流，具有教育科研能力较强等独特的专业发展特质。从发挥的作用来看，骨干教师对教育教学具有“示范—辐射”“轴心—引领”“支撑—促进”作用；能推动教育教学改革和师生共同发展。同时，骨干教师又是对成熟型教师的超越，他们在不断地进行自我审视、自我总结和自我提高，是真正意义上的教育反思者。

骨干教师是各学校的中流砥柱，各个省市、地区都在出台相关的针对骨干教师职后教育政策，各学校也积极致力于骨干教师的培养。尽管如此重视对骨干教师的培训，但骨干教师在专业发展过程中仍面临着许多障碍，如参与教育科研的积极性较低；日常工作繁重，缺少教学钻研的时间和空间；缺乏对自身发展的长远规划；多重角色困扰，职业压力较大，职业倦怠感明显；安于现状，缺乏专业发展的自主意识；依赖经验畏惧创新等。这些问题不仅阻碍了骨干教师的专业发展，也制约了课程改革的深入推进。因此，构建以解决骨干教师专业发展问题为核心的模块课程，对促进骨干教师成为反思性实践者具有重大意义。骨干教师能力领域及问题课程模块如表 4-6 所示。

表 4-6　骨干教师能力领域及问题课程模块

课程模块	专题	内容要点
模块一：师德修养（认知自我） 我是谁？	1．教师多重身份协调，职业倦怠消解策略	1-1　骨干教师多重身份的协调 1-2　骨干教师的常见问题及调适 1-3　骨干教师职业倦怠消解
我有多大力量？	2．骨干教师的潜能发挥	2-1　骨干教师的使命与责任 2-2　骨干教师引领作用的发挥 2-3　骨干教师潜能开发
我还需要什么？	3．在教学科研实践中反思，在反思中实践	3-1　骨干教师专业发展自觉意识的觉醒 3-2　骨干教师参与科研的方法与技巧 3-3　骨干教师持续反思能力的培养 3-4　骨干教师作为理论研究者的自我实现路径 3-5　反思性研究队伍建设
模块二：教育心理学知识（认知学生） 如何引导学生发展？	1．合理利用学生身心发展规律及学习特点	1-1　学生身心发展阶段论 1-2　不同阶段学生学习的特点 1-3　师生教学相长策略
	2．学生个体差异处理	2-1　各阶段学生认知特点和水平 2-2　学生个体差异 2-3　学生发展条件创造
怎样建立融洽师生关系？	3．师生间平等的对话关系	3-1　师生关系处理艺术 3-2　平等对话型师生关系构建的策略
怎样建立有效师家关系？	4．有效的家校联动机制	4-1　家校联动常见问题及规避 4-2　有效的家校联动路径
模块三：教育教学理念（认知教学） 我应该教什么？	1. 开发与探索：新教育资源挖掘	1-1　从发展的视角看待教育 1-2　课程开发及利用 1-3　课堂探究能力培养
我怎么教得更好？	2．科研与教学相结合，教学有效性的增强	2-1　科研的开展及成果利用 2-2　先进教育理念的创造性解读 2-3　现代信息技术与教育的有效结合 2-4　因材施教的艺术 2-5　有效性教学组织 2-6　学生自学能力的培养
如何以评促教？	3．在反思中成长	3-1　评价学生的技巧 3-2　反思性评价开展 3-3　在持续性反思中促进自身发展的策略

三、面向反思性实践的职后教师教育模块课程的实例举样

（一）义务教育阶段班主任“进城农民工子女教育”项目模块课程

1. 需求分析

本项目选择了农村留守儿童相对集中的渝西走廊经济区、三峡库区生态经济区义务教育学校骨干班主任 200 人，流动儿童相对集中的都市发达经济圈义务教育阶段学校留守儿童骨干班主任 100 人。这些教师具备“思想素质好，现担任义务教育阶段进城农民工子女教育班主任工作，具有较高的班主任工作能力、课题研究能力及辐射示范能力”等基本条件。

本次培训通过对重庆市 30 余所农村小学的实际调查，在了解农村中小学班主任留守儿童教育的现状及其存在问题的基础上，采用 SWOT 分析法，分析出农村中小学教师在留守儿童教育方面存在的具体问题，以问题主题为核心，问题解决为线索开展培训。

2. 课程目标

一是提升农村中小学骨干班主任在留守儿童教育教学中的反思实践能力，能在掌握留守儿童心理特征、师生有效沟通等能力的基础上，在对日常教育教学反思的过程中，不断改善班主任工作实践。

二是培养一支骨干。为重庆各区县培训 300 名熟悉进城农民工子女教育特点，掌握教育规律和方法的骨干班主任队伍，有针对性地提高重庆 235 万留守儿童和 26.4 万流动儿童的教育质量。

三是打造一个团队。通过分区域组团参培模式，为各区县打造一支进城农民工子女班主任种子培训者团队，在后续区域培训及研究中，发挥引领、辐射、带头作用。

四是形成一批成果。通过研训结合、课题引领，组建“进城农民工子女”教育课题研究及区域培训团队，带动问题研究及区域培训，形成一批针对性强、实效性好的科研及课程成果。

3. 课程模块

在对培训对象进行调研访谈的基础上，结合研究“留守儿童”群体专家的建议，课程开发者梳理出参训教师在留守儿童教育实践中急需解决的问题包括：如何对留守儿童群体进行教育管理？如何进行有效沟通及心理疏导？如何设计组织班级活动？以及参训教师如何发挥种子的研训辐射作用？因此，本专题学习主要设置了 4 个模块课程：“进城农民工子女”教育管理模块 24 学时、“进城农民工子女”心理健康模块 24 学时、“进城农民工子女”班级活动设计组织模块 24 学时、

种子班主任研训能力模块 36 学时、总结反思 10 学时，如表 4-7 所示。

表 4-7　义务教育阶段学校班主任“进城农民工子女教育”课程模块

模块一：“进城农民工子女”教育管理模块		
课程类别	课程内容	研修方式
专家引领	进城农民工子女教育政策知识、现状、教育问题及对策（8 课时）	讲座互动
案例观摩	参观考察 Z 校进城农民工子女教育管理模式（4 课时）	考察观摩
交流反思	针对专家讲座及观摩情况，进行团队交流反思（4 课时）	互动研讨
案例分享	结合讲座观摩，分享各区县进城农民工子女教育管理优秀案例（4 课时）	主题沙龙
探索实践	分组开展“进城农民工子女”教育管理方案设计及交流（4 课时）	任务驱动
模块二：“进城农民工子女”心理健康模块		
课程类别	课程内容	研修方式
专家引领	进城农民工子女心理特点、心理问题及其疏导对策（8 课时）	讲座互动
案例观摩	观摩 S 区学生心理咨询活动并交流（4 课时）	考察观摩
交流反思	针对专家讲座及观摩情况，进行团队反思（4 课时）	互动研讨
案例分享	结合讲座观摩，团队分享进城农民工子女心理疏导案例（4 课时）	主题沙龙
探索实践	分组根据提供的案例资料设计学生心理疏导方案并交流（4 课时）	任务驱动
模块三：“进城农民工子女”班级活动设计组织模块		
课程类别	课程内容	研修方式
专家引领	进城农民工子女主题活动设计、组织方法与策略（8 课时）	讲座互动
案例观摩	观摩 Y 校主题活动设计及组织（4 课时）	考察观摩
交流反思	针对专家讲座及观摩情况，进行团队交流反思（4 课时）	互动研讨
案例分享	结合讲座观摩，分享各区县优秀主题活动设计方案（4 课时）	主题沙龙
探索实践	遴选优秀主题活动方案，与示范校班主任进行“同题异构”（4 课时）	任务驱动
模块四：种子班主任研训能力模块		
课程类别	课程内容	研修方式
专家引领	进城农民工子女教育问题行动研究的理论与方法、区域农民工子女班主任培训设计及组织策略（16 课时）	讲座互动
案例观摩	到进城农民工子女教育示范校学习专题课题研究，到相应教师研训机构考察进城农民工子女班主任培训设计及组织（8 课时）	考察观摩
交流反思	各区县参培团队结合学习观摩及实际，拟定区域培训方案及小课题研究思路，并交流分享（4 课时）	互动研讨
专家指导	为各区县参培团队安排专家，指导完善研究及培训方案，并衔接后续研训指导工作（4 课时）	主题沙龙
探索实践	在岗期间，指导专家通过多种方式指导各区县团队在区域培训、课题研究中发挥种子示范、辐射作用（4 课时）	任务驱动

4. 课程实施方式

课程实施方式主要采取听、观、思、研、议、行六个递进阶段与环节，将主题讲座、观摩考察、案例分享、反思研讨、论坛互动、咨询答疑、课题研究、任务驱动等多种培训方式有机结合的方式进行。

第一，专家引领与情境案例相结合。围绕专题，以预设问题为中心，以情境案例为载体，开设具有针对性、实用性及引领性的课程模块，通过六个递进式培训环节，对当前进城农民工子女教育中的重点、难点和热点问题进行深入剖析，找出解决问题的途径。

第二，考察观摩与反思共议相结合。选择进城农民工子女教育示范校作为观摩基地，就进城农民工子女教育管理策略、心理健康教育及活动组织设计等问题，进行实地学习研讨，参与讨论，凝练出观点和特色。

第三，实践重构与课题研究相结合。一方面学员通过观摩、专家引领及反思交流后，结合任务驱动的评价方式，进行活动方案等的实践重构；另一方面同时开展进城农民工子女教育的小课题研究，完成课题论文，在此基础上，形成交流论文。开展进城农民工子女教育论坛，建立市、区县、校三级进城农民工子女培训、交流与研究机制。

第四，研训实践与跟踪指导相结合。集中培训结束后，为每个区域参培团队安排指导专家、通过网络交流、实地指导等形式，为参培团队在岗分散学习研究及区域培训开展，提供全程跟踪指导。

5. 课程评价

培训坚持过程评价与结果评价相结合。在考核学员出勤、学习表现的基础上，创新采取任务驱动取向的评价制度，针对课程模块分别设置“教育管理方案设计”“学生心理疏导方案设计”“班级活动设计组织方案”“基于区域进城农民工子女问题课题研究”“区域进城农民工子女班主任培训方案”五大主题任务，提出完成一份反思设计、一份考察报告、一份活动方案、一项小课题研究及一份区域培训方案的五大核心任务，并以任务的完成情况来对学员实施综合考核。

本项目课程在对参训教师进行调研的基础上，结合领域专家建议及教育行政部门要求，对课程目标、课程模块、课程实施方式等进行了构建，以问题为中心，真实的情景案例为载体，遵循教师认知发展生成路径，搭建实践共同体平台，促进教师实践性知识生成。一是设置了“问题解决中心”的课程模块体系。以学员面临的主要问题为切入点，以问题解决为落脚点，构建进城务工子女教育管理、心理疏导、活动组织及研训技能四大课程模块体系。二是采取“知识生成逻辑”的课程实施方式。按照教师学科知识生成的逻辑路径，每个课程模块采取听、观、思、研、议、行六个阶段与环节来完成，即听专题讲座、观案例基地、思教育行为、研微型课题、议成败得失、行实践推进，以此促进教师在理论与实践的融合中反思成长、生成实践性知识，培养反思性实践者，促进提升各区县班主任指导团队的整合性及示范性。三是设置“任务驱动取向”的评价制度。创新采取任务驱动取向的评价制度，设置四大主题任务及四大核心任务，并以任务的完成来对学员实施综合考核。四是“星火燎原路径”的推进模式。按照重庆市三大经济圈，分区域遴选培训对象团队，每区县由 1 名区县德育教研员带领部分优秀进城务工子女骨干班主任组团参培，形成区域进城务工子女班主任培训领头羊队伍，在市级德育专家的指导下，形成实践共同体团队，一方面搭建了反思交流的团队平台，另一方面在后续区县级培训及研究中发挥规划、组织、指导及示范作用，进一步完善重庆市进城务工子女班主任培训市、区、校三级研训体系，扩大培训项目的实施效应。

（二）少数民族地区农村小学教师学科教学力提升项目模块课程案例①

1. 对象及其需求分析

酉阳土家族苗族自治县龙潭镇为酉阳县最大的乡镇，渤东小学、致公小学、苦竹小学、江丰小学均为镇内较大农村小学（以下简称“村小”）。四所学校学段完善，均设有一至六年级的学习班级。从师资结构来看：一是 70%以上具有大专学历，但几乎都接受过函授学习，受到正规的师范教育的老师，不到 20%；二是学科吻合度差，所学非所教现象严重；三是学科比例失衡，兼职教师多，特别是艺体学科；四是信息闭塞，少有外出学习机会；五是职称结构不合理，绝大多数为小学一级教师，缺乏学科带头人。

通过前期调研，课程开发设计者发现，参训教师存在以下问题。

（1）教师观念落后，师资素质薄弱。教师的教育理念、教育方法、职业操守亟待提高。

（2）教师教育教学技能低下，教研交流空白。教育观念、教学方法、课堂技能都只停留在过去已有的基础上，与教育教学发展远不适应。大多数教师并未较好掌握课堂教育教学常规。

2. 课程目标

一是转变观念，提升专业素质。通过专题学习与实践反思，明确课程改革与发展对教师职业道德的新要求，能够在备课、上课、作业批改、学生辅导、学业测评和校本活动中调整师德行为，使师德修养得到提升，职业幸福感得到加强。

二是立足课堂，锤炼教学技能。通过备课、说课、上课、议课、评课等专项技能培训，使村小教师能够在教育教学实践中运用新知识、体现新发展、执行新要求、使用新方法，学科素养得到进一步提升。

① 素材来源于重庆市 2013 年中小学教师市级培训项目申报书。

三是强化反思，建构学习组织。通过专题学习、观摩实践、案例研讨、实践反思和问题交流等方式，掌握教育教学研究方法，研究总结教育教学经验，学会设计、实施与管理校本研修，提高专业能力。

3. 课程模块

少数民族地区农村小学教师学科教学力提升项目包括4个模块，如表4-8所示。

表4-8　少数民族地区农村小学教师学科教学力提升项目课程模块

模块	专题	内容要点
模块一：职业幸福感的激发（心动行动）	教师专业成长理念及教师心理健康疏导等	提升村小教师对卓越课堂建设的理解度、认同度、参与度；提高村小教师的认识，强化其责任感、使命感，培养他们有效参与基础教育改革的能力，激发他们对职业的幸福感
模块二：专业素养的提升（刷新行动）	小学课标、教材解读、教学设计及课堂教学技能等	如何有效备课、上课、评课？新颁布的修订版课程标准有哪些变化？新课程理念如何转化为课堂教学行为？村小学科教学如何落实修订版课程标准？卓越课堂建设如何有效实施？
模块三：教学技能的锤炼（塑形行动）	设计教学目标；课堂观察与评价；有效处理教材；上好合格课；有效的师生互动	引领学员走进名校实施综合研修，丰富学员的教育智慧，开阔眼界，全面提升教学实践能力。我们将通过专题培训和课例研修等行动，引领他们准确把握教材，优化教学设计与实施，掌握课程资源开发利用方式和学生学习指导方法，提高新课程有效教学能力
模块三：校本研修指导（互助行动）	搭建学习共同体、校本研修、课型研究、同课异构、教学观摩、影子培训	校本教研如何走出形式化的怪圈，让村小教师受益？村小的集体备课怎样开展？村小教研的主题如何贯彻“源于实际需求，解决实际问题”的原则？

模块一：职业幸福感的激发（心动行动：做最美的乡村教师）。

村小教师职业倦怠感严重。调查发现，极少教师心甘情愿从事村小教育工作，主动性、内驱力几乎没有。尤其是他们对卓越课堂建设的理解度、认同度、参与度不够，急需提高村小教师的认识，强化其责任感、使命感，培养他们有效参与基础教育改革的能力，激发他们对职业的幸福感。对他们进行职业幸福感的培育，需要专家的指点和最美乡村教师的引领。

模块二：专业素养的提升（刷新行动：我可以改变自己）。

村小教师教育专业基础薄弱，知识老化，年龄老化，能力和素质无法完成新课程，且基本上是实行包班制教学。他们的知识更新能力不足，学科背景文化知识、前沿文化知识、教材的多元文化知识缺失严重，不能借助现代教育技术和媒体教学，仍然是传统的一块黑板加一支粉笔的教学手段。因此，急需引导学员拓展专业知识与相关专业基础。如何有效备课、上课、评课，新颁布的修订版课程标准有哪些变化，新课程理念如何转化为课堂教学行为，村小学科教学如何落实修订版课程标准，卓越课堂建设如何有效实施等问题亟待得到专家的指点。

模块三：教学技能的锤炼（塑形行动：好课是这样“炼”成的）。

村小教师教学方法陈旧，同时，几乎没有能力对教育现象的思考和对教育规律的关注。在教学上，大多村小教师没有明确的目标取向，“如何处理预设与生存的问题，如何确定三维教学目标，如何处理教学细节，如何结合风土人情，有效开发课程资源”等难点和盲点问题，亟待专家在操作层面给予具体指导。村小教师的教学实践研究能力和教育视野也有限，急需引领学员走进名校实施综合研修，丰富学员的教育智慧，开阔眼界，全面提升教学实践能力。我们将通过专题培训和课例研修等行动，引领他们准确把握教材，优化教学设计与实施，掌握课程资源开发利用方式和学生学习指导方法，提高新课程有效教学能力。

模块四：校本研修指导（互助行动：一捆筷子抱成团）。

村小的校本研修基本处于停滞状态。调查发现，村小教师的工作状况是各自为政，鲜有同事间教研的探讨，平时同事间的听课、评课活动几乎没有，严重缺乏学术交流机会。接受新课改、参与社会实践活动的锻炼机会，更是少之又少。校本教研如何走出形式化的怪圈，让村小教师受益；村小的集体备课怎样开展；村小教研的主题如何贯彻“源于实际需求，解决实际问题”的原则等，所有这些问题的回答都需要从校本研修活动的原点——有效的组织策划来寻求答案。

4. 课程实施方式

课程实施方式遵循教师认知发展特点，坚持理论与实践相结合，专题学习与交流研讨相结合，观摩考察与反思体验相结合，以问题为中心，以课例为载体，突出参与互动，总结提升教育教学经验。

（1）三段施训。培训前基于实践，摸清需求；培训中反思实践，研讨问题；培训后改善实践，解决问题。

（2）任务驱动。在完成每个模块的研修内容时，通过课堂观摩、课例重构（教研员上示范课，或与研修基地教师进行同课异构研究）、设计教学方案、带着问题研讨、反思自己教学、探讨课程资源开发、进行研修总结与反思等任务，激励学员的主动参与、积极互动。

（3）参与式研修。培养学员创新精神和实践能力；坚持“以人为本、自主发展”的研修管理，通过“前调后跟”，凸显研修延伸效应。

（4）研培一体化。研修学员围绕“教师素养”“有效课堂”“教学目标制定”“教学环节建构”等主题自由谈论，进行经验交流、教学反思。研修方式融讲座互动、实地观摩、任务驱动、互动研讨、主题沙龙等为一体，在行动中研究，在改进行动中提高教学技能，有利于学员分享并生成实践智慧，大幅度提升学员教学实践能力，促进其末端村小骨干教师辐射作用。

5. 课程评价考核

评价采取任务驱动模式，坚持过程性评价与终结性评价相结合，考核评价贯穿项目实施的全程。

训前：一是填写培训需求调查问卷、参加座谈、接受访谈等，参加培训对象代表会议，提交建议和意见；二是提交“问题单”和课堂教学实践案例。

训中：一是集中研修期间出勤率高（不低于95%），问题交流、案例研讨、技能训练、“实践考察交流”和“班组实践论坛”等活动的参与度高，有相应的支持材料；二是“影子教师”期间出勤率高（不低于95%），完成规定的“五个一”“五参加”“五个‘帖’”“五主动”任务，有经“带教导师”及其所在学校证明的支持材料；三是积极参与网络研修平台的活动，数量和质量达到规定，有经培训专家证明的支持材料。

训后：一是在一个月内，提交一份高质量的卓越课堂建设学科实施方案或课例研修报告；二是继续参加学科网络研修平台的在线交流研讨和上传资源活动；三是与培训专家与“带教导师”继续保持专业合作关系，协助进行教师培训工作。

本项目课程在对参训教师进行调研的基础上，结合领域专家建议及教育行政部门要求，对课程目标、课程模块、课程实施方式等进行了构建，以问题为中心，真实的情景案例为载体，遵循教师认知发展生成路径，搭建实践共同体平台，促进教师实践性知识生成。一是在教师的核心问题中反思实践。以问题为中心，课程模块主题均在调研的基础上来源于教师急需解决的核心问题，更有利于激发教师学习动机，促进其反思，改善其实践。二是结合教师已有经验进行反思实践。充分尊重教师已有经验，做到“四突出”：突出参与互动，把教师作为重要的课程资源，尊重教师已有的实践经验，“请教师说自己的话”“把听懂的做出来”“把做好的说出来”，听、说、做、练结合，引导互动参与，促进对话与分享，促进反思实践；突出课例研修，训前在培训对象中征集实践案例，训中以培训对象的现实案例为内容，把先进的理论结合具体的案例，以唤醒教师的经历、经验、知识和体验；突出问题解决，搜集、整理村小教师的教学实践问题，进行问题诊断，通过专家指导和观摩实践、同伴间的问题交流和案例研讨，以及行为跟进和实践反思，解决问题；突出个性发展，教师根据个体专业发展目标，进行专业选修和拓展学习，通过专业引领和自主研修，促进实践性知识生成。三是在真实情境中反思实践。在教学实践研修阶段。每个学科选派2～3名教师到多所优质学校进行教学“跟踪培训”。培训对象以“影子学员”的角色在“带教导师”的指导下，在真实情境中，通过参与教育教学工作和校本研修活动反思实践。四是在实践共同体中反思实践。项目为教师搭建了学习共同体。一方面构建了“1＋1＋N”学习团队，由一名高校教学法指导教师，一名学科教研机构教研员或骨干教师及N名同校教师组成团队，在研修过程中围绕专题进行交流、研讨、反思、实践重构；另一方面建设网络研修平台，通过提交问题、在线交流、互动研讨，接受培训专家远程跟踪指导、班级同伴帮助，获取专业引领和资源服务，完成“五个‘帖’”任务：发问题帖（提交教学和教研问题）、发研讨帖（发布聚焦课堂教学的研讨话题）、发反思帖（发布教学反思和研修文章）、回交流帖（回复同伴问题帖）、回研讨帖（回复同伴研讨帖）。

理论所不能解决的疑难问题，实践将为你解决。

——费尔巴哈

第五章

职后教师教育模块课程实施

职后教师教育模块课程的实施是要以教师反思实践能力发展为中心，以教师的需要作为首要考虑因素。以“融合式探究”为导向是秉承着以教师职后反思实践能力的发展为首要考虑，将教师作为职后教育课程实施过程中的主体。在对职后教师教育模块课程的实施理念进行定位之后，对于课程的组织要处理好纵向组织与横向组织之间的关系。横向组织强调模块与模块之间的整合性，这种整合性包括模块课程与学习者经验的整合、各模块内容之间的整合及与教师的教育实践的整合。在课程的实施上，“阶段式问题导向”课程模块是按照问题解决促进专业成长导向的组织原则来进行实施的。因此，融合高校教学法专家、教研机构学科教研员、一线专家教师构成的共同体团队是课程的实施主体；基于问题主题的情境转化、反思提升、实践重构是课程模块实施的重点；区县教育行政部门、高等师范院校、教师教育教研机构及一线基地学校课程的联动是模块课程实施的有力保障；小组合作探究性教学组织是这种课程模块的实施方式。

一、职后教师教育模块课程实施的基本理念

（一）在实践情境中合作探究

长期以来，我国职后教师教育最常用的教学方法是传统的讲授法，集中授课的方式也是最普遍使用的课程实施方式。机械的课堂教学模式，教师“填鸭式”的讲授模式，使得学生被动、呆板听课，课堂教学呈现的是枯燥、乏味的氛围，教学活动成了教师作为主角的“独角戏”，而不是生动活泼的师生对话和互动，学生的主体性被压抑，学习兴趣大打折扣。本应是教给接受培训教师如何进行教学的生动的教育学课程却成了教师们最不喜欢的、感到最没有用处的课程，大大降低了教育学课程的实践价值。然而，获得实践经验才是教师接受职后教育课程、进行职后学习的最终目的，因此，实践性是教师职后课程实施的核心要素。

实践是教师实践智慧的内核，也是教师专业发展中实践经验得以丰富、实践

教学得以提升的基础保证。教师这一职业经历了由权威教师、技工教师、工程师教师到专业化教师的角色转变，在专业化教师阶段，对于教师角色的要求是需要成为实践工作的“专家”。专业化教师通过实践到理论，再到回归实践这一循环过程将实践经验与理论知识相联系，建构实践分析和元认知能力，发展在行为—知识—问题链的经验，通过实践课程获取实践性知识，发展教师实践智慧，形成教师实践能力①。目前，世界上流行的职后教师教育中，如参与式课程培训、合作探究式课程培训、问题研究式课程培训都是以实践作为核心的职后教育课程，正是符合在实践情境中合作探究的课程实施理念。

对于早期的职后教师教育课程而言，完全是由培训者单独掌控的，教师只能作为接受者处于被动地位。对于职后教师教育课程，传统的教师教育课程的编制通常是由中小学以外的人员完成的，如政府人员、专家学者和相应培训机构人员。然而，教师作为培训课程实施中的主体，则被屏蔽于课程编制之外。在职后教师教育课程实施过程中，高校或培训机构所负责的是对于教育理论的传授与诠释，而中小学或一线教师是理论的接受者和使用者，负责将理论知识运用于实践中。20 世纪 70 年代西方课程研究者在建构主义、后现代主义等现代哲学观的影响下，开始把课程作为一种“多元”的存在，开始从多个方面来建构课程所蕴含的内部价值。职后教师教育课程也乘着这股新兴的教育思潮开始打破只有专家、学者和高校教师对课程的“掌控”，显现出“融合化”的特征。因此，在职后教师教育课程实施中，以实践体验为基础的课程实施模式，需要多方融合合作来达成。

“融合化”特征已经在许多国家中得以实现，其中英、美等国尤为突出。英国 20 世纪 80 年代中期以后，开始实施教师培训机构与普通中小学之间的合作，推行“以中小学校为基地”的职后教师教育模式。1992 年，当时英国的教育大臣克拉克（Kenneth Clarke）宣布将引入更多学校本位的教师培训（school based trainning），中小学应“在学校和教师培训机构间的合作关系中起到重要作用”，大学本位的教师培训应该“充分结合课堂实践”。为此，谢菲尔德大学教育学院将教师职后培训课程的实施总结为“六阶段模式”。在“六阶段培训”中，基本每个环节都是建立在中小学与大学合作的基础上，并且在实施过程中除了理论知识的学习，更为注重的是在实践情境的运用，不仅尊重了教师的主体性与中小学在职后教师教育课程中的地位，而且将理论知识与实践体验有机地进行了结合，做到了各方面的统筹兼顾。

在美国的职后教师教育发展中，早期的职后教师教育同样是专家与教育实践者彼此孤立的状态，到 20 世纪 60 年代开始相互融合，20 世纪 80 年代实现了实

① 马兆兴，周平珊，2004．实践课程：一种新型的教师培训课程［J］．中小学教师培训（6）：23-25．

质性的合作。1986年，霍姆斯小组提出要加强大学教师与中小学教师合作与联系的建议，到1990年，该小组又提出了建立“教师专业发展学校”的计划，倡导重新设计职后教师教育课程，并要求大学与中小学进行合作，共同提高教师专业学习的质量。“教师发展学校”的核心概念便是合作融合，其基本运作组织有以下几种形式：学校内部的管理“学组”模式、有大学教师和中小学某一班级教师组成的联络小组模式、指导委员会模式、多方协作委员会模式。

为此，教育家科南特提出了“临床教授”的构想，由“临床”教师负责大中学校的合作。例如，在华盛顿大学与地方学区合作建立的教师专业发展学校中，大学教师和中小学教师组成教学指导小组负责师范生的指导，师范生的具体管理和评价由中小学校任命有经验的教师负责。管理人员每周定期与他们所在学校的师范生们碰头，以帮助他们适应环境，提供支持信息。此外，管理人员观察师范生的教学并使用与常规职后教师教育计划相同的评价体系对师范生进行评价。管理人员同时还是大学和中小学之间的联络员。教学指导小组成员每月定期与所有学校的管理人员碰面，讨论师范生在教学中的表现、设计下一步的研讨课程或者实践经验、分享师范生管理和评价的相关信息。大学教师与中小学教师保持在平等的伙伴关系中形成学习共同体，进行教学工作的研究，结合实践进行教学指导，对实习进行指导。职后教师教育的原则也是如此，体现了对于职后教师教育的实践性和合作融合化的发展。

（二）在自由场景中自主学习

以往的传统授课式学习，职后教师教育课程实施过程中所关注的对象往往是教师整体，这使得职后教师教育的内容与形式会呈现一种单一性，然而接受教育的个体之间存在着本质的差异，不同的教师对于教育实践存在着许多不同的问题，单一的授课内容与方式无法满足所有教师个体的需要，这样会使得部分教师失去学习兴趣甚至疲于应付，导致效果大打折扣。在职后教师教育课程内容方面，课程的内容往往缺乏对教师已有经验的关注，对于教师个人的需求也通常不会予以个别考虑。成人学习往往具有经验定向的特点，成人自身的各种阅历和体验本身是推进其进一步学习的良好的基础。而对于教师已有经验的忽视，在课程实施的过程中使得已有的资源浪费，可能也同样会造成教育质量的下降。在职后教师教育课程的实施方面，当前通常是以集中讲授的形式进行，对于教师个体的接受程度和兴趣点无法做到一一兼顾，这样会造成教师在学习后的专业发展不均衡，久而久之，教师的教育教学水平就会产生很大的差异，这样对于教师还是学校都是不公平的。

职后教师教育课程的开发中，应该遵循“以人为本，以教师需求为本”的课程开发指导思想。教师教育内容的开发和实施方式的设计，都应该坚持以人为本的价值取向，力求在满足课程改革需求的基础上促进教师自觉的专业发展。职后教师教育课程的实施效果受到课程内容和课程实施形式的直接影响。因此，在课程实施方面，更应该将“以人为本，以教师需求为本”的思想进行贯彻落实。教师作为职后教育课程实施中的主体，其主体性应受到尊重，教师在条件允许的情况下，应该可以对课程的内容和实施方式进行自由、自主的选择。

教师是一种需要终身发展的职业，教师的专业发展是一个连续的、动态的发展过程，在终身教育的理念下，教师的职后教育应该会伴随教师的整个职业生涯。为使教师的教育教学工作可以适应当今社会高速发展的需要，当下各国教育改革发展的需要，以及教师自身专业化水平提升的需要，教师必须接受职后教育，才能不落后于教育教学工作的需要。职后教师教育课程作为教师职前教育延续，是教师教育一体化的过程体现，也是时间延续最长的过程，在接受职后教育的过程中，仅仅依靠教育教学工作的需要，学校、培训机构组织的定期课程要求，以及教师水平的考核与监督机制等外部因素的要求不足以维持教师对于职后学习的积极性，只有引发教师内心对于专业发展的渴望、对于教师职后学习的兴趣，教师才能够自主自发地进行学习，才能使职后教师教育达到预期的效果，使教师的专业能力与教学素养不断提高。

最能体现教师自主性的职后教育模式是由学习者个人自主学习课程的模式。例如，自修反思模式是一种探究学习的模式，这种学习模式能够充分挖掘和利用教师的已有经验和潜在学习动力，增长其自主发展的潜能，在这种模式中，教师的学习方式从集中学习走向自我学习，从讲授式学习走向研究式学习，从他导学习走向自导学习，强调教师主动地获取知识、运用知识，加强自我教育和自我学习的意识，获得自我学习的能力、方法并养成自我学习的习惯，这种学习模式有利于教师的可持续发展和终身学习。其不足是容易半途而废和流于形式，因此需要加强外部的职后教育管理力度和学习者自身的自制能力。随着职后教师教育课程实施模式的改革与创新，各式各样的实施模式和教学方法已经逐渐成型、完善，为教师自主性的探究学习提供了操作条件。职后教师教育的模式种类繁多，每一种都有自己的特点和适用范围，如专家参与其中的专家讲座式和互动交流式模式；教师形成学习小组互相学习的合作交流式模式；结合实践情境得以操作的案例教学式、观摩研讨式、实地考察式和互动参与式模式；以问题解决为中心的问题探究式模式；以自主探究为主的自主学习式模式。多样的职后教育课程实施模式为教师进行自主学习提供了条件，使教师接受职后教育时可根据个人的需求和条件进行选择，保证了教师在职后教师教育过程中保持主体性和自由性。

（三）在平等交流中反思提升

在职后教师教育改革中的一个重要的概念即为尊重教师的主体地位，职后教师教育的基本原则是以教师为本，根据这一基本原则，教师摆脱了在职后教师教育课程中的被动接受者的地位，让教师作为课程实施的主体，拥有了与课程开发者与实施者同等的地位，可以共同参与课程的研究与实践，甚至职后教师教育课程应该是服务于教师，尊重教师的个异性，提供最为适合、有效的方式满足教师对于自身专业发展与社会发展需求下的发展需要。

权力平等是以“教师为本”的实施方式的基础与前提，没有教师平等权的赋予，教师教育中其他一切形式都只能是空洞的、虚幻的、表面的。如有学者从权利的视角揭示了权利与情绪的关系及其对受培训教师的情绪与培训效果的影响：“在一些教师培训活动中，作为大学教师的培训者很可能就是新教材的编写者。和教材编写者一样，对中学教学的陌生也成为这些培训者的弱点。由于权力和地位上的差异，高中教师对这些培训者往往所持有十分复杂的情绪，一方面，教师羡慕这些培训者拥有的社会地位；另一方面，他们又不屑于这些教师培训者们流于空泛的指导……凭借自身的优势地位，培训者拒绝与教师之间达成共识的可能途径……培训者对权力的滥用让教师感到十分生气，并且对培训心灰意冷。”[①]

课程改革最为关键与核心的是教师观念的转变，这种观念转变并非是教师所声称的观念的转变，而是支撑教师行动的最为深层的行动理论的转变。也就说，只有当课程改革的观念和理论深入到教师内心深处，成为指导教师行动的理论，成为教师的一种信念和信仰时，教师的改变才会真正发生，才会真正把自己的角色定位为课程的主体地位。教师的这种从内在观念中发生的改变，一方面需要时间，另一方面更需要教师的实践，需要教师在行动中反思、探究。对于立足职后教师教育课程改革、引领教师专业发展的职后教师教育而言，不仅需要提供给教师新的思想和观念，需要提供教师实践新观念的机会、展示新技能的平台，同时，通过参加培训课程这样的平台，释放教师心中的困惑，交流彼此之间的经验，激发教师学习的热情，提升教师自我发展专业发展动机。

教师的内在观念转变的同时，职后教师教育开发与实施者对于自身的定位和对于教师的定位也需要产生相应的改变。职后教师教育课程的实施是为了提高教师反思实践能力，换句话说，职后教师教育课程是为教师进行学习的一种服务。培训者所设置的课程是为了服务于教师而存在的，这样，教师才是处于职后教育的主导地位，教师的自主性会影响到职后教师教育课程的内容、形式、实施以及评价。培训者在职后教育课程的实施中，可以搭建反思实践共同体平台，帮助、引导、激励教师，与教师进行合作探究，进行反思交流，在平等、融合、合作中探究、反思、实践，促进教师反思能力的提升、实践性知识的生成，使教师在反

① 尹弘飚，2006. 新课程实施中的教师情绪：中国大陆高中课程改革个案研究［D］. 香港：香港中文大学.

思批判中进一步改善教育教学实践。

二、职后教师教育模块课程实施的模式借鉴

伴随着基础教育改革的需要与职后教师教育的需要，职后教师教育得到了很大程度的发展，已经形成了多种成型的课程类型，呈现出多种多样的课程形态。以职后教师教育课程实施的主体媒介作为区分的依据，可概括为学校中心模式、培训机构模式和学习者个人中心模式三种主要操作模式，这三种相对独立的操作模式又可以互相联系，组成了教师职后课程实施的整体结构。根据“以教师发展为本”的宗旨，职后教师教育课程的模块建构应以参与学习的教师需要为参考，三种课程模式相互结合，合理分配，形成以学习者为中心的课程实施共同体。职后教师教育课程实施共同体示意图如图 5-1 所示。

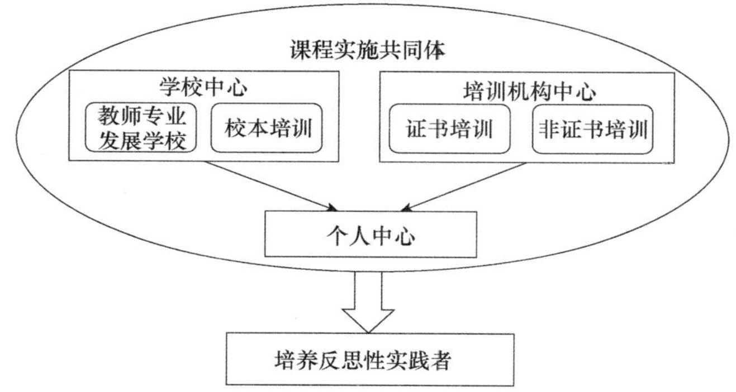

图 5-1　职后教师教育课程实施共同体示意图

（一）以学校为中心的校本培训模式

以学校为中心的职后教师教育课程模式强调教师是在其任职学校进行课程培训。目前，不管是发达国家、发展中国家，还是国际组织，都十分重视以学校为中心的教师职后课程培训模式。美国的“专业发展学校”模式和英国的“校本培训”模式，已经成为以学校为中心的培训模式中的重要发展趋势。

1. 教师专业发展学校模式

从 20 世纪 80 年代至今，经历了三次大的教育改革浪潮。1983 年，美国高质量教育委员会发表了《国家处在危机中：教育改革势在必行》的报告，使得美国进入第一次教育改革的高潮。然而，经过了十年的努力，增加教育投资和严格课程内容的改革措施并没有取得预期的结果。许多学者在反思中悟出，“教师的态度是最终决定改革成功或失败的因素”，教育改革如果想要取得成功，就必须进行职后教师教育的改革。因此，在第二和第三次教育改革中，改革者把学校改革和教师进修作为提高教育质量的前提条件。改革者从以往的教育改革失败经验中认

识到不能将大学与中小学的教育职责彼此隔离开来，于是建议由大学与中小学分担师资培养责任，并且第一次提出了建立专业发展学校的设想。教师专业发展学校（PDS）是美国 20 世纪 80 年代中期以来教育改革中出现的一种新型职后教师教育模式。

教师发展学校是由工作组或行动小组进行的小组式工作，工作小组通常是由中小学教师、大学教师、教育专业的研究生和师范生组成。在教师专业发展学校中的工作组可能是为研究一个正待解决的教育问题而组成的一个临时的学习组织，也可能是研究一个需要长时间研究才能得以解决的问题而组成的长期研究组织。因为需要解决的问题不同，学校所设置的课程形式也需要多种多样，如以现场为问题解决为中心的反思实践培训、以专题讲座形式开展的理论培训课程、以主题形式实施的短期研修课程等。在教师专业发展学校中，中小学教师与大学教师在同一个学习小组中，反思交流、共同探究、相互合作，大学教师的参与使得中小学教师可以接受大学先进的理念和前沿的理论，大学教师的理论知识结合中小学教师的教育实践经验，研究寻求问题的解决方法，可以实现自身专业的发展，实现整个小组共同进步。

2. 校本培训模式

英国的校本培训从某种程度上讲已经成为了职后教师教育的一面旗帜，成为了许多国家的学者都在翻译、研究和借鉴的对象。“校本”一词来自“school-based”这个英文单词，也可译为“以学校为本”或“以学校为基础”等。“校本”研究的基本理念即为以学校为本，以学校为基础，无论是针对校本培训还是校本课程，其研究和探讨的对象都是教师所认知的学校，所研究的内容也是针对于学校实际问题的认识和把握。校本培训课程经过了近二十年的实践，逐渐形成了一种世界化的职后教师教育思潮。

教育部师范教育司组织编写的《全国职后教师教育通识教材》中对于校本教师培训（school-based teacher training）的含义有两种解释：一是以地点为依据，指完全在中小学内进行的教师培训活动；二是以培训内容为依据，即促使教师专业发展、改善学校和教学实践为中心的培训。目前，比较常用的培训形式是后一种，因为完全在中小学内开展的校本培训困难性较大。不管学者们对于该模式的切入点如何，校本教师培训模式的主要理念都是结合教师所在学校的具体情况，本着为了学校、在学校中和基于学校三点含义，以教师实践能力的提高和教师个人实践性智慧提升为目标。也有人将这种校本培训模式概括为：在学校中进行研究，学校作为研究基地；通过学校进行研究，在研究的状态下进行工作；研究学校中的问题。所以，可以说，校本培训最主要的作用是在于强化学校教师专业实践能力，并加强教育理论与教育实践的联系，同时，兼顾学校的发展和教学问题的解决。其中，教师作为职后教育的主体，其教学实践工作应该作为校本培训的聚焦点，校本培训课程应强调教师的实践、学校的现实和问题的解决。

（二）以培训机构为中心的委培模式

以培训机构为中心的职后教师教育课程实施模式是一种偏重于理论教学的课程模式，其实施方式通常是把教师集中在综合性大学、教育学院或教师培训中心等机构，由大学或培训机构的教师担任培训教师，进行有关知识和技能的培训，这种模式也可以称为“高校本位”模式。以培训机构为中心的课程实施模式作为一种传统形式的培训模式，目前，在许多国家被广泛运用，在职后教师教育中占有很大的比例。

1. 证书培训课程模式

证书培训课程是以培训机构为中心的课程模式的重要形式，其包括学位课程模式、文凭课程模式、资格证书课程模式和专项证书课程模式等。在伦敦大学教育学院中，推出的职后教师教育方案中就有如教育学士荣誉学位课程（Honors Degree Course，BED）和教育文凭课程（Diploma Course in Education，DCE）等经典课程。这类课程在实施中会设有专门的课程模块或专题讲座，需要在职教师进行脱产学习或夜间学习，经过为时一到两年的专门学习之后才能取得不同级别的证书。例如，教育学士荣誉学位课程可以根据教师的考试成绩颁发一级荣誉、二级荣誉、三级荣誉和合格四种证书；教育文凭课程分为高级文凭证书课程和特殊领域文凭证书课程，证书要求有所区别，高级文凭课程对理论课程要求必须修满 120 个学分，特殊文凭课程偏向于实践性，是针对相关课程领域有丰富实践经验的教师开设的。并且考虑到教师对于职后教育的需要与接受培训的条件有所不同，英国的博士和硕士学位课程也可以不要求达到相应学时，只完全以论文作为评定标准，对合格者颁发相应的哲学硕士、哲学博士和教育博士学位①。

美国现实行的高等学校校内学分课程也是教师职后取得学位的最常见和最主要的形式，是职后证书培训课程的重要形式。这种课程形式是由高等学校开设的学位课程或非学位课程，面向的对象是愿意接受职后教育的教师，教师可以参加全日制学习，也可以在假期或业余时间进行学习。课程按照学分制，学分可以进行累计，直到修完所有规定学分，就可以取得高校颁发的硕士学位或博士学位。根据美国全美教育协会的调查统计，通过参加大学讲座进修研究生院课程的教师占 33.8%，通过带薪参加全日制课程进修的教师占 3.7%，为获得学分在大学的进修的教师约有 63%。其中，通过大学进修，达到标准并获得硕士、教育学博士等

① 陈时见，2011．教师教育课程论：历史透视与国际比较［M］．北京：人民教育出版社．

学位的达到 37.5%[①]。

资格证书课程也是一种重要的教师职后培训课程模式，为了在中小学进行任教，教师必须获得相应的资格证书，这种课程实施模式已经得到广泛的运用。近年来，资格证书制度在不断改进并日益完善，资格证书的有效时间和种类也多种多样，使得教师必须在其工作中也要不断进行进修课程才能适应时代的需要。例如，在美国的田纳西州、加州等一些地区，规定了一种教师资格证书的期限为五年，期满必须更换新证才能有资格继续任教，这就迫使取得证书的教师也要进行定期的职后教育课程培训。在日本，教师资格证书有着明确而细致的划分，各类证书职责分明且不可通用，如拥有初中资格证书的教师不能到小学任教，只能担任初中教师。因此，许多教师会努力取得一种以上的教师资格证书。除了资格证书培训课程，还有多种多样的专项证书培训课程，如英国大学和培训机构开设有使用计算机证书课程、特种教育证书课程和评价教师质量证书课程等有专门针对性的培训课程。

2. 非证书培训课程模式

在职前对教师进行的师范教育的主要目标是学历教育，而在职后教师教育阶段，非学历教育会占很大比重。随着教师专业发展的不断深入和职后教师教育的理念转变，职后教师教育由功利性较强的证书培训课程模式为主逐渐向以促进教师专业发展为目标的非证书课程模式进行转变。在美国，非证书培训课程包括学区培训课程、暑假学校培训课程、讲习班培训课程等课程模式，在许多学区中，为提高本学区教师专业素质，都开设有师资培训日，一般每月一次，培训日当天学生放假，教师参加培训。法国也设有暑假教师培训课程，培训多为 2～8 日的短期培训。德国师资培训课程采用的是网络化逐级培训的方式进行，大学、州文化部等机构开设培训者培训课程，经过培训的教师作为培训者再对下属单位的人员进行培训。日本的非证书培训课程种类繁多，有各学科教学指导研究进修课程、海外教育情况实地考察课程、学校管理进修班课程[②]。

（三）以学习者个人为中心自主发展

在传统的职后教师教育课程的实施中，忽视了教师具有独立意识的主体性。培训者的主要任务就是把知识和技能通过传授的方式教给作为学习者的教师，要求教师按照既定的培训要求学习“圈定”出的教学理论和固有的教学模式。随着职后教师教育理论的日益丰富和教育改革的持续推行，以教师为中心的课程实施

① 王俊明，2004. 美国教师教育管理制度的分析与探讨［J］. 中小学教师培训（12）：18-20.
② 陈时见，2011. 教师教育课程论：历史透视与国际比较［M］. 北京：人民教育出版社.

观念逐渐为人们所接受，以个人为中心的培训模式应运而生，这种课程实施观点与培训模式为教师职后教育改革提供了一种新方向与视角。哲学解释学的“意义创生说”为这种课程实施观提供了理论依据。职后教师教育课程的对象是有一定文化基础、学术水平和实践经验的教师，他们有自身独特的经历和思想的“先构性”。在这种哲学理念的基础上，以教师为中心的职后教育课程成为职后教师教育改革的主流，被职后教师教育课程的建设所重视。德国文化教育学家斯普朗格（Eduard Spranger）认为，“教育绝非是单纯的文化传递，教育之为教育，正在于它是一个人格心灵的‘唤醒’，这是教育的核心所在”①。

以教师为中心的职后教师教育课程，突破了传统的课程中教师作为被动接受者的问题，把职后教师教育的关注点落实在教师本身，回归本体性，教师成为课程的主角，并以研究者和实践者的姿态参与到课程的实施过程中。20 世纪以来，许多西方专家围绕教师在职后教育中的角色定位提出了重要的观点。20 世纪 60 年代，英国课程专家斯腾豪斯首次提出了“教师即研究者”的观点，并产生广泛影响，在此基础上，舍恩提出了教师是“反思性实践者”的观点，埃利奥特（J. Elliot）认为，教师不应再将学者的见解当做客观知识，而要在教学实践中发现、提出问题，并力求解决问题，从而提出相应假设、验证假设和评价，概言之，教师应该是“行动研究者”；凯米斯（S. Kemmis）则在“行动研究”的基础上提出，教师是“解放性行动研究者”，认为教师的发展不是依赖指导而实现的，是教师自己的共同体指导下发展的，专家或他人只是帮助共同体的角色②。从这些观点中不难看出，对于教师的角色定位的改变，就要求职后教师教育课程实施过程中教育的双方要从理论的“说教者”和知识的“储藏者”转化为专业发展的“协作者”和“创生者”。这种以教师为中心的职后教育课程实施中，加入了经验分享、反思教学、合作探究和行动研究等实施方式，突出了教师在课程中的参与性、体验性和操作性，具有丰富的实践性和鲜明的实践取向。在职后教师教育课程实施过程中，以人为本，以教师需要为本，充分关注教师的实践智慧和个体差异，是发达国家职后教师教育的一个鲜明特点。

以学校为中心、以培训机构为中心和以受培训者为中心的三种课程实施模式因其实施的重点、关注点的不同，使得这三种课程实施方式相互独立，但是作为整个职后教师教育课程的主体——教师，将这三种方式联系在了一起，使其在职后教师教育过程中需要相互协调，相互贯通。教师作为职后教师教育的主体，因其发展性和各异性的特征，在不同的发展阶段所需要的课程模式也会有所不同，教师可以根据个人的需要，进行自主选择，因此，三种模式之间界线并没有严格

① 张增田，靳玉乐，200．论解释学视域中的课程实施［J］．比较教育研究 4：1-5．

② 杜静，杨杰，2013．关注实践：国际视域下教师教育的模式变革与价值转向［J］．比较教育研究：28-33．

的界定，只要是职后教师教育有所需要，课程实施模式可以进行自由的融合交汇，以保障教师在接受职后教育课程的过程中得到最有价值的收获。

三、职后教师教育课程改革制度支持：迈向实践共同体

任何教育改革必然是牵一发而动全身。职后教师教育课程的改革亦然如此。近些年，职后教师教育的改革成为学者们探究的热点。虽然学者们观点存在差异，但都特别强调职后教师教育的重要性，认为提高职后教师教育质量是提高教育质量的先要条件，然而要改进职后教师教育，就必然涉及对大学、教师资格证书制度、学校体系等，它们之间存在普遍联系。为了保障职后教师教育课程实施改革顺利达成，顺应职后教师教育改革新观念，培养具有反思实践能力的职后教师教育制度应该以促进教师职业生涯的发展、促进教师反思实践能力的发展为基础理念，努力为职后教师教育课程的融合、教师实践智慧的提升提供整合支持，使参与职后教师教育的师范大学、地方政府与中小学三方之间形成合作伙伴关系，坚持“以人为本，以教师发展为本”的职后教师教育思想，构建以学习者为中心的学习共同体，建立职后教师教育的创新发展理念与模式，形成新的职后教师教育合作培养课程制度。

（一）以学习者为中心：实践共同体的第一要义

职后教师教育课程的功能定位于促进教师职业生涯发展与教师反思实践能力的提升，在此理念的影响下，在以教师为中心的宗旨指导下，提出了以学习者为中心的课程实施共同体这一概念，对以学校为中心、以培训机构为中心和以学习者为中心结合形成的“三位一体”的课程实施共同体，其具体职后教师教育模块课程的实施目标可以概括为三点：第一，是为了促进教师专业能力发展，并提高教师反思实践能力，带动教师整体素质的发展；第二，满足教师对于职后教育的个性化需求，可以使教师根据自我需要和条件灵活地选择课程模式进行学习，以满足不同教师的需求；第三，提高教师的个人专业化成长，促进教师的终身发展，帮助其实现从新手型教师到专家型教师的顺利转变。

职后教师教育课程实施共同体不同于传统的以讲授为主的教师教育课程，是以提高反思实践能力作为核心目标，强调教师在实践中反思以生成丰富实践性知识，其实施过程必定以反思为核心，围绕教师实践工作中的具体问题进行展开，注重职后教师教育的实践性、反思性、融合性。在大学与中小学的合作模式中，通过“师范大学—地方政府—中小学合作”教师教育一体化模式，从职前师范生教育到职后教师教育乃至终身教育，使教师的发展可以形成一条完整的、系统的发展途径，有助于教师专业能力发展和专业化发展形成一以贯之的连贯性与承上启下的衔接性。通过合作培养，促进师范专业学生分析、反思、解决教育教学实

际问题能力的提高，形成创造能力和创造精神，实现在教育教学实践中终身的、连续的专业化发展。

以学习者为中心的职后教师教育课程实施共同体，其最显著的特征为结构的灵活性和融合性。接受职后教育的教师由于来自不同的地区、不同的学校，拥有不同的学历与执教背景，这使得教师个体之间会存在着很大的差异，所以教师对于学习的需要也会存在很大的不同。传统的单一主体的课程实施模式无法满足教师对于职后教育的个异性需求，不利于实现培训效益的最大化实现，而在课程实施共同体中，各方融合可以充分发挥各自优势、整合资源、形成合力，共同促进教师发展，既有大学作为理论知识保障、地方政府作为制度支持保障、中小学作为实践经验保障，又有以学校为中心、以培训机构为中心、以学习者个人中心的多种职后教师教育课程模式进行选择，根据不同模式的功能，不同教师可以根据需要灵活地进行融合，实现课程实施的多元化。其融合性及灵活性主要表现在：第一，职后教师教育课程实施共同体在运作过程中可以根据培训目标、培养重心的转变，调整不同课程实施模式在培训过程中所占的比例和课程模块的性质与形态；第二，参加学习的教师可是根据自身的实际需要，灵活选择职后教育的模式，或进行组合，以形成最为适合自身的、最为高效的课程实施模式，增强职后教师教育课程的针对性。

（二）教师专业发展学校：实践共同体模式探索

20 世纪 80 年代末在美国兴起了教师专业发展学校。它是对教师教育实践共同体的一种探索。它由一所大学的教育系或教育学院与大学所在学区的一所或多所中小学合办而成。为职前教师提供临床性的实践体验、促进在职教师专业发展和学校改革的“共赢”。当前，美国有超过 1 000 所这类学校，其中大部分是公立学校。专业发展学校不仅提供培养教师的场所，同时也为儿童提供更优质的教育。教师专业发展学校为未来和在职教师的反思性实践创设了制度平台，表明了职后教师教育从培养“教学技术员”到培养“反思性实践者”的转型不仅是必然的，而且在制度上也是可能的。

1. 在实践情境中促进教师反思实践

教师不仅只掌握理论知识，更要学习将理论应用于实践，因而教师教育的课程应将教师的专业发展置于实际情境的教学中。将教师教育置于真实的学校和社区情景中，是专业发展学校的根本理念。与传统的离开学校参加专业发展活动不同，专业发展学校常常将专业发展整合到学校生活中，认可教师已有的知识经验的价值。可见，对于在职教师的专业发展而言，专业发展学校是对过去自上而下、由外而内的教师发展模式的“拨乱反正”，它强调学校的具体情境是教师的专业发展的基础，将教学与工作联系，以系统、科学的观念为教师的专业发展创设理想情境，而教师将在这样的环境中充分发挥自身的专业特长，主动实践，“积极探寻包括教育的意义、自己所授学科的教育意义、自己正在教授的内容在整个知识体系中的位置与联系及其教育意义、怎样使这样的教育意义在自己的学生身上得到实现四个层面的问题”①，为使教师的专业发展活动有意义，必将融合理性思考于实践工作与生活。在具体学校情境中开展教师职前培养和在职教师专业发展活动，也体现了“做中学”的学习框架，为“教中学”“做中学”“合作中学”以及“行动中认识”“行动中反思”创造了条件，为教师的反思性实践创造了可能的平台。

2. 在学习共同体中探究实践

专业发展学校的创建始于两个同等重要的目的：改进学校教育和职后教师教育。它把教师和职后教师教育者的工作、中小学校和大学的工作、教师作为研究者和研究者作为教师的工作都整合起来，为建立全新的认知方式和从总体上构建专业知识创造可能性。要实现这样一种新的认知和知识发展形式，意味着“在合作之外还需要某种东西，使得合作更接近于它初始的追求——提供可靠的专业基础、促进持续革新、贡献新知识到教育知识库等，而这道桥梁中的桥梁就是教育探究”②。大学与中小学伙伴关系的本质是合作探究。在高度发达的专业发展学校模式里，课程改革和其他的改革动议得到学校和学区的支持，大学和学校的教育者组成的工作小组致力于课程发展、学校改革以及行动研究一类的任务中，大学教师常常参与到学校场景中的教学课程和组织的专业发展等活动中，甚至会在中小学亲自执教，中小学教师常常在职后教师教育计划中任教。师范生的指导教师受到有关如何成为职后教师教育者的培训，常常参加常规的、旨在培养对师范生的指导能力的专业发展活动中，师范生了解学校所有方面的工作，他们得到频繁而持续的监督和反馈，并且参与到学校教师的集体活动和决策制定中。这种参与有助于师范生理解教与学的更广泛的制度背景，培养他们整个职业生涯中所需要的有效参与学校改进的协作能力。

（三）U-S 或 U-G-S 合作：融合探究的多元共同体模式

1.“U-S”职后教师教育共同体模式

20 世纪 80 年代以来，职后教师教育改革热潮的掀起是由对提高教育质量的迫切需要所引发，其中着力点之一是建立大学与中小学合作培养教师的制度，破

① 宁虹，2005．实践-意义取向的教师专业发展［J］．教育研究（8）：15-19．

② 王建军，黄显华，2001．教育改革的桥梁：大学与学校伙伴合作的理论与实践（香港中文大学教育学院“教育政策研讨系列”之 4）［M］．香港：香港教育研究所．

除大学对职后教师教育的垄断。20 世纪 80 年代在英国提出的职后教师教育的“伙伴关系模式”、美国的教师专业发展学校等，都是这方面的例子。而且，制度变革中需要打破的一个局面，是职后教师教育课程脱离中小学教学实际，难以培养出符合教育改革需要的教师。

19 世纪开始出现对大学与中小学合作关系的探索。在美国的记录中，1896 年，杜威在芝加哥大学建立了他的实验学校。杜威的实验学校在本质上是实验性的。在科学主义运动影响下，杜威建立教学实验室来检验教育理论并充实教学知识基础，这些建立在大学中或大学附近的实验学校用以教学研究活动的开展，其目的是直接改进教师的教学，并增加实习教师的教学经验，此类学校的出现也促使了大学与公立中小学的联系变得制度化。后来由于多种原因，实验学校最终在 20 世纪 60 年代末走向衰落，然而 20 世纪上半叶的实验学校合作模式对职后教师教育领域中其他类型的中小学校与大学合作机构的发展起到了鼓励和启发作用。

到了 20 世纪 80 年代，随着国际社会在各个领域的竞争日益激烈，各国对学校教育质量乃至教师教育质量的关注日益增加，越来越多的人认识到传统的由大学作为主导的教师教育模式面临着严重危机，必须对此进行改革。英美等发达国家首先意识到职后教师教育的问题，并开始着手对传统教师教育模式进行改革，试图打破大学与中小学在职后教师教育方面的独立操作的模式，并呼吁提高职后教师教育中实践的比重，鼓励教师在培训中通过实践、观察，反思教学过程中的问题，探讨理论与实践的相关性，在提高教学效能的同时，推动理论探索。实现这个目标的策略就是加强传统职后教师教育机构大学教育学院或教育系与中小学的合作，二者建立合作伙伴关系来共同培养和培训教师。为了表征大学与中小学的合作伙伴关系，20 世纪 90 年代美国开始推行“专业发展学校”（professional development school，简称 PDS）这一职后教师教育模式。在英国，则被统一称为“伙伴关系学校”（partnership school）。

20 世纪 80 年代，公众对教育质量低下的强烈关注引发了对职后教师教育质量的质疑，为此发表了大量呼吁学校改革、提高教师素质的报告，以美国为例，自 1983 年发表《国家处于危险中教育改革势在必行》以来，社会各层面对公共教育质量的关注成为热点话题，美国各州都采取相应的改革措施，以改组学校、提高标准、加强教学效能评定的方式来提高学生的学业成绩，从而消除学校教育的“平庸”。但这次教育改革并未取得理想的效果，在对改革失败原因的反思中人们认识到：职后教师教育的质量是教育改革的关键。1986 年，卡内基教育与经济论坛“教育作为一种专门职业”工作组和霍姆斯小组分别发表《国家为培养世纪的教师作准备》和《明日之教师》的报告。两个小组在各自的报告中都鼓励创建一种大学与公立小学校为伙伴关系的新型机构，即“专业发展学校”，它不仅是大学教育研究的实验学校，还是培养教育专业人员的学校，供有经验的教育人员继续发展学习的学校。霍姆斯小组号召从此开始建造明日之学校，旨在推进职后教师教育和学校的同步改革。

英国“伙伴关系制度”的建立同样经过了一个从舆论准备到政策扶持的过程。在英国，20 世纪 60～80 年代，高等教育层次的职后教师教育机构将教师培养与培训纳入自己的势力范围，教育学科特别是哲学、心理学、社会学在英国职后教师教育课程中占据统治地位。但随着英国经济的萧条，教育质量也出现滑坡现象，人们对职后教师教育质量的关注也日益增强，政府采取相应措施改革职后教师教育，正是改革后的职后教师教育被称为伙伴关系模式，它融合了职前职后教师教育，贯穿于教师专业发展的整体。

大学与中小学的合作一经提出，迅速得到了教育界尤其是职后教师教育理论界和实践界的极大关注，成为职后教师教育改革尤其是职后教师教育制度改革的强大推动力。上述倡议在短期内就在不同程度上变为现实。职后教师教育中“大学与中小学的合作”的亮点在于它提供了一道“桥梁”，联结了教育理论与实践、职后教师教育与职前教育。这道桥梁之所以能为人们在解决教育的许多难题上给予一线希望，是因为人们普遍认为这两部分之间的分离隔阂，乃是造成这些难题的主要原因①。如前所述，虽然从形式上说，大学与中小学的合作可以追溯到 19 世纪，但就合作的背景、目的与性质而言，20 世纪 80 年代以后引起普遍重视的大学与中小学的合作，开启了职后教师教育的一个新方向。

2.“U-G-S”职后教师教育共同体模式

随着职后教师教育模式的不断发展与创新，在大学与中小学合作教育模式的基础上，根据我国教育需服从国家发展需要的宗旨，使我们认识到地方政府在职后教师教育中起到的关键性纽带作用，使师范大学、地方政府和中小学共同建立平等、和谐、互动的职后教师教育共同体，形成“三位一体”的协作模式来共同促进职前师范生的教育实践能力发展和职后教师专业发展与反思实践能力发展，以推动区域内学校教育质量的均衡发展。

20 世纪 80 年代，美国提出的“专业发展学校（PSD）”职后教师教育模式，是大学与中小学合作进行职后教师教育的经典模式。典型的 PSD 的定义是：“融教师职前培养、在职进修和学校改革为一体的学校形式”。在 PSD 中，参与式管理和协同决策小组是最普遍的结构，它用来建立民主的关系，使教师与管理层能够更好地进行对话、沟通。在这种职后教师教育模式中，大学教授、中小学教师与管理者是站在平等的位置上进行对话、交流与互动，在平等合作中，可以使大

① 王建军，黄显华，2001. 教育改革的桥梁：大学与学校伙伴合作的理论与实践（香港中文大学教育学院“教育政策研讨系列”之 4）［M］. 香港：香港教育研究所.

学中的先进理论知识与中小学的教学实践中的问题进行结合，既能提升教师的专业发展水平与教学实践能力，又能提高教师的教学效能，提高学生的学习成绩。美国PSD模式实践经验为我国职后教师教育模式的创新有着重要的借鉴作用，然而，在借鉴的过程中考虑到国家制度和国情等因素的影响，我国教师发展学校的实践受到了教师评价制度和政府政策支持方面的限制。于是，我国的研究人员与学者立足于我国国情，以PSD模式作为参考，开始探索、创新适用于我国的职后教师教育模式①。

在本土化的职后教师教育模式的创新与发展过程中，在国际教育思潮与职后教师教育研究新发展的共同作用下，开始形成一种理念：协同促进师范生职前的教育实践能力培养与职后中小学教师的专业发展与反思实践能力的提升，推进基于实践教学工作的教育理论创新，提升新型教育理论指导下的教育实践工作的效能。在这种理念的指导下，提出了“U-G-S”职后教师教育模式②。“U-G-S”模式在国家政策层面已经得到认可。“U-G-S”职后教师教育模式的具体含义是指师范大学、地方政府与中小学校合作开展中小学教师的职前培养、入职教育和在职研修等系统性工作。合作过程中，三方目标一致、责任共同、利益分享、资源优化，从而实现人的发展、组织的发展和社会文化的发展。这是一个“三位一体”的合作型职后教师教育模式，在合作的三方中，虽然是相对以师范大学为主导，但地方政府与中小学校并不只是处于从属的地位。在“U-G-S”职后教师教育模式中，师范大学的研究与理论优势得以充分发挥，地方政府的行政与管理优势得以充分调动，中小学校的实践基地优势同样得以充分利用，该合作形式整合了各部分的优势资源，从而能够更加有效地实现教师专业发展，进而推动教学改善，提高教学质量，最终促进中小学校学生发展。

---

① 董玉琦，刘益春，高夯，2012．“U-G-S”：教师教育新模式的设计与实施［J］．东北师大学报：哲学社会科学版（6）：171-175．1988年，东北师范大学开始在大学与地方政府合作、大学与中小学合作的教师教育模式创新方面进行了积极的探索，确定了学校服从国家需要，把“为基础教育服务”作为学校办学的宗旨。在吉林省白山市建立基础教育服务区和基础教育改革实验区，培养了近600名农村和山区急需的教师，使白山地区教师学历达标率高于吉林省平均水平。多年来，东北师范大学与东北三省地方政府合作，与地方教育部门合作，与中小学密切合作，探索了在新的历史条件下面向基础教育，服务基础教育，支持基础教育，引领基础教育的教师教育改革，培养了一大批优秀教师，这就是被广为赞誉的“长白山之路”。同时在大学与地方政府、大学与中小学合作方面积累了宝贵的实践经验。2001年，首都师范大学教育科学学院借鉴东北师范大学等高校为基础教育服务的经验，在时任院长王长纯教授的组织下与北京市丰台教育委员会合作，建立了“丰台教育发展服务区”。同年，教师发展学校（TDS）作为丰台教育发展服务区的服务项目之一开始启动，成为美国PDS教师教学模式结合中国国情的应用。无论是东北师范大学的基础教育服务区，还是首都师范大学的丰台教育发展服务区，其所采用的教师教育模式与美国的PSD模式的最大不同在于大学和中小学的合作都是在政府相关教育部门的协调下建立的，是以促进区域内教育事业的均衡协调发展为目的，它不同于“大学和中小学合作”模式，是一种“大学与政府—大学与中小学合作”的“校府合作、校校合作”教师教育模式。

② 史宁中，董玉琦，2008．提高中小学教师培养质量的若干策略［J］．东北师大学报：哲学社会科学版（6）：36-40．2007年，东北师范大学与东北三省教育厅签订共建“教师教育创新东北实验区”协议，标志着“U-S-D”模式正式进入实践阶段。2012年8月，国家发布了《国务院关于加强教师队伍建设的意见》，在文件中明确指出要“创新教师培养模式，建立高等学校、地方政府和中小学（幼儿园、职业学校）联合培养教师的新机制”。

评价最重要的意图不是为了证明，而是为了促进改进。

——斯塔弗尔比姆

第六章 职后教师教育模块课程评价

职后教师教育的“问题主题式”模块课程采用融合管理模式，对课程设计、实施以及评价进行管理，因此职后教师教育模块课程评价要不断创新为贯通式发展导向。这里的贯通指向两种含义：第一是教师的专业发展贯通于教师的学习过程、工作过程和职业生涯发展过程；第二是评价活动贯穿于教师的整个生涯，体现在其时间和空间上贯通。职后教师教育模块课程评价要坚持为教师职业生涯发展服务，因此，要贯彻学业合格评价的基本尺度、职业生涯贯通的发展理念和学分银行融通的认证制度的理念，实施贯通式发展导向的职后教师教育模块课程评价。在评价方法设计、评价实施程中要不断探索和创新，致力于将教师培养成以反思性实践者。评价要着眼于教师的工作过程和职业发展，落脚于评价结果在教育行政部门的运用，以评价促进教师主体性发挥及整体发展。评价要重视以问题解决、实践重构为载体的静态结果性评价，也关注过程中学习者在问题解决过程中、在实践共同体中进行积极的行动反思。

一、职后教师教育模块课程评价的基本理念

职后教师教育模块课程评价的基本理念是基于培养反思性实践者的目标而确定的，包括合格性评价理念、职业生涯贯通式发展理念和学分银行融通认证制度等三大理念，如图 6-1 所示。

这三个理念与职后教师教育模块课程按照课程的组织原则，将教师的实践知识生成发展规律组合成一个纵横有序的网络式结构，使不同专业发展阶段的教师都可以找到适合自身发展的课程，从而实现培养反思性实践者的职后教师教育目标。这三大基本理念各自有着不同的侧重点，但是又因为职后教师教育目标而紧紧围绕在一起，形成了职后教师教育模块课程的评价的基本理念体系。其中合格性评价理念是相对于传统的顶线评价提出的底线评价，是实现广大教师队伍基本专业知识技能掌握的评价，是职后教师发展和培养反思性实践者的最基本的基本、

最基础的基础。职业生涯贯通式发展秉着以人为本的理念，发扬教师的主体能动性，在职业生涯发展的过程中注重培养教师自身实践反思的能力，同时突破教师职业生涯发展中的时间和空间的限制，实现职业生涯的贯通式发展。因此发展性评价理念侧重于反思性实践者的能动解决问题能力的评价，即职后教师教育模块课程对该能力培养的效果评价。学分银行融通认证制度的理念是顺应当前职后教师教育模式趋向融合的发展形势而形成的。由于职后教师教育模式的形式多样，为了保证教师职后教育资源的不浪费，因此实行学分银行融通的认证制度。学分银行将教师整个职业生涯中的各种教育转换成学分记载，为各类教育及机构搭建沟通和连接的“桥梁”，为教师职业生涯评价的贯通搭建基础桥梁。

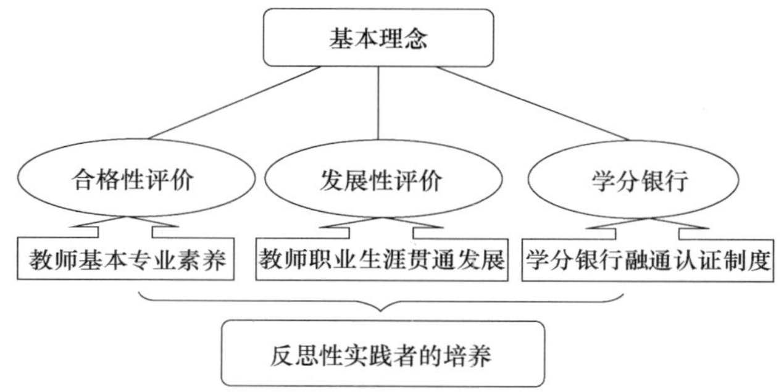

图 6-1　职后教师教育模块课程评价的基本理念图

（一）职业生涯贯通的发展理念

发展就是以评价促发展。职后教师教育模块课程的评价就是致力于促进职后教师教育的发展。教师的职业生涯和专业发展是贯通的，因此对职后教师教育的模块课程要选择发展性的评价理念。贯通发展的理念可以突破时间和空间上的限制，不管教师职前的学习阶段还是职后的实践阶段，不管是在新手教师还是老手教师，以及不管是正式的培训还是自主的学习，都可以将评价贯穿其中，哪里有学习，哪里就有评价存在。同时职业生涯贯通的发展理念还体现在把评价面向教师的工作过程，对教师的职业生涯的一生贯通评价。

1. 教师职业生涯发展

成人学习理论是教师职业生涯发展的动力与支撑，相比之下，职后教师教育便是教师职后发展的动力与保障。教师的职后发展是基于教师已有一定的教学工作过程，积累了一定的实践经验，然而在终身学习观念的推动以及教师自身专业发展的需要下，职后教师教育课程便是促进教师专业发展以及行动研究，开展反思性教学的重要途径。教师教育课程是影响教师教育质量和教师专业发展的重要因素，面向反思性实践的职后教师教育模块课程能够把教师培养成“反思性实践者”。

职后教师教育我们通常称之为继续专业社会化过程。这在教师的职业生涯中有着非常重要的作用，通常从新教师的入职培训为起点，是为成为适应型教师，是教师职业生涯发展的第一阶段；接着便是由适应型教师发展成知识经验型和混合型教师的第二阶段；其后便是发展成为准学者型教师和学者型教师的第三和第四阶段；最后一个阶段便是由学者型教师发展成为智慧型教师。这五个发展阶段对应教师的不同成长阶梯，每个阶梯都有着不同的发展基础和条件，又分别有着不同的发展目标和要求。教师的专业发展具有阶段性和连续性，从新手教师到成熟教师，再到骨干教师，每个阶段都有其核心的问题要解决。以“阶段式问题导向”的职后教师教育模块课程是针对教师每个发展阶段的核心问题，利于教师职业生涯的贯通式发展。

从教师的个体角度来分析，教师整个职业生涯中，教师的专业发展自始至终都贯穿在其中，每位教师都有终生发展的任务与意向。从教师群体的角度分析，教师职业生涯中其专业发展的过程又显现出不断分化、分流、分置并构成教师层级体系的过程。在教师的职业生涯发展过程中不同教师的发展动机、发展条件和发展速度各有不同，从而产生了不同的发展水平和不同的发展结果。因此对职后教师的培训应该是在研究了教师的成长规律的基础上，根据不同类型、不同层次、不同岗位教师的需要来进行贯通培养，从而发展性评价理念与职业生涯贯通发展的理念不谋而合。

2. 基于发展的职后教师教育课程评价原则

基于发展的职后教师教育课程评价应注重教师职后课程学习后“掌握了什么”和“有了什么反思”及“将如何改善自己的实践”等问题，其应遵循的原则如下。

第一，职后教师教育模块课程的评价指标首先应该是基于教师是否具备反思实践的能力。教师的职后发展需要通过反思不断改善教育教学实践，反思实践能力在教师专业发展的每个阶段都有不同的程度，也是教师应具备的能力。因此制定评价指标前应在厘清不同阶段的教师已有什么样的知识经验、是否具备坚定的教师专业信念、能否进行专业研究等问题的基础上，对教师的实践反思能力进行评价。

第二，职后教师教育课程的评价的实施要多方协商，以便形成共识。教师职业生涯的发展不仅关系教师自身的发展，更与职后教师的培训单位、国培计划以及师范高校和社会团体等有着紧密而复杂的利益关系。所以，职后教师教育模块课程的评价的实施要综合考虑来自社会各界对教师工作能力的期望，并对评价原则进行协商。只有达成共识的评价才能是有效的评价，评价结果才能用作决策等的依据。

第三，评价的结果反馈要充分运用到促进发展的原则。职后教师教育应该充分运用评价的诊断功能，从职后教师教育课程评价的过程以及结果中寻找教师职后教育模块课程中所存在的问题。相关问题包括：教师职后培训的课程目标是否与培训目标相符合，培训课程的理念是否与培训的理念相符合，等等，从而对模块课程提出改进策略与措施，方能充分发挥发展性评价的诊断和改进作用，才能更好地实现培养反思性实践者的教育目标。

3. 基于发展的职后教师模块课程评价

发展性评价的基本理念是基于发展并且促进发展的一种评价新理念。发展性评价的主要特点首先体现在重“人文”和重服务性，倡导多元取向的评价价值。这点弥补了以往职后教师教育课程内容中“人本化”的缺失和课程目标过于功利化的问题。职后教师的发展是基于其工作过程和学习过程的发展，这点正好契合了发展性评价最突出的特点即注重发展性，倡导评价的过程取向。职后教师教育模块课程的发展性评价是基于教师职后发展的共同需求，激起教师内在的发展动机，从而实现反思性实践者的课程目标。

立足于发展的职后教师教育模块课程的评价中应将评价的甄选功能逐步转变为诊断和改进功能，建立教师职业生涯的贯通式发展，使教师理论知识与实践技能的不断提高，促使职后教师教育模块课程的不断完善和其评价体系的不断完善。在发展性评价理念下对促进教师职业生涯贯通发展的职后教师教育课程评价的实施通常采用追踪式的评价。教师的职业生涯发展包含了教师从一个新手教师到骨干教师的发展过程，而这个过程是持续的、发展的，这与发展性评价的观念相耦合。因此对职后教师教育课程的评价应从常用的“点状式”评价转换到“连续性”评价，实现教师职业生涯的贯通。这种贯通有两层含义：第一层是，教师在接受完职后教育课程后，教师教育实施机构应进行追踪评价以了解教师在课程中的习得对其教学实践中的适宜程度，从而改进之后的课程；第二层是，这种连续性评价要存在于教师的整个发展生涯，贯通其全过程，关注其在每个发展阶段的教育教学观念的变化、教师专业能力的发展等。

（二）学业合格评价的基本尺度

美国课程专家泰勒所提出的，任何课程开发和教学计划都必须关注“教育目的的确定、教育经验的选择、教育经验的组织、教育计划的评价”这四个方面。评价作为不可或缺的重要环节，不仅要对模块课程目标的实现进行客观的判断，还要对教师的学习程度进行评价。课程的合格性评价是保障课程质量的重要手段，也是预防培训者出现课程取向偏差的有效路径以及加强教师基本素养的重要手段。教师具备基本的专业素养是培养反思性实践者的重要基础和前提，教师的专业能力发展是与反思实践能力相辅相成的关系。因为，在教师的工作和职业发展过程中，理论知识与实践知识是相互融合的，实践中的反思可以促进理论性知识的发展，而评价是反思的重要依据。因此，为了保证职后教师反思性实践者的培养与教师专业素养的提升，职后教师教育模块课程采用合格性评价是着眼于教师基本能力和专业素养的视角上提出的，最终是为培养反思性实践者而服务。

1. 合格性评价的概念

教育评价有两层意义范畴：第一层是保持教育的合格目标，即它的底线；第二层是追求教育的选拔目标，即它的顶线[①]。合格性评价是致力于消除传统的评价当中对被评者的等级划分，呼应并附和当前评价活动中颂扬的公平性、基础性和发展性等理念特点。从评价的性质上来看，合格性质的普及需要底线评价的施行，这样才能从评价的广度和评价的深度两个维度凸显评价的作用。与底线评价相对立的是顶线评价，多用于选拔淘汰性质的考试等，注重评价成绩优异的部分，是利于鼓励精英教育的评价。从我国最典型的高考，到现在的中考、小升初考乃至幼儿园入园考试都深深地渗透着顶线评价的考选精神，并且已占据我国教育评价实然取向的位置。顶线评价容易造成精英与平民的对立，甚至会造成两极分化的现象。以少数的卓越者为标榜，让大多数的平民跌落至一种亚环境，承受不一样的发展。而作为底线评价的合格性评价恰恰相反，它是针对广大的普通大众而非精英群体。

从合格性评价的性质来分析，它应当是广大教师的基本专业素质评价和发展性评价，要求教师达到基本的专业素质要求，拥有理论与实践相结合的能力以及反思能力。从定位看，合格性评价应当是检验基础知识能力掌握的水平，利于均衡化达标率的评价、普及教师培训课程合格率的调查测试水平等。从评价内容看，合格性评价关注教师职业生涯的可持续发展。从社会价值层面来分析，教师教育是为社会的教育大厦奠定基础的，作为教育事业的后盾。这也是教师教育要均衡发展，减少差别的道理。从个人价值层面来分析，职后教师教育模块课程是为教师职业生涯发展服务的，它要涉及教师的教学能力培养、教育观念发展、学生观念的提升、自身素质的提高以及终身学习、反思实践等方面，灵活运用以往的实践经验，选择课程模块，促进反思性实践者的养成。这是“把教育与人的幸福、人的自由、人的尊严、人的中级价值联系起来”[②]，也是教师教育应当关注每个教师的专业发展，保障其拥有全面又基本的专业素质的道理。

2. 合格性评价的基本主张

今天，当我们重温陶行知先生主张的培养人中人、平民人，而不是培养人上人的教育观，以及培养“我知天下”而非“天下知我”的学习观的教育时代背景

① 杨启亮，2007. 合格性评价：基础教育评价的应然选择［J］. 思想理论教育（1）：11-17.
② 梁明伟，2005. 教育关怀：新时期我国教育价值取向的转型［J］. 当代教育科学（23）：16-19.

下，以考试竞争和选拔淘汰为宗旨的顶线评价严重偏离了教育的正常态。而作为底线评价的合格性评价则可以更好地促进最基础、最基本且最全面的教育的推行与发展。我国教师队伍的建设与壮大在国家规范化教师教育的支持下，运用合格性评价的理念才能实现教师队伍综合素质提升，鼓励教师进行专业学习，促进教师职后课程的学习。

在教师的实践过程和职业发展生涯中，顶线评价是造成教师队伍分化与差异的重要张力，而底线评价即合格性评价却是消除这种分化和差异的重要途径。由于教育资源配置的差异和不均匀，使得教师队伍的发展出现不均衡现象，如教育经费丰裕的学校给本校教师组织安排的培训教育丰富多彩，而偏远基层地区的教师受培训教育的机会因为各种原因而少一些，从而形成了区域教师职后发展的不均衡，从而会造成教师实践反思能力的区域性不平衡情况。通常人们习惯于把光环套在了这些重点学校和特高级教师身上，相比之下让普通学校和老师黯淡下去，潜意识里产生挫败感，从而影响对教师的专业发展。而合格性评价是注重大部分的教师通过培训能达到的基本的标准。职后教师教育模块课程的合格性评价，应该是为满足职业生涯发展需要的广大教师服务为目标，同时鼓励促进教师在工作过程中的反思实践，从而使教育回归常态化，人们不再过分重视和追求卓越成为精英，而是把聚光灯打在最多的那一部分人身上。

3. 合格性评价的实际操作

职后教师教育模块课程要使用底线评价，要如何把握好评价的设计和内容来培养广大普通教师的反思实践能力是一个重要的问题。因为，教师的基本专业能力是培养其实践反思能力的基础。从整体来看，职后教师教育的合格性评价要以教师教育的本质为基础，注重教师基本教学能力的掌握，创造教师职业生涯发展的空间，提供教师专业发展的反思动力，培养适合现代社会所需要的教师及其职后发展的素质。

在顶线评价盛行的背景下，职后教师教育课程若要选择合格性评价，显然不能一蹴而就。首先，我们可以对精英选拔式的评价顺势利导，对评价当中的选拔性内容进行改造，或将顶线评价建立到底线评价之上。这其中最为重要的一点是，将底线评价即合格性评价的全部内容实质性地纳入评价当中，切实达到先成为合格的大众方能继续发展为精英。这是现代化社会中普通教师具备全面素质的目标。其次，职后教师教育模块课程选择合格性评价，从根本上需要形成广泛的社会认同。将教师教育与教师的实践过程相结合起来，评价教师教育模块课程在教师职业生涯当中对教师教育教学实践的影响程度，以及教师基本素质和提高的情况，从而促进教师教育模块课程的优化。

教师的基本素质和专业基本知识是成为一名教师的基本需要，是任何一名教师的职前以及职后发展的基本起点，也是培养反思性实践者的基础。但是由于我们的顶线评价取向的教育走得太过遥远，使得教育中占据最多的部分却是无人问津。同样地，我们的社会需要众多优秀的反思性实践者，但是不能忽视广大的普通反思性实践者。教师专业发展的普遍规律告诉我们，教师的职后教育正在转向以问题式导向的模块化课程，因此相对应的课程评价要注重教师在培训过程中对课程内容最基本的把握，用合格性评价促进教师的反思能力的发展。职后教师教育模块课程使用合格性评价有益于解决基础教育改革当中教师素质参差不齐的现象。因此，合格性评价在教师职后发展当中起着对教师基本知识的扩充以及普及的重要作用，其操作始终坚持以合格和底线为原则，不求最优秀，但求最基本和最广泛。

（三）学分银行融通的认证制度

职后教师的专业发展要依靠教师教育制度的支撑和保障，学分银行融通认证制度可以有效解决现行职后教师教育中存在的重复学习和教学资源浪费等问题，对提高教师职后教育的效率及促进教师专业化发展有显著的效果。从而提高职后教师的专业素养，是为培养反思实践型教师的职后教育课程评价的重要理念之一。

1. 学分银行融通认证制度的内涵

“学分银行”(credit bank)是在终身学习理念的推动下，在不同类型教育间(包括不同形式学历教育、非学历教育的不同课程）以学分认定、累积和转换为主要内容的一种新型的学习制度和教育管理制度[①]。“学分银行”通过模拟或者是借鉴银行的异地存取业务以及货币汇率换算等功能特点，可以为各种各样的学习结果进行学分制的计算。学分银行融通认证制度就是实现各级别“学分银行”之间的“学分通兑”。在不同层次的教育如中等职业教育、高等职业教育、本科生教育、研究生教育以及继续教育等，和各种教育形式之间的教学资源共享。在学历教育与非学历教育、在正规教育和非正规教育之间搭起沟通的桥梁，使各类教育衔接起来。“学分银行”的管理模式可以储存教师职前以及职后所学的各类课程的学分，同时可以不受到时间和空间上的限制。建立不同类型学习成果的认证、累积与转换制度，构建终身学习的“立交桥”，就是坚持以学习者为本的观念，贯通不同模式的职后教师教育模块课程实施。学分银行制度可以贯穿职后教师教育中的校本培训、培训机构中心的委培以及教师作为学习者个人中心的自主发展等多种学习，以学分的形式存录，形成的融通认证制度可以记录教师的专业成长情况，为其职后生涯的发展起一定的参考作用等。

---

① 郝克明，2012. 终身学习与“学分银行”的教育管理模式［J］. 中国职工教育（8）：12-15.

2. 学分银行融通认证制度的特点

“学分银行”融通制度是在拓宽了学习机会的基础上，顺利激发起人们的学习欲望，其相互融通认证的制度为不同的教育体制提供了衔接的桥梁，为人们提供了终身学习与文凭取得的机会。“学分银行”的融通认证制度具有以下几个主要特点。

第一，以人为本，客户至上。学分银行制度可以有效改善教与学的关系，加强学习者的“客户”身份，凸显教学工作者的服务地位。在这种制度下，以学分为载体，将职后教师所学课程和参加的考试等以通用学分的形式累计，扩大了正规教育的有限容量，为职后教师的发展提供了更多平等的教育机会。

第二，突破限制，提高效率。“学分银行”的推行可以有效突破时间和空间上的制约，使学习者可以有更自由的学习体验，从而增加学习机会。职后教师通过累积学分，达到相应的总分数后可以“支取”相应的学历，从而提高职后教师教育教学的效率。这对于教师的专业发展提供了长期且有效的学分制记录。

第三，融通网络，建设桥梁。“学分银行”是在终身教育理念主导下，为建设学习型社会，促进教育公平和教育“市场”开放的制度。可以促进支持职后教师学习多元化，从新手教师到骨干教师，从国家培训到自主学习等。

3. “学分银行”对教师教育的功能

职后教师专业发展的基本内涵之一便是教师的终身化学习，而教师的职后教育是教师专业发展的主要途径。培养反思性实践者的职后教师教育模块课程的目标是在批判传统的教师教育课程目标批判的基础上构建的“走向人本”“趋向融合”“实践取向”等的模块课程。这种改变要求职后教师教育模块课程的评价也要随之调整。“学分银行”制度的实行，可以将教师接受过的不同类别教育的学习过程、学习时间和学习成果等转换成学分来计算，从而实现全面记录教师的职后教育历程。学分银行融通的认证制度不仅可以打破时间上的限制，更可以打破地域上限制，其主要功能如下。

第一，“学分银行”制度可以全面记载教师职业生涯发展的经过，为职后教师教育模块课程的开发和实施提供有效依据。职后教师的专业发展中会参加各种不同类型的学习，而这些不同的职后教师教育主题最好能形成连续性和顺序性，能与教师以往的知识经验和学习经验有所呼应，不能完全孤立。“学分银行”制度可以对教师的职后学习经历进行完整的学分换算，对接受职后教育的时间、课程内容、评价结果等有一个全面真实的记载。从教师个体评价角度能更好地促进教师职业生涯发展；从模块课程评价角度能更好地完善模块课程的连续性和整体性。

第二，“学分银行”融通的认证制度不受传统教育的时空受限性，使得各种教育成果获得同等的承认。在当今的学习型社会中，学习形式随着人们观念和经济技术的发展丰富起来了，除了正式教育以外，其他有组织、有系统的活动，包括各种岗位培训、校外教育、继续教育等多种教育逐渐丰富起来。“学分银行”制度以学分为“通用币”可以把以学校为中心的培训、培训机构中心的委培和教师个人中心的自主等的学习成果都存入学分银行，为连续性和阶段性的职后教师教育提供便利，从而更好地培养教师能动地解决问题的能力以及反思性实践者的培养。

第三，“学分银行”制度可以有效减少学习内容的重复，提高教师职后培训的效率以及教师专业发展的速度。教师继续教育普遍存在课程设置重复的问题，影响教育资源发挥应有的效率。使用学分银行制度的职后教师教育模块课程在以阶段式问题为导向的同时，可以与教师之前所受的各种教育相呼应连贯起来。教师职后培训课程中重复内容的减少，可以有效避免教育资源的矛盾，达到节约教育成本，增加学习的叠加效应，减少学习重复无效行为，扩大教育资源服务的能力。

二、职后教师教育模块课程评价的方法设计

美国课程专家泰勒提出，任何课程开发和教学计划都必须关注教育目的的确定、教育经验的选择、教育经验的组织、教育计划的评价这四个方面。其中，评价被认为是不可或缺的重要环节。职后教师教育模块课程评价的方法设计包括确定评价标准、选择评价模式和制定评价指标等三个方面，如图 6-2 所示。

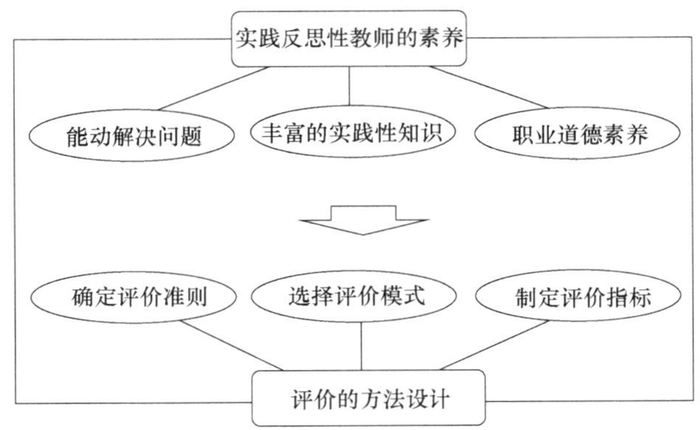

图 6-2　职后教师教育模块课程评价的方法设计

对职后教师教育模块课程评价的方法设计是有效评价实施的基本前提。评价标准的设计是基于评价目标，而评价目标又要与职后教师教育模块课程的课程目标要相一致才能实现以评价促进职后教师教育模块课程的发展，促进教师发展为反思性实践者。因此，职后教师教育模块课程评价标准的设计要紧扣反思性实践者应具备的基本素质，方能将评价透过课程目标的达成程度，检测教师通过课程学习是否掌握反思性教师的基本职业道德素质、是否具有反思能力、是否可以能动地问题解决着等。评价方法的设计是依据评价准则，选择有效的评价模式，制定具体的评价指标。

（一）确定评价准则

评价设计的核心是确定合理的评价标准，是对评价的内容属性的规定，主要规定评价活动评什么和不评什么的内容，以及什么样的评价是好的等属性。课程评价标准的确立通常要受课程评价目的、评价价值选择、客体属性和评价主体等四个因素的影响。评价标准不是一成不变的，它会随着人们观念的变化而变化，因此每一个评价标准都只是那一时期人们价值观念的映射。可以说，评价标准可以准确地纠正引导评价实施者的评价观念。教师教育评价的具体类型繁多，但是不同类型的教师教育评价标准却有着一贯而至的共同属性。最基本的方法通常需要从以下三个方面来进行分析，在分析提炼的基础上方能确定不同类型的评价标准。

1. 职后教师教育的目标

从职后教师教育的目标为出发点来确定职后教师教育模块课程评价标准的方法是把教师教育课程实现教师职后发展目标的程度当作衡量的指标。职后教师教育模块课程的目标是为了培养反思性实践教师，即教师通过模块课程学习，在问题解决的过程中，在做中反思，反思中改善实践，提升反思和实践能力。职后教师教育的目标对教师的职后发展具有导向和调控作用，甚至可以鼓励人们从事教师教育活动的追求和精神。

从我国历史传统宣扬的“尊师重道”观念下以培养“圣者型”教师的目标到注重能力的技术理性主义奉行的以培养“技术型”教师的目标，演变为同样基于行为主义理论的促进教师专业化发展进程的“专家型”教师的培养目标，教师的角色定位一直在随着社会历史的变革而变化。在面对这些职后教师教育课程目标受到批判的同时，“实践反思型”教师逐渐成为了人们心中理想的教师形象，成为了职后教师教育所追求的培养目标。教师教育的培养目标已经突破学科知识、教学原理和教学能力的范围，开始重视教师的实践反思能力，并为培养反思性实践者，教师主观能动地运用反思能力，在工作过程中实现自我专业能力的提高以及职业生涯的发展。

职后教师教育模块课程评价的标准的要着眼于教师的反思实践能力的培养与提升。在评价教师个人的学习时，要注重评价的过程性而非结果性，比如档案袋的评价方式，教师在学习过程中的小组交流活动的发言、教师在观摩后的反思日记、教师在重构活动中的教学设计等；在评价模块课程方面，关注点则是课程模块的结构能否促进教师去反思实践、课程情境设置是否能引发教师对核心问题的思考、课程的模块是否反映出教师面临的真实教育教学问题以及课程的实施是否能为教师反思实践提供共同体平台等问题。

2. 职后教师的专业发展

现代教师的培养角色定位需要重构，即将教师培养成反思性实践者。反思性实践者这一目标为教师的专业形象提供了新的视角。教师作为教育实践者，不是简单地按照程序操作的机器，而是在复杂情境中能动的问题解决者。实践者依靠自身主动积极的探索，调动已有的经验和资源来解决问题，实现“行动中反思”和“行动中认识”。反思性实践者的培养就是使教师不只是由外在的技术与原理武装的“技术熟练者”，而更可能是在实践中并通过实践不断建构和提升自身经验的反思性实践者。职后教师教育的模块课程便是围绕着这样一个新的视角展开实施的。基于在实践情境中合作探究、在自由场景中自主学习和在平等交流中反思提升的职后教师教育模块课程的实施理念为职后教师的专业发展提供了多方面、多样化的专业学习理念。

教师的专业发展是教师职业生涯发展的动力与支撑。职后教师教育模块课程的评价也是基于教师的专业发展，融合教师的职业生涯发展，为实现融通的发展导向，实现评价的融通。职后教师的专业发展主要依靠师范院校的培训、证书和非证书培训以及教师的自主学习等职后教师的教育和学习活动。以培养反思性实践者为目标的职后教师教育模块课程的评价要着眼于教师的专业发展，将评价渗透到模块课程实施的每一种模式，将教师的专业发展的各个阶段贯通起来。同样，职后教师教育模块课程的评价也是基于教师职业生涯贯通发展的贯通式评价。评价要综合考虑教师专业发展的过去到现在的情况，才能实现培养反思性实践者和教师专业发展的融通和谐发展和模块课程目标的实现。

3. 教师的实践反思能力

教师能力是指教师在教育教学活动中表现出来的、直接或间接影响教育教学活动的质量和完成情况的个性心理特征。教师的实践反思能力是指教师带有主体能动意识地解决问题的能力。以培养“反思性实践者”为目标的职后教师教育模块课程要求教师拥有丰富的实践性知识和反思能力，包括教师应具备的整合性知识，还包括“教育机智”，以及包含教师教育情怀和师德修养方面的职业道德素养。教师的实践性知识主要是通过教师在工作过程中积累的经验知识。教师在工作过程中，即在职期间是教师的综合教学能力形成的主要时期（见表 6-1）。

表 6-1　我国中学优秀教师各种能力形成时间的分布占比①

教学能力	大学前/%	大学前后/%	在职/%
对教学内容方法的处理能力	18.95	12.63	68.42
运用教学方法好手段的能力	21.65	12.37	65.98
教学组织和管理能力	19.59	11.34	69.07

① 王邦佐，1994．中学优秀教师的成长与高师教改之探讨［M］．北京：人民教育出版社．

续表

数学能力	大学前/%	大学前后/%	在职/%
语言表达能力	34.69	20.41	44.90
教学科研能力	18.18	11.11	70.71
教学机智	19.19	11.11	69.70
与学生交往能力	21.43	10.21	68.36

从表 6-1 可以看得出，教师的各种专业能力的形成所占比例在其大学前后不够明显，而在职期间的教师专业能力形成最为突出。因此教师的专业能力主要是在其教学实践中形成的。而肩负着职后教师专业能力发展的职后教育是教师专业能力发展的主要途径，教师自身的实践反思能力是培养重点。对教师的实践反思能力的培养要体现在职后教师教育模块课程的方方面面，因此在对职后教师教育模块课程评价的过程最重要的就是关注教师实践反思能力的培养。职后教师教育的评价标准必定要包含教师教育中不同的标准的反思以及不同层次的反思。在职后教师教育评价的准则确定中教师的实践反思能力的培养是不可或缺的，因为评价的一切活动是为了验证目标的达成程度，找寻相关的因素和原因，因此评价不能离开课程的灵魂，即反思性实践者。

（二）选择评价模式

教育评价模式是教育评价的重要组成部分，经过了漫长的历史发展，教育评价模式从最早 19 世纪末的“测量时代”到 20 世纪 30 年代的“八年研究”逐渐发展为对价值“判断”为主的第三代评价，至今已经到了第四代评价理论时代。职后教师教育模块课程的评价模式指在相应的理论指导下对评价的原则、程序、内容、过程等要素做出的要求与规定。课程评价依据不同的评价标准与尺度，形成不同类型的评价模式。常用的课程评价模式主要有：以课程目标的实现为重点的目标达成评价模式；重视评价过程中非预期性效应的目标游离评价模式；重视为课程的决策提供有效信息的 CIPP 模式；为课程计划改革提供有效服务的 CSE 评价模式；重视大多数人意见的应答模式；重视被评者内心世界和行为表现的鉴赏评价模式；等等。任何一种职后教师教育模块课程评价的模式都反应了课程评价者的教育理念与价值取向，以及在开展课程评价时所选取的操作方法与具体程序。职后教师教育模块课程评价根据其模块课程的特点及性质，主要采用与教师专业连续性发展相呼应的追踪评价模式；以培养反思性实践者为目的的模块课程目标为重点相适应的目标达成评价模式；以及从职后教师教育复杂的利益相关者出发的社会系统模式等三种评价模式。

1. 追踪评价模式

追踪评价模式是 20 世纪 70 年代由桑德弗（Sandarfur）和博里奇（Borich）

两个人提出的，广泛应用于70年代后美国教师教育评价的一种模式。它是美国教师教育评估的基本模式，为后来教师教育评估的发展起奠基石的作用。相比于课程目标模式，追踪评价模式将学生通过学习课程获得的能力放在显著位置。除此之外，追踪评价内容中还包括对教学技能成长程度、课程个性和对教师教育的认识等方面的内容。这一模式更多的是使用档案文献，课程的实施者和接受者不是数据点，而是判断专业实施评价过程和专业成果信息的提供者。职后教师教育机构进行评价的时候可以根据教师职后培训在教师工作中的影响以及教师对实践反思能力的提高等方面来评定职后教师教育课程的优劣，评价结果可以成为教师教育课程改善和优化培训计划的重要依据。

追踪评价模式与教师的职业生涯贯通的发展理念相耦合。教师的职业生涯发展以及专业能力是一个不断发展的过程，从一个师范类毕业生成为一名新手教师，再逐渐成长为熟手教师，再到教师的职后教育与专业发展，教师的职业生涯以及专业能力的成长需要追踪式的评价。追踪评价的施行前提是它必须成为职后教师教育培训机构的组成部分，相关的职后教师教育的实施主体要肩负追踪评价的责任。在进行追踪评价之前必须根据教师教育培训目标进行详细的计划，并且始终保持追踪评价的首要特征，即长时间的和持续的评价工作。在评价的过程当中要能动地结合使用定性和定量的评价信息收集工作。由于教师的专业发展也是一个持续不断的过程，因此以持续和长时间著称的追踪评价在教师教育评价中一直占有重要的位置。反思性实践者的培养是以教师丰富的工作实践经验为基础的，是在教师的工作过程中形成的，因此需要追踪评价模式的跟进式评价。

2. 目标达成评价模式

目标达成评价模式是以预定的课程目标为中心来设计与实施评价，并以目标达成为目的而建构起来的。这种评价模式的是指是通过对教师培训后的结果和成效的测量，从而来确定达到预期规定的课程目标的实现情况。目标达成模式是由泰勒在20世纪三四十年代提出，经过学者们的不断修正与发展逐渐建立起来的一种课程评价模式。这种模式最早应用在“八年研究”中，在评价界上有很深的影响。泰勒认为，评价的目的不是通过测验的方式来对学生进行机械的分类或分等，而是在于判断或测量学生行为变化与预定课程目标的达成度，并为改进课程方案提供反馈与帮助。目标达成模式注重目标在评价中的地位。因为目标不仅仅是这种模式开展和进行课程评价的根本逻辑起点，同时作为评判整个课程设计与实施是否科学、合理的主要依据与标准。由于课程目标都是以课测量的内容为主，因此目标评价模式有很强的操作性，容易被评价人员所接受和操作，所以至今在课程评价领域中占据着重要的地位。

本书中主张的职后教师教育的目标清晰明了，即以培养反思性实践者为终极目标。因此职后教师教育模块课程的建构以及实施都是围绕这个终极目标具体展开的，所以职后教师教育模块课程的评价也应然不会例外。课程评价的制定实施中课程目标是亘古以来不变的重要内容。目标达成评价模式在职后教师教育中的运用着重体现在模块课程的建构是否围绕反思性实践者的培养逻辑、模块课程的实施是否符合反思性实践者的培养需求，以及模块课程能否最终为教师在实践中反思的能力的提升程度等问题。目标达成评价模式在职后教师教育模块课程评价中的最终体现与主要功能就是检测模块课程对反思性实践者的培养结果，从而诊断模块课程中存在的问题，促进完善模块课程的构建和实施。

3. 社会系统模式

作为社会大系统的一个组成部分，教师职后教育的评价也离不开社会的大系统。职后教师教育评价的利益相关者多种多样，其评价活动所受的社会各方的制约因素也比较复杂，职后教师教育的社会系统是由职后教师教育利益相关者所组成。最为突出的直接利益相关者就是教师教育培训机构、以培养职前教师和促进职后教师专业发展的师范类院校，以及统领掌管师资队伍建设大方针政策的政府机构。除此之外还包括学校的学生、学生家长、学校的领导等等的利益相关者。

教师的职后教育中突出的利益相关者是教师教育培训机构。职后教师教育的培训机构多种多样，因此具有多元化的特征比较显著。基于工作过程的反思性实践者的培养过程中，职后教师教育的模块课程评价是基于教师专业能力与实践反思能力提升的评价，而教师在工作过程以及接受职后教师教育的过程中与诸多的利益相关者有着众多的直接与间接的联系。不同的利益相关者对教师的要求与期望也会有所不同，因此使用社会系统模式有益于形成多方面的多元评价主体，充分体现多方利益相关者对反思性教师培养的诉求。从而形成从职后教师专业发展的直接利益相关者到间接利益相关者对模块课程以培养反思性实践者的课程目标的共同认识。

（三）制定评价指标

从评价学的观点中，指标体系是一种具体的、可测量的、行为化的评价准则，是根据可测量或具体化的要求而确定的评价内容[①]。评价指标是评价标准具体化的形式，是职后教师教育模块课程评价实施的主要依据。评价指标的构建应该遵循课程本身的规律，通过系统的评价指标可以相对全面地反映出评价客体属性的整体情况。职后教师教育模块课程评价指标的制定受各种各样因素的制约，包括职后教师教育模块课程的目标、职后教师专业发展的方向、职后教师教育的教学概

① 陈玉琨，1993. 中国高等教育评论［M］. 广州：广东高等教育出版社.

况等。因此职后教师教育模块课程评价指标的制定要遵循相应的原则，使用确切的方法进行指标制定的工作。

1. 评价指标制定原则

职后教师教育模块课程评价指标是进行评价活动的直接依据，是判断职后教师培训成效的重要依据，直接制约职后教师教育模块课程评价的进行和职后教师教育模块课程目标的实现。

第一，目标导向原则。指标是目标的分解体，因此评价指标应该与评价目标保持一致的方向。职后教师教育模块课程评价的目标导向性原则主要体现在指标体系设计要与职后教师教育模块课程目标保持一致，以及与职后教师教育模块课程评价目的相一致的两方面。对职后教师教育模块课程的评价目标主要是为了加强和完善培养反思性实践者，使教师成为反思实践型的教师而教育，因此评价指标的构建必须以此为基础和回归点。

第二，科学性原则。职后教师教育模块课程评价指标的制定要遵循科学的教育理论的基本要求。评价指标的设计既要考虑模块课程评价的最终目标，也要遵循模块课程的实施规律与模式，要尽量做到评价活动与整个职后教师教育的和谐统一。评价指标要时刻遵循实事求是的原则，在指标的制定中要定量与定性分析相结合，所构建的指标要尽量能够较全地反映出职后教师教育的本质特征和评价的总目标。指标的描述要尽量具体，词义要清晰明确，尽量避免使用“合理”“比较好”“比较满意”等模棱两可的表达。虽然教育本身是培养人社会活动，总会存在一些不能量化的内容，也要做到实事求是。

第三，可测性原则。评价总体目标有些时候存在内容不够具体化和形象化的情况。因此，为了达到模块课程的评价目标，要对评价目标进行分级和分解，才能使得职后教师教育模块课程评价具备可测性。可测性主要是针对末级指标，即目标分解的最后一级而言的，这是因为末级指标本身具有的可测性。如果分解出来的目标还不能直接测试，评价工作就不能进行下去，所以只能一直分解到能测为止。依照可测性原则，评价指标体系的制定要做到数据获取难度要较低、获取的数据要权威又准确、计算方法简易且易于实现计算机化和末级指标内容可以用操作化的语言概括性描述等。

2. 评价指标制定方法

职后教师教育模块课程评价的指标制定是建立在评价目标的基础之上。评价指标体系的建立是为了评价活动有准确的指标可循，并且形成体系，牢固评价活动的整体性。在职后教师教育评价指标体系的建立上，往往可以借鉴多种方法，如头脑风暴（BS）法、因素分解法、典型研究法等，这些方法各有所长，各有所重，但是综合起来有着共同的参考，即从评价目标分析入手、事物的相关联系入手以及模块课程的实施具体内容分析入手等主要三种方面。职后教师教育模块课程的评价的指标制定也要依次考虑这三方面着手点，从而制定出详细又准确的评价指标体系。

第一，从评价目标分析入手，将评级按目标进行分解，准确把握评价目标的本质属性。这种方法的突出特点是简洁、有效。职后教师教育的模块课程的目标是为培养反思实践性者，模块课程的评价的目标便是在此课程目标上形成的以检测和评估模块课程目标的达成度为评价目标。如何对模块课程目标预设的状况进行评估检测，这就需要对模块课程的目标进行相关因素的分解，制定出评价的一级指标、二级指标、三级指标等。

第二，从模块课程与职后教师专业能力之间的相关性入手。世间万物都相互联系相互依存。其中因果关系可以是一个事物的变化引起另一事物的变化。因此我们可以通过观察分析模块课程与职后教师在实践反思能力的变化来制定评价的指标。职后教师教育模块课程是为了使教师发展成为反思性实践者，因此需要加强教师在工作过程中的反思能力，从而提高职后教师的专业能力。这其中反思性实践者应具备的、尚未具备的和可以具备的能力为指标制定的参考。

第三，从职后教师教育模块课程的实施方面分析入手，抓住模块课程实施的全部属性和相关属性。这种方法是将评价指标制定的依据起点设置在课程实施具体内容上。职后教师教育模块课程的实施是以教师实践能力发展为中心并展开的的结构式服务导向。模块课程评价指标可以从课程实施过程当中对模块课程基本理念的渗透与呈现，以及模块课程不同形式的实施模式的内容因素来制定。

三、职后教师教育模块课程评价的实施程序

克隆巴赫指出，课程评价的功能主要体现在三个方面：第一个是课程改进，借由评价活动判定教材与教学的适合程度，从而改进课程和教材；第二个是针对学生的决定，诊断学生的需要，以便规划适用于学生的教学；第三个是行政法规方面，由评价判断学校的体制及教师的特征①。课程评价是有效性课程设计与实施的有效保障，优势课程设计与实施持续性、科学化发展的不竭动力。职后教师教育模块课程的评价在教师教育的改革中有着重要的位置。职后教师教育模块课程评价的实施要紧扣模块课程的实施，结合课程的模式进行评价的实施准备工作。“问题主题”式课程模块是按照问题解决促进专业成长导向的组织原则来进行实施的。课程的实施依仗于通过将问题主题模块进行二次转化，转化为一个个真实的问题情境单元，因此对课程的评价要深入到课程具体的单元情境。一个完整的

① 李雁冰，2002. 课程评价论［M］. 上海：上海教育出版社.

评价活动应包含评价前的准备、评价中的调控与评价后反馈等三个部分。

（一）评价前的准备

职后教师教育模块课程评价实施的必要前提条件是施评前的准备工作，这关系到整个评价工作的实施质量与效率。职后教师教育模块课程评价前的准备工作主要包括评价目标的确定、评价主体的选择、成立专门的评价委员会，以及设计评价方案等三个工作环节。

1. 确定评价目标

第一，为改进职后教师教育模块课程的结构。职后教师教育模块课程结构的优化是教师专业发展的基础，同时也是职后教师教育模块课程改革的重要组成部分。这是基于顺应基础教育课程改革的需要而提出的，所以职后教师教育模块课程评价的目标应最先定位在其课程结构的优化上。职后教师教育模块课程的评价可以系统又全面地了解到职后教师教育模块课程结构是否实现了反思实践型教师的培养目标，是否顺应了基础教育改革对教师专业发展的要求等。

第二，深化职后教师教育模块课程的改革。职后教师教育模块课程改革与课程结构、课程资源、课程管理、教育实践和质量评估等多方面有联系。教师教育改革的主要目的是为了发展建设专业化的教师队伍，提高教师培养质量，从而达到教育规划。通过评价对职后教师教育模块课程现状与问题的分析，确定课程改革的趋势与方向，对课改进行及时有效的调整，保证职后教师教育模块课程改革的科学性和有效性。

第三，完善职后教师教育模块课程框架的科学化。职后教师教育模块课程框架是以阶段式问题为导向的面向实践的职后教师的课程。从模块课程内容的选择到最终模块课程的模块构建，是以“问题”为逻辑起点，最后到“问题解决”为逻辑归属。模块课程评价在课程调整与决策中综合各方面的意见和观点，协调课程框架当中各模块对“问题”与“解决问题”这种理念的渗透，从而促进职后教师教育模块课程框架的科学化。

第四，促进职后教师的专业发展。职后教师教育模块课程在“阶段式问题导向”的理念下，从宏观、中观、微观三个方面对教师的专业发展进行了阐述。以“问题”为逻辑起点的模块课程是源于教师在职业生涯发展过程当中的教育实践问题。通过模块课程的评价，检测评估模块课程对不同阶段教师核心能力以及实践反思能力的发展情况。

2. 选择评价主体

在职后教师教育课程评价的准备过程中，为保证模块课程评价目标的实现，要对评价主体提出明确又具体的要求，譬如，保证评价者具有较高的教师教学经验和个人信誉度，要具有公正、坦率的评价态度，同时掌握教育评价的理论与技术。通常，评价主体的选择以教师教育评价专家为主，但是随着评价理念的更新和受到复杂利益相关者的影响，评价主体趋于多元化，因此评价者要具有广泛的代表性。

通常课程评价主体会选择资深的教育教学从业者。职后教师教育模块课程评价的主体的选择要着重在教师教育专业群体，因为：教师教育专业首先具备专业的教师教育相关理论与实践的知识，能够对模块课程产生的效果进行比较明确的价值断定；其次，资深的教师教育专家一般选择良好学术作风和具备良好职业道德的人，这样才能保证评价结果的可靠性。评价主体的选择在教师教育的专业领域内还包括教师培训院校的校长或负责人，以及接受模块课程的教师本身，即作为“学生”的教师。综合涵盖他评与自评相结合，多方的评价可以采集多方的声音，为职后教师教育模块课程提供多方面的评价结果。

除此之外，还需要与外部行政机构、专家团体以及中小学教师团体等做出评价。由多元的评价主体，代表社会各界不同的利益需求和价值偏好，在融合兼并的基础上，调整和制定符合教师专业发展规律的职后教师教育课程，提高教师职后课程的质量。

3. 制定评价方案

在原则性问题确立的基础上要制定评价方案。评价方案是为了评价工作有序进行的必要工序。职后教师教育模块课程评价的方案制定要明确职后教师教育模块课程要评什么、为什么要评、怎样施评以及评价技能的培训等问题。

首先，进行职后教师教育模块课程评价的原因主要是关于评价目标是要有所侧重还是进行全面评价的问题。评价目标要根据教师教育发展与教师职后课程的相关影响因素做适当的取舍，然后就可以根据评价目的和评价原则制定评价的指标体系。其次，至于为什么要进行评价，是主要出于职后教师教育模块课程建设的需要以及评价自身所具备的功能来决定的。通过评价的诊断功能可以发现职后教师教育模块课程的不足之处，从而进行相应的调整，发挥评价的修正功能。评价最终目的是为了促进发展，因此，职后教师教育模块课程评价的最终目的便是为了更好地促进教师的职后发展乃至教师队伍的建设。再次，有关怎样进行评价活动是主要解决职后教师教育模块课程评价实施要采取何种方式的问题。评价要根据具体目标，从诸多的评价方式中选取适当的方式来搜集各种信息和资料，方能提高评价工作的效率。最后，根据评价主体的要求，在实施评价前应该对评价者安排相应的评价技能培训。评价是一项需要技能的工作，评价者除了达到必要的人格要求之外，还要掌握判断技能、提问技能、咨询技能等操作性较强的必备技能。

（二）评价中的调控

职后教师教育模块课程的评价是依据特定的评价方案制定相应的评价指标，

对职后教师教育模块课程进行有理有序的评价活动。这种评价活动具有一定的复杂性，在评价的过程中会受到不同方面因素的制约和影响，其中心理隐私的影响最为突出，并且伴随着评价的全程，有着很大的不确定因素与不可控因素。因此，在评价的实施过程中，心理因素的调控是极为重要的，着重体现在两个方面：评价者和被评者。在深入研究两者心理状态与活动规律的基础上，对干扰活动的心理现象进行有效的调控，减少其负面影响，提高评价的质量。

1. 评价者心理调控

在职后教师教育模块课程评价中，评价者的心理行为对整个评价的实施有着不可估量的影响。由于评价主体心理活动的变化多端以及复杂的表现形式，若要保证评价工作的顺利进行，就必须要做好评价实施过程中评价者的心理行为分析及其调控。

第一，评价者心理及其表现形式。在评价的实施过程中，由评价者个人因素或评价组织内部发生的影响评价客观性的负面心理行为方式主要有遵从心理、逆反心理和本位心理等。遵从心理指评价者受到外部压力引起的行为和观点的变化，主要表现在评价者倾向于服从多数人的意见，否定自己的评价结果，更愿意随波逐流等。主要是源于评价过程中小团体的利益驱使和权威意见的垄断等都会造成遵从心理，从而容易形成评价意见的高度统一。在评价的过程中，领导专断和待遇不平等原因都可能会造成逆反心理。这种心理与遵从心理正好相反，评价者会不论其他意见的对错，一味地表现反对的态度，过分的逆反会导致意见难以统一。本位心理是指评价者在评价的过程中过分地以自我为中心来反映价值的心理行为。它主要表现在评价者在评价的过程中坚持己见，不同的人代表自己领域的利益并坚持自己的价值观。在评价主体多元化的背景下，评价人员来自各方各面，不同的价值观和利益场容易发生碰撞，因此会出现本位心理的行为，特别是在综合性评价中更要注意克服和预防本位心理的行为现象。

第二，评价者心理谒控对策。在对评价者负面心理活动的表现形式及产生因素等分析的基础上，对其进行科学有效的调节。只有在减少负面影响的情况下，调整好评价者的正面心态和积极心理，才能最大限度地发挥评价者的正能量，进而提高评价的可靠性和客观性。对于评价者心理调控对策方面，首先是加强评价的管理调控。在评价过程中，评价组织者可以通过加强评价管理，根据评价活动的规律，把握好评价者心理的实时动态。一旦出现干扰评价活动的心理行为时便及时提醒评价人员，让其明辨是非，避免干扰。其次，是加强评价者的思想品德教育，使评价者从思想觉悟、职业道德等方面保证自身工作的准确性。评价者应该对评价的指标体系及指导思想等牢记于心，从思想层面、道德水准和法制纪律上均符合评价工作的要求。最后，要提高评价者的心理调控素质，使评价者在评价过程中始终注意评价的整体性和全面性，习惯运用不同视角来看待事物。评价者要注意转变角色，既不能过于放大自我的意识，也不能过于缩小自己的意识，既不能不懂装懂，也不能随波逐流。评价者要在心里时刻装着一把客观的尺子，运用统一的评价标准进行价值判断，不让主观印象干扰正常评价。

2. 被评者心理调控

在评价的过程中，被评者的心理也是非常复杂的，从而其心理行为等的表现形式也是纷繁多样。被评者的心理表现主表现为怕、疑、烦、争等等几种不同的现象，主要是由于被评者对安全感和个人自尊的需要产生的。被评者的心理活动和表现形式对评价的结果有直接的影响，因此需要深入研究被评者对评价产生干扰影响心理的表现形式，从而提出有效的调控对策。

第一，被评者心理及其表现形式。被评者出于安全感的需要，受其防卫心理的影响会产生不同的程度的消极心理，依次为迎合心理、应付心理和对抗心理等干扰评价客观有效性的心理行为。迎合心理就是脱离客观实际，只顾着迎合他人的行为心理表现。表现在部分被评者为了获得高于实际的评价结果对评价者献殷勤，营造不正氛围，从而达到自身目的的一种过于积极的配合心理。这种心理容易造成评价过程中被评者极力掩盖不足之处，对自身的缺点避重就轻，为了自身的利益不惜提供不客观和不全面的信息资料，大做表面文章，从而得到较好的评价结果。应付心理即回避心理，相比于迎合心理其变现较为冷淡，属于评价中消极的心理表现。被评者往往表现为对评价不够重视，以及对评价工作不够积极等消极行为，其意图本质上与迎合心理一样，对评价者产生一定影响，使其偏离评价标准，实现自我保护的目的。这种心理大多出现于对评价有所疑虑和自我感觉较差的被评者，他们草率又不负责任的态度会干扰评价者的情绪和信息的获取，从而使评价结果与实际情况有所偏差。对抗心理是与迎合心理相对立的一种极端的心理状态，又称抵制心理。这种心理产生于被评者对评价的严重偏见，甚至发展成对评价和评价者的全面否定和排斥的心理。例如，被评者有过在甄别性评价中失落的经历会容易产生这种抵制的心理。这种心理会使被评者对评价者持不满的态度和情绪，甚至会给评价工作制造障碍，影响评价工作的正常进度。

第二，被评者心理调控对策。为了保证评价工作的顺利进行，对被评者消极心理的调控和消除要及时有效。对消极心理的调控对策因被评者心理表现形式的复杂性而采取多种形式的消除、减少措施。由于被评者的消极心理产生的主要原因是出于对安全感的需要，因此做好被评者人员的思想工作，解除他们的心理负担是重中之重。在评价活动开始前对被评者做好思想发动工作，使之明确了解此次评价的目的、意义和作用，督促被评者建立正确的评价观消除他们的思想负担，鼓励他们积极配合评价工作。在评价的过程中要坚持评价政策的透明化，从收集信息资料到评价结果的判定，将整个评价过程尽可能地公之于众，打消被评者心里的顾虑。在评价中要唤起被评者的主体意识，积极配合评价工作，深入实际去发现问题，并及时给予解决，避免相关矛盾的积累和激化。评价后要做好评价结果的反馈工作和评后思想工作。评价结果的反馈压迫及时，保证其有效性，并按照有关规定落实评价结果的效用，使被评者心理得到平衡。对于评价结果较差的人员，除了耐心解释、分析原因、提出意见之外还要注意给予一定的鼓励，增加被评者的自信心。

（三）评价后的反馈

职后教师教育模块课程评价结束以后，需要把评价结果反馈给被评者。评价结果一般都是由评价人员依照一定的评价指标体系来收集和整理评价信息的。对各级评价指标要素进行定性和定量分析，并依据各个指标要素的纵向隶属关系及横向结构的权数关系，对评价对象的综合价值做出正确的判断，并将判定的结果反馈给被评者，从而提出相应的改进措施。

1. 形成综合性判断

形成综合性判断是评价结果呈现方式的一种，是根据评价材料和实地考察情况，从总体上对职后教师教育模块课程的价值做出定性或定量的综合性判断。职后教师教育模块课程的评价是回答职后教师教育模块课程有无价值、有什么价值、价值的多少等问题。形成综合性价值判断是评价的最终结果，也是评价过程的最后一个环节。综合性判断的准确度和合理程度是评价活动全部意义的所在。关于职后教师教育模块课程评价的结论，不能仅限于教师对课程设置的满意度、对课程内容的掌握度以及课程对教师职后发展的价值等方面做出简单的结论。评价结果要附有详细的意见表，要在对职后教师教育模块课程相关信息的收集分析基础上，不仅用于课程的设置等的改进，还要用于教师对课程学习的深入研究。

2. 评价结果的反馈

随着教师职后发展重要性的不断体现，社会各界对职后教师教育活动的质量和效益有了更多的关注。因此，具有判断和改进功能的职后教师教育模块课程评价信息的需求也日渐增长。评价活动通过对教师职后发展课程相关信息的收集和分析，可以直观地反映出职后教师教育模块课程的实施水平和质量。职后教师教育模块课程评价信息所能产生的效益是取决于利益相关者的使用程度，同时评价信息对有关决策的制定也有着不可估量的作用。职后教师教育模块课程评价信息的利益相关者包括国家政府部门、教育行政部门、教师教育机构、中小学以及接受课程的教师等等。由于每个部分的利益相关者群体所需要的信息需求不同，因此对评价信息的使用程度也有所不同。

职后教师教育模块课程评价结果的反馈和评价信息公布的规范化是有所要求的。首先，在评价结果反馈和评价信息公布的时间上要及时有效。综合性判断形成以后，要及时向政府、学校和社会公众等教师职后发展的利益相关者公布评价结果，并且发布时间最好达到定期化，周期化。其次，在评价信息公布的渠道上，要坚持固定的形式，如选择具有周期性的期刊、出版物或定期更新相关的网站等，也可以选择不同的媒体载体来公布。这有助于形成良好的评价信息获取途径和信息反馈机制，也可充分满足不同层次的信息需求者。最后，评价结果的反馈要尽量侧重可控性因素，强调具体行为。明确指出职后教师教育模块课程中存在的显性问题和隐性问题，使人意识到问题的真实性和具体性，有助于改进调控工作的进行。

不要将过去看成是寂寞的，因为这是再也不会回头的。

——朗费罗

第七章

职后教师教育模块课程探究的反思与启示

总结，是为了走得更远；反思，是为了更好地远眺。写作是一种成长，经历更是一种成长。历时一年的研究和写稿已经基本结束，然而，思维之舟却无法就此停航，伴随研究过程展开而出现的各种新情况总是在大脑中萦绕与排徊。在写完职后教师教育模块课程评价的时候，我就知道：职后教师教育课程的研究并没有结束，新的任务即将来临。

教师是人类灵魂的工程师，肩负着开启民智、传承文明的神圣使命，承载着千万家庭的美好梦想和希望。加速教师专业化，促进教师专业不断发展，提高教师素质是振兴教育、富国安邦的先导性工作。在“师范教育”向“教师教育”转向的过程中，在教师培养已经逐渐从之前的“职业型”转变当今成了“职业生涯型”的大背景下，“成就每一个教师的职业生涯”是“师范教育可以兴邦”最简单的逻辑。基于对建设高素质教师队伍和实现中国“教育梦”的追问，也是对教师教育低效率与“二律背反”现象的忧虑与反思，更是出于个人工作的实践困惑与职后教师教育模块课程研究的理论自觉，研究者开展了职后教师教育模块课程研究，致力于把中小学教育教学工作者培养成为“反思性实践者”，从而成就教师的职业生涯。

本书力图回答以下三个问题：第一，以往和当前职后教师教育模块课程是什么样的？有什么问题？第二，职后教师教育需要什么样的课程？有什么基本标准？第三，面向反思实践的职后教师教育课程有什么属性？如何满足学习者的需要？如何解决当前职后教师教育课程的问题？为了回答以上问题，研究者大胆假设：职后教师教育模块课程是影响教师教育质量和教师专业发展的重要因素，面向反思实践的职后教师教育模块课程能够把教师培养成“反思性实践者”。在遵循理论与实践相结合、质性研究与量化研究相统一的基础上，综合运用文献法、问卷调查法、访谈法研究以往和当前的职后教师教育课程的现状，进而论证以往和当前的职后教师教育课程与教师的需要不匹配的假设，并力图开发出面向反思实践的职后教师教育模块课程。

在以上研究设计的指导下，本书先后完成了学术回顾、现状调查、需求分析、职后教师教育模块课程目标分析、职后教师教育模块课程结构分析、职后教师教育模块课程实施与评价的构想六项研究工作，并得出以下研究结论。

第一，职后教师教育课程目标“功利化”、职后教师教育课程内容去“人本化”、职后教师教育课程结构缺乏逻辑性、职后教师教育课程实施呈两极分化、职后教师教育课程评价取向与标准失范，是目前职后教师教育模块课程存在的主要问题。因此，职后教师教育课程的终极理想是面向反思实践的模块课程。一是要“走向人本”，实现职后教师教育模块课程目标重构；二是要“趋向融合”，实现职后教师教育模块课程结构变革；三是要坚持“实践取向”，完成职后教师教育模块课程实施模式转型。

第二，现代意义的职后教师教育模块课程目标是要培养反思性实践者。反思实践型教师是能动的问题解决者，拥有丰富的实践性知识，具有良好的职业道德素养。因此，职后教师教育模块课程要在课程目标的溯源中重构反思性实践者的理想角色，在课程目标的概念拓展中重构反思性实践者的能力特征，最终，为培养反思性实践者的目标设计开发职后教师教育模块课程。

第三，职后教师教育模块课程框架要采用阶段式问题导向。一方面，适应不同阶段教师用；另一方面，针对教师生涯发展问题而对在职教师进行职后教师教育。因此，在内容的选择上，要顺应时代背景，致力于教学实际问题的解决，满足一线教师合理的学习与培训需求，考虑教师已有的知识和经验，关照教学实践，符合课程本身的逻辑结构。在课程结构安排上，要回归教育实践，构建实践性知识生成机制，促成教师专业发展。按照知识建构与发展规律、实践取向与情境设计、开放性与整合范式、自主原则与对话导向、联系性与阶段性结合，构建出问题指向明确、主题相对集中、分阶段逐步渐进、促进教师实践性知识生成的模块课程。

第四，职后教师教育模块课程实施的转型：融合式探究导向。要转变教师被动学习的传统，让学习者在实践情境中合作探究、在自由场景中自主学习和在平等交流中反思提升，坚持学校中心、培训机构中心和学习者个人中心相结合的原则，实施合作、情境、开放、自由、反思的职后教师教育模块课程教学。

第五，职后教师教育模块课程评价机制创新：贯通式发展导向。职后教师教育模块课程评价要坚持为教师职业生涯发展服务，因此，要贯彻学业合格评价的基本尺度、职业生涯贯通的发展理念和学分银行融通的认证制度的理念，实施贯通式发展导向职后教师教育模块课程评价。在评价方法设计、评价实施程中不断探索和创新。

作为一个兼具理论性和实践性的选题，本研究以理论和实证两条路线为依托，对职后教师教育模块课程展开了较为深入且翔实的考察，并获得了较为丰硕的研究发现和成果，深信这些研究发现和结论也必然有其一定的理论和实践价值。当然，本研究也存在诸多不足之处。

第一，研究抽样的不足。一是所选区域的典型性值得反思。由于时间、精力有限，本研究所有的被试均来自重庆市。所选择的样本来源以及样本的数量，都值得进一步优化。二是所选被试的方法存在不足。在样本选择的方式上，尽管是以随机取样方式抽取样本学校，但是问卷发放委托于样本学校的校领导，他们在样本选择上，不免因个人好恶或工作需要，过于集中或过于趋同，所以答卷人在填写问卷的时候，可能会有不真实作答的情况发生，所收集到的信息并非最忠实的信息。三是是受调查者的答题态度、临场情绪和真实程度均有可能影响所得数据的真实性，虽然尽量控制了可能产生的误差，但终究难以避免和消除全部误差，因此，本研究结论在一定程度上可供参考，但相关改革仍然要根据具体情境进行研究。

第二，职后教师教育模块课程的体系建构还有待完善。一方面，本研究关于职后教师教育模块课程的体系，多停留在构想阶段，很多假设没来得及论证；另一方面，仅仅从课程的目标、内容、结构、实施和评价上去讨论职后教师教育课程，是浅尝辄止的。尽管很多创意是美好的，但是，作为一项研究来说，还必须对每一个问题进行深入论证。

第三，教师职业生涯发展与职后教师教育模块课程之间的关系论述不够。事实上，把“成就每一个教师的职业生涯”作为“师范教育可以兴邦”的分析逻辑，是出于研究的大胆假设。但是，我们必须承认，“成就每一个教师的职业生涯”是众多因素共同作用的结果，把职后教师教育课程作为核心突破口，不仅仅需要对职后教师教育课程做出现状调查和需求分析，还需要历史的、国际的经验作为对比和参照。

因此，研究者在后续的研究中将从以下三个方面进行改进。第一，增加研究深度。一要拓宽研究范围，要在更大范围上展开调查。二要增加研究深度，力求从理论方面就教师职业生涯发展与职后教师教育模块课程之间的关系而论，对教师职业生涯发展进行更全面、更立体式的研究，使研究结论更加精确细致，有更好的外在效度，并能推广到实践中，以更好地促进教师专业发展。第二，完善研究变量。在将来的研究中进一步细化和完善研究变量，探讨新增变量是否会对职后教师教育课程有所影响，以及如何影响等，从而获得更为深入细致的研究结果。第三，革新研究手段。本研究主要采用了问卷调查法和和访谈法，但问卷调查不可避免地受到受试者自我防卫、敏感、社会期待等因素的影响，或者由于对作答者的态度无法确认，主客观因素的影响使其难以做真实的填答，从而研究者在问卷分析和解释上产生偏差。在后续研究中，要综合采用观察法、个案研究法等方法，对国内职后教师教育模块课程的实施效果进行验证；综合使用历史研究法、比较研究法等，对职后教师教育课程问题进行深刻的理性反思。

参考文献

阿德勒，2006．自卑与超越［M］．李心明，译．北京：光明日报出版社．

阿妮塔•伍德沃克，2005．教育心理学［M］．南京：江苏教育出版社．

巴春蕾，孔凡哲，2014．实践性知识：教师知识研究中的夸张与限制——兼论建构主义知识观对我国教师教育的影响［J］．现代教育管理（12）：51-55．

毕华林，2006．走向生本的教科书设计［M］．济南：山东教育出版社．

波•达林，2002．理论与战略：国际视野中的学校发展［M］．范国睿，译．北京：教育科学出版社．

布迪厄•皮埃尔，华康德，2004．实践与反思：反思社会学导引［M］．李康，李猛，译．北京：中央编译出版社．

蔡亚平，2005．论教师实践性知识的失语与建构［J］．教育理论与实践（22）：16-18．

常永才，2005．成人学习特点研究的硕果及其学术价值：对诺尔斯自我指导学习理论的评析［J］．外国教育研究（11）：76-80．

陈玲玲，陈佩枫，2000．让每个教师在不同水平上得到发展［J］．学前教育研究（3）：46．

陈时见，2011．教师教育课程论：历史透视与国际比较［M］．北京：人民教育出版社．

陈巍，2009．韩国学分银行对我国中小学教师继续教育制度的启示［J］．外国中小学教育（12）：59-62．

陈向明，2003．实践性知识：教师专业发展的知识基础［J］．北京大学教育评论（1）：104-112．

陈向明，2009．教师实践性知识研究的知识论基础［J］．教育学报（2）：47-55．

陈向明，等，2011．搭建实践与理论之桥：教师实践性知识研究［M］．北京：教育科学出版社．

陈小华，2006．新课程改革中教师培训存在的问题及其解决策略［J］．教育探索（1）：28-29．

陈永明，1999．现代教育论［M］．上海：上海教育出版社．

陈永明，等，2003．教师教育研究［M］．上海：华东师范大学出版社．

陈玉琨，1993．中国高等教育评论［M］．广州：广东高等教育出版社．

谌启标，2007．学校效能研究与学校重建［J］．教育发展研究（20）：14-18．

程良宏，2013．文化理解型反思性实践者：双语教师的角色分析［J］．全球教育展望（10）：49-56．

程良宏，2017．成为文化理解型反思性实践者：教师角色的新定位［J］．课程•教材•教法（11）：108-114．

程勇，王丹，CHENG Yong，等，2010．合法的边缘性参与：教师实践性知识管理的新视点［J］．教师教育研究，22（1）：13-15．

褚宏启，2009．中小学校长培训课程的改革路径［J］．教师教育研究（6）：41-46．

辞海编辑委员会，1999．辞海［Z］．上海：上海辞书出版社．

大卫•杰弗里•史密斯，2000．全球化与后现代教育学［M］．北京：教育科学出版社．

戴伟芬，2012．当代美国教师教育课程思想的三种价值取向分析［J］．教育研究（5）：147-153．

戴伟芬，2012．由技术理性主义到整合主义：美国专业取向教师教育课程的演进［J］．教育发展研究（2）：75-79．

戴伟芬，2014．职前教师教育理论与实践融合的第三空间研究［J］．教育研究（7）：94-100．

邓志伟，2005．课程改革与教师文化重建［J］．全球教育展望（5）：44-46．

丁笑梅，2003．学校重构与教师教育改革必须同步：美国教师专业发展学校的经验及启示［J］．外国教育研究（5）：32-36．

董玉琦，刘益春，高夯，2012．“U-G-S”：教师教育新模式的设计与实施［J］．东北师大学报：哲学社会科学版（6）：171-175．

杜静，杨杰，2013．关注实践：国际视域下教师教育的模式变革与价值转向［J］．比较教育研究：28-33．

杜威，1991．我们怎样思维：经验与教育［M］．姜文闵，译．北京：人民教育出版社．

樊陈琳，2002．现代学徒制：我国教师培训的重要途径［J］．湖南师范大学教育科学学报（4）：39-41．
范良火，2003．教师教学知识发展研究［M］．上海：华东师范大学出版社．
冯友兰，2004．中国哲学史［M］．上海：华东师范大学出版社．
凤凰网．师范教育可以兴邦［EB/OL］．http//edu.ifeng.com/gundong/detail_2011_03/03/4955238_0．shtml，2011-03-03/2015-08-06．
高芳，2014．实践教学：职前教师教育重心的转向［J］．教育评论（9）：69-71．
高有华，韩亚红，2015．专业化20年后的教师教育课程体系状况调查及改革对策：以江苏省5所院校教师教育专业课程设置调查为例［J］．内蒙古师范大学学报：教育科学版，28（7）：93-95．
高正绪，2000．对实施《中小学教师继续教育规定》的思考［J］．中小学教师培训（2）：3-4．
苟顺明，王艳玲，2013．论教师成为"反思性实践者"［J］．学术探索（4）：135-139．
顾明远，1997．教育大词典［Z］．上海：上海教育出版社．
郭道明，1989．发展中国家师范教育值得注意的几个问题［J］．教师教育研究（5）：22-26．
郭建耀，2006．中小学骨干教师素质特征及其作用的发挥［J］．现代中小学教育（8）：71-73．
郭景扬，2001．教师继续教育研究［M］．徐州：中国矿业大学出版社．
郭黎岩，2006．高师本科小学教师教育课程体系的构建［J］．教师教育研究（6）：29-32．
郭晓明，2002．课程结构论：一种原理性探寻［M］．长沙：湖南师范大学出版社．
国务院．关于改革和发展成人教育的决定［EB/OL］．http：//www.molss.gov.cn:8080/trsweb_gov/detail?record=911&channelid=40543，1987-6-3/2015-08-06．
郝克明，2012．终身学习与"学分银行"的教育管理模式［J］．中国职工教育（8）：12-15．
黑格尔，1979．精神现象学（上卷）［M］．贺麟，王玖兴，译．北京：商务印书馆．
洪明，2003．英国教师教育的变革趋势［J］．比较教育研究（4）：58-62．
洪明，2004．"反思实践"思想及其在教师教育中的争议：来自舍恩舒尔曼和范斯特马切尔的争论［J］．比较教育研究（10）：1-5．
胡芳，2004．知识观转型与教师角色变迁［D］．金华：浙江师范大学．
胡塞尔，1998．逻辑研究（第二卷）［M］．倪梁康，译．上海：上海评文出版社．
黄健，2002．成人教育课程开发的理论与技术［M］．上海：上海教育出版社．
黄静，2005．我国企业培训需求分析研究及模型建构［D］．重庆：重庆大学．
黄崴，2002．教师教育体制国际比较研究［M］．广州：广东高等教育出版社．
黄越岭，李鹏，朱德全，2017．资源众筹："互联网＋"时代教师培训课程供给模式变革［J］．中国电化教育（1）：58-63．
姜美玲，2008．教师实践性知识研究［M］．上海：华东师范大学出版社．
姜美玲，2010．论教师实践性知识的表征形式［J］．全球教育展望（3）：50-57．
姜美玲，王赛凤，2004．理解教师实践性知识［J］．全球教育展望（11）：15-19．
蒋茵，2004．教师实践性知识的开发与专业成长［J］．现代基础教育研究（4）：108-111．
《教师教育课程标准》专家组，2008．教师教育课程标准的国际比较研究［J］．全球教育展望（9）：25-36．
教育部．中小学教师继续教育规定［EB/OL］．http//www.gov.cn/fwxx/bw/jyb/content_2267058.htm，1999-9-13/2015-08-06．
教育部教师工作司，2013．教师教育课程标准解读（试行）［S］．北京：北京师范大学出版社（1）：109．
教育部教师工作司，2013．教师教育课程标准解读（试行）［S］．北京：北京师范大学出版社：5．
教育部师范教育司，2003．教师专业化的理论与实践［M］．北京：人民教育出版社．
康丽颖，2006．论反思的教育实践者［J］．中国教育学刊（11）：1-4．
寇冬泉，张大均，2006．教师职业生涯"高原现象"的心理学阐释［J］．中国教育学刊（4）：31-32．

雷蒙德·A. 诺伊，约翰·霍伦拜克，等，2001. 人力资源管理：赢得竞争优势 [M]. 刘昕，译. 北京：人民大学出版社.
李才俊，2006. 新课程背景下教师教育课程结构的优化 [J]. 课程·教材·教法（10）：73-77.
李臣之，2001. 课程实施：意义与本质 [J]. 课程·教材·教法（9）：13-17.
李广，杨宏丽，许伟光，等，2008. 我国高师院校教师教育课程设置及实施问题调查研究 [J]. 东北师大学报：哲学社会版（6）：65-69.
李巨光，李晓静，2001. 模块化教学在本科院校高职教育中的应用与探讨 [J]. 中国高教研究（7）：91-92.
李莉春，2007. "行动中反思" 的实践认识论评述及其对教师发展的意义 [J]. 教师教育研究，19（6）：14-18.
李丽华，2012. 教师教育课程价值取向的重构与实现 [J]. 教学与管理（33）：48-50.
李鹏，2014. 学校变革型领导行为效能的多维测度研究 [D]. 重庆：西南大学：89.
李素敏，张婧，2010. 京津沪三地中小学师资队伍建设的经验与问题 [J]. 天津市教科院学报（3）：72-74.
李侠，2007. 人类认知模式的转变：从 J.A.福多到卡米洛夫-史密斯 [J]. 哲学动态（10）：42-47.
李雁冰，2002. 课程评价伦 [M]. 上海：上海教育出版社.
李怡，2010. 少数民族知识、地方性知识与知识等级问题 [J]. 民族文学研究（2）：51-56.
李中国，2008. 教师角色转换中内涵性特征的缺失与补救 [J]. 教育研究（6）：36-40.
联合国教科文组织国际教育发展委员会，1979. 学会生存：教育世界的今天和明天 [M]. 上海：上海译文出版社.
梁明伟，2005. 教育关怀：新时期我国教育价值取向的转型 [J]. 当代教育科学（23）：16-19.
林崇德，申继亮，辛涛，1996. 教师素质的构成及其培养途径 [J]. 中国教育学刊（6）：16-22.
刘凤英，2010. 基于学习型组织理论的高校教师培训与开发体系研究 [D]. 南京：南京理工大学.
刘径言，2013. 对教师培训课程设计的思考 [J]. 东北师大学报：哲学社会科学版（6）：210-213.
刘旭东，吴银银，2011. 我国教师实践性知识研究十年：回顾与反思 [J]. 教师教育研究（3）：17-24.
卢梭，2007. 论人与人之间的不平等的起因与基础 [M]. 北京：商务印书馆.
卢正芝，洪松舟，2007. 我国教师能力研究三十年历程之述评 [J]. 教师发展研究（2）：70-74.
吕佳霓，2007. 师资培育评鉴之后设评鉴研究 [D]. 台北：台北市立教育大学.
吕立杰，袁秋红，2014. 校本课程开发中的课程组织逻辑 [J]. 教育研究（9）：96-102.
马克思，2000. 1844 年经济学哲学手稿 [M]. 北京：人民出版社.
马克思，1979. 马克思恩格斯全集：第 46 卷上 [M]. 北京：人民出版社.
马克斯·范梅南，2001. 教学机智：教育智慧的意蕴 [M]. 李树英，译. 北京：教育科学出版社.
马克斯·范梅南，2008. 实践性知识与教师专业发展：教育敏感性和教师行动中的实践性知识 [J]. 北京大学教育评论，6（1）：1-20.
马敏，吴伦敦，肖静芬，2004. 现代教师教育体系新探：浅论教师职后教育的发展 [J]. 教育发展研究（5）：55-59.
马兆兴，周平珊，2004. 实践课程：一种新型的教师培训课程 [J]. 中小学教师培训（6）：23-25.
迈克尔·波兰尼，2000. 个人知识：迈向后批判哲学 [M]. 许泽民，译. 贵阳：贵州人民出版社：7.
麦克·扬，2003. 未来的课程 [M]. 谢维和，王晓阳，等译. 上海：华东师范大学出版社.
苗娟，2011. 浙江省高师院校体育教育专业教育实习现状研究 [D]. 杭州：杭州师范大学.
母小勇，谢安邦，2000. 论教师教育课程的价值取向 [J]. 教育研究（8）：43-47.
宁虹，2003. 教师成为研究者的现象学意识 [J]. 教育研究（11）：64-68.
宁虹，2005. 实践-意义取向的教师专业发展 [J]. 教育研究（8）：15-19.
宁虹，2007. 教育的实践哲学：现象学教育学理论建构的一个探索 [J]. 教育研究（7）：8-15.
宁尚洁，谢钢，2010. 中美教师教育课程设置比较研究：基于对威斯康辛大学麦迪逊分校和四川师大的分析 [J]. 高校教育管理（5）：54-58.
潘洪建，2003. 当代知识观及其对基础教育课程改革的启示 [J]. 课程·教材·教法（8）：9-15.

彭寿清，蔡其勇，苏贵民，等，2012．实践取向的职前教师教育课程建构［J］．课程・教材・教法（7）：107-111．
彭万英，2005．教师教育实施模式改革研究［J］．沈阳师范大学学报：社会科学版（2）：141-144．
彭香萍，2010．教师教育课程取向的历史演进及其启示［J］．教育学术月刊（9）：20-22．
戚万学，2004．面向基础教育的高师公共教育学课程内容改革的思考［J］．当代教育科学（22）：16-18．
钱小龙，汪霞，2011．美、英、澳三国教师教育课程设置的现状与特点［J］．外国教育研究（4）：1-6．
秦元元，2006．培训需求分析的主要环节及应用［J］．人才资源开发（8）：75-76．
曲中林，2006．结“伴”成熟：教师专业发展无极地：个案叙事描摹专家型教师职业智慧的生成［J］．教育理论与实践（16）：26-28．
全国中小学教师继续教育网．教育部 财政部关于实施“中小学教师国家级培训计划”的通知［EB/OL］．http://www.teacher.com.cn/zhuanti/xiangmu/sjxizang.htm，2010-10-22/2015-08-06．
全景月，阮小飞，2013．教师教育工具向度僭越的代价［J］．继续教育研究（6）：62-63．
任国安，2016．义务教育阶段中年教师专业发展现状及“二次成长”对策：以宁波市江北区为例［J］．上海教育科研（3）：54-57．
任立梅，2011．我国TDS教师教育模式现状、问题及改进：基于美国PDS发展学校的启示［J］．教育与教学研究（9）：17-19．
任萍，2010．新课程背景下成都市实验小学骨干教师专业发展问题研究［D］．成都：四川师范大学．
申继亮，李琼，2001．小学数学教师的教学专长：对教师职业知识特点的研究［J］．教育研究（7）：61-65．
沈雯，2013．交互式电子白板在低年级语文教学中的使用［J］．上海教育科研（12）：61-62．
施良方，1994．课程定义辨析［J］．教育评论（3）：44-47．
石生莉，2005．教师实践知识研究［J］．教育理论与实践（10）：20-22．
石中英，2001．缄默知识与教学改革［J］．北京师范大学学报：人文社会科学版（3）：101-108．
石中英，2001．缄默知识与师范教育［J］．教师教育研究（3）：36-40．
史宁中，董玉琦，2008．提高中小学教师培养质量的若干策略［J］．东北师大学报：哲学社会科学版（6）：36-40．
宋萑，2012．新教师专业发展：从师徒带教走向专业学习社群［J］．外国教育研究（4）：77-84．
谭移民，钱景舫，2001．论能力本位的职业教育课程改革［J］．教育研究（2）：54-60．
唐纳德・舍恩，2007．反映的实践者：专业工作者如何在行动中思考［M］．夏林清，译．北京：教育科学出版社．
唐泽静，陈旭远，2010．学科教学知识视域中的教师专业发展［J］．东北师大学报：哲学社会科学版（5）：172-177．
滕明兰，2004．对我国教师教育课程体系改革的构想［J］．教育理论与实践（10）：48-50．
万文涛，2004．专业化教师的知识结构［J］．教育研究（9）：26-31．
万文涛，2006．教师实践性知识论纲［J］．中小学教师培训（6）：7-11．
汪凌，2002．法国普通高中的课程研究［J］．全球教育展望（3）：22-26．
王邦佐，1994．中学优秀教师的成长与高师教改之探讨［M］．北京：人民教育出版社．
王芳，2010．课程改革背景下师范生教育实习状况及影响因素研究［D］．长春：东北师范大学．
王红艳，陈向明，2008．新教师的定位问题：自我、学科与学生［J］．当代教育科学：9．
王慧，2016．基于区域合作的教师教育共同体运行要素分析：以京苏粤浙中小学卓越教师高级研修项目为例［J］．中小学教师培训（10）：6-10．
王建军、黄显华，2001．教育改革的桥梁：大学与学校伙伴合作的理论与实践（香港中文大学教育学院“教育政策研讨系列”之4）［M］．香港：香港教育研究所．
王俊明，2004．美国教师教育管理制度的分析与探讨［J］．中小学教师培训（12）：18-20．
王鹏，时勘，1998．培训需求评价的研究概况［J］．心理科学进展（4）：36-385．
王萍，2012．美国中小学教师教言发展研究［D］．武汉：华中师范大学．
王全，陈太忠，何芳，2009．校本管理［M］．北京：教育科学出版社．

王少非，2013．教师教育课程的实践取向：何为与为何［J］．教师教育研究（5）：74-77．
王添淼，2010．成为反思性实践者：由《国际汉语教师标准》引发的思考［J］．语言教学与研究（2）：25-30．
王卫华，2007．论教育的实践性［J］．教育学报（4）：19-23．
王新艳，2003．教师继续教育课程设置中存在的问题［J］．中国成人教育（8）：53-53．
王艳玲，苟顺明，2007．试析英国教师职前教育课程与教学的特征［J］．教育科学（1）：78-82．
王艳玲，2008．教师专业发展：教师教育的核心理念［J］．全球教育展望（10）：18-23．
王艳玲，2010．默会、识知和智慧性行动：西方多重视野中的教师实践性知识研究及其启示［J］．外国中小学教师（11）：11-16．
王艳玲，2011．教师教育课程论［M］．上海：华东师范大学出版社．
王艳玲，刘军，苟顺明，2009．美国专业发展学校：教师教育制度创新的范例［J］．教师教育研究：75-76．
王增福，2017．康德对传统经验概念的重构及其知识论价值［J］．学术论坛（5）：135-140．
魏鑫，2004．教师反思的理论研究与现实思考［D］．兰州：西北师范大学．
吴锋民，眭依凡，2013．教师教育研究［M］．北京：教育科学出版社．
吴国林，2000．论知识的客观性［J］．科学学与科学技术管理，21（6）：37-39．
吴惠青，刘迎春，2003．论教师课程能力［J］．教师教育研究（2）：68-71．
吴晶，胡浩，2018．习近平在全国教育大会上发表重要讲话［EB/OL］．http://www.mod.gov.cn/shouye/2018-09/10/content_4824603．htm，2018-09-10/2018-09-12．
吴泠，周志毅．教师教育视野下实践性知识的培植：现状与对策［J］．杭州师范大学学报：社会科学版，2006（6）：116-119．
吴咏诗，1995．终身学习：教育面向21世纪的重大发展［J］．教育研究（12）：10-13．
谢培松，李彤，2009．模块式课程：小学教师在职教育的必然诉求［J］．湖南师范大学教育科学学报（1）：84-86．
徐国庆．2008．从工作组织到课程组织：职业教育课程设计的组织观［J］．教育科学：37-41．
许梦日，2012．中学数学教师职前职后教育培训有效性研究［J］．华中师范大学学报：自然科学版（2）：46-51．
荀渊，谢安邦，2005．教师教育课程的变革历程与制度建设［J］．高等教育研究（12）：64-68．
闫莉莉，2010．浅析教师实践性知识的建构［J］．现代教育科学（8）：61-62．
杨岭，2015．超越技能：中学体育教学的文化品格研究［D］．重庆：西南大学．
杨启亮，2007．合格性评价：基础教育评价的应然选择［J］．思想理论教育（1）：11-17．
杨青松，2006．我国师范大学教师教育课程编制模式研究［D］．武汉：华中师范大学：66．
杨荣昌，2006．教师继续教育课程体系研究［D］．上海：华东师范大学：104．
杨尚梅，2001．继续教育课程结构初探［J］．中小学教师培训，15（8）：8-10．
杨叔子，2004．菁菁者莪　教师为本［J］．高等教育研究（2）：8-11．
杨薇，郭玉英，2010．骨干教师视阈下的优秀教师评价标准：来自第一批高中课改实验区的调查［J］．现代教育管理（7）：83-86．
叶澜，1997．让课堂焕发出生命活力：论中小学教学改革的深化［J］．教育研究（9）：15-18．
叶澜，2001．教师角色与教师发展新探［M］．北京：教育科学出版社：200．
叶澜，白益民，等，2002．教师角色与教师发展新探［M］．北京：教育科学出版社．
叶丽新，2008．参与式教师培训课程的定位与设计［J］．全球教育展望（11）：64-68．
易红郡，2003．英国教师职前培养、入职培训和在职进修的一体化及其特征［J］．教师教育研究（4）：74-80．
易森林，2010．教育理论对教育实践的功能［D］．上海：华东师范大学．
尹弘飚，2006．新课程实施中的教师情绪：中国大陆高中课程改革个案研究［D］．香港：香港中文大学．
于忠海，孙姣姣，2015．教师形象的回归：从传道者到普通人［J］．教学与管理（24）：61-63．
袁顶国，2008．从两极分化到有机结合：主题式教学研究［D］．重庆：西南大学．

袁振国，2004．从师范教育向教师教育的转变［J］．中国高等教育（5）：29-31．

曾婧，2010．综合性大学教师教育课程的实施取向及策略［J］．中国高校师资研究（2）：57-58．

张典兵，张静娴，2016．论教师的专业伦理品性及其涵养［J］．继续教育研究（3）：87-89．

张海宏，刘保垣，2008．高师院校物理教师教育课程实施的取向探讨［J］．长春师范大学学报，27（12）：139-142．

张华，2005．追求卓越：美国芝加哥大学实验学校研究性学习活动现状考察［J］．教育发展研究（9）：37-43．

张景斌，蔡春，2012．教师教育中的合作共同体建设［J］．教育科学研究（1）：24-27．

张蕾，2014．美国南印第安纳大学反思型教师培养计划研究［D］．重庆：西南大学．

张力之，秦浩正，2009．教师教育实践性知识的思考［J］．现代大学教育（3）：19-22．

张立昌，2002．“教师个人知识”：涵义、特征及其自我更新的构想［J］．教育理论与实践（10）：30-33．

张立忠，熊梅，2010．论教师实践性知识的内涵与结构［J］．课程·教材·教法（4）：89-95．

张民选，1993．模块课程：现代课程中的新概念、新形态［J］．比较教育研究（6）：11-13．

张恰，2009．教师培训教材设计研究［D］．长春：东北师范大学．

张巧昀，2006．多元化师资培育政策制定过程之研究［D］．台北：台北市立教育大学．

张庆华，2006．普通高中新课程的模块建构研究［D］．重庆：西南大学．

张汝伦，2005．作为第一哲学的实践哲学及其实践概念［J］．复旦学报：社会科学版（5）：155-163．

张塔娜，2005．我国学者对美国教师专业发展学校的研究述评［J］．比较教育研究（11）：70-75．

张晓莉，2013．美国教师教育中大学与中小学合作的体制与机制研究：以专业发展学校为中心［D］．长春：东北师范大学．

张雪冰，李宁，2006．中国文化情境中组织的领导及权力：职位权与统御权的关系［J］．南京社会科学（7）：56-63．

张燕镜，1995．师范教育学［M］．福州：福建教育出版社．

张增田，靳玉乐，2004．论解释学视域中的课程实施［J］．比较教育研究（6）：1-5．

赵昌木，2003．教师成长研究［D］．兰州：西北师范大学．

赵昌木，2003．美国教师专业发展学校：理念、实施与问题［J］．外国教育研究（10）：42-46．

赵刚，2017．现代学徒制培养模式下中职学校“双师型”师资培养路径［J］．教育理论与实践（6）：26-28．

赵伶俐，2004．教学科学、教学技术、教学艺术三位一体中端论：视点结构教学原理及其技术系统研究［J］．西南大学学报：社会科学版（4）：13-17．

赵霞，2006．作格结构及其概念框架分析［J］．外语与外语教学（6）：10-13．

赵彦俊，2009．“实习支教生”实践性知识生成研究［D］．重庆：西南大学．

郑太年，2002．意义：三个世界的联系与对话［J］．全球教育展望，31（11）：25-30．

郑志辉，2010．实践实施中的教师培训研究［D］．重庆：西南大学．

中国人大网．关于第七个五年计划的报告（1986 年）［EBOL］．http://www.npc.gov.cn/wxzl/gongbao/2000-12/06/content_5001763.htm,1986-3-25/2015-08-06．

中华人民共和国教育部．1990 年教育大事记［EB/OL］．http://www.moe.edu.cn/publicfiles/business/htmlfiles/moe/moe_163/200408/3483.Html.2004-08-03/2015-08-06．

中华人民共和教育部．2003-2007 年教育振兴行动计划［EB/OL］．http://news.eastday.com/eastday/news/news/node4947/node16018/userobject1ai154064.html,2004-3-30/2015-08-06．

中华人民共和教育部．国家中长期教育改革和发展规划纲要（2010—2020 年）［EB/OL］．http://www.gov.cn/jrzg/2010-07/29/content_1667143.Html.2010-07-29/2015-08-06．

中华人民共和教育部．国务院关于加强教师队伍建设的意见［EB/OL］．http://www.moe.edu.cn/publicfiles/business/htmlfiles/moe/moe_1778/201209/141772.html,2012-08-20/2015-08-06．

钟启泉，2004．“实践性知识”问答录［J］．全球教育展望（4）：3-6．

钟启泉，2005．为了“实践性知识”的创造：日本梶田正已教授访谈［J］．全球教育展望（9）：3-4．

钟启泉，2007．课程论［M］．北京：教育科学出版社：146-154．

钟启泉，胡惠闵，2005．我国教师教育课程标准的建构［J］．全球教育展望（1）：36-39．

周洪宇，2010．教师教育论［M］．北京：北京师范大学教育出版社．

周钧，2005．技术理性与反思性实践：美国两种教师教育观之比较［J］．教师教育研究（6）：76-80．

周磊磊，2005．芝加哥实验学校与美国教师专业发展［J］．教育现代化（6）：19-19．

周南照，等，2007．教师教育改革与教师专业发展：国际视野与本土实践［M］．上海：华东师范大学出版社．

周险峰，2009．教师作为知识分子：走向批判的教师教育［J］．外国教育研究（7）：34-38．

周燕，2005．从知识的外在意义到知识的内在意义：知识观转型对教育的影响［J］．全球教育展望（4）：29-33．

朱德全，李鹏，宋乃庆，2017．中国义务教育均衡发展报告：基于《教育规划纲要》第三方评估的证据［J］．华东师范大学学报：教育科学版（1）：63-77．

朱德全，宋乃庆，2007．教育统计与测评技术［M］．重庆：西南师范大学出版社．

朱刚，2003．胡塞尔生活世界的两种含义：兼谈欧洲科学与人的危机及其克服［J］．江苏社会科学（3）：40-45．

朱桂琴，2007．教师培训中实践性知识的缺失及其对策［J］．中小学教师培训（1）：18-20．

朱瑞华，2005．普通高中化学课程模块内容建构的策略［D］．呼和浩特：内蒙古师范大学．

朱小虎，张民选，2017．教师专业发展的可能路径：基于 TALIS 2013 上海和芬兰的比较分析［J］．中国教育学刊（9）：1-8．

朱益明，1998．论中小学教师继续教育的内容与对策［J］．教育发展研究（10）：45-48．

佐藤学，2003．课程与教师［M］．钟启泉，译．北京：教育科学出版社．

A. J. 赫舍尔，2007．人是谁［M］．隗仁莲，安希孟，译．贵阳：贵州人民出版社．

HORNBY A. S, 2014．牛津高阶英汉双解词典（第 8 版）［Z］．北京：商务印书馆．

J. A. 福多，2002．心理模块性［M］．李丽，译．上海：华东师范大学出版社．

LINDA DARLING-HAMMOND, 2006．美国教师专业发展学校［M］．王晓华，向于峰，钱丽欣，译．北京：中国轻工业出版社．

RENEE C, 2005．课堂问题分析与解决：成为反思型教师［M］．沈文钦，译．北京：中国轻工业出版社．

TYLER R. W, 2008．课程与教学的基本原理［M］．北京：中国轻工业出版社：73-76．

ADLER J, 2000. Social practice theory and mathematics teacher education: A conversation between theory and practice [J]. Nordic Mathematics Education Journal, 8 (3): 31-53.

ALTON A, MASSEY A, 1998. Date of birth and achievement in GCSE and GCE A-level [J]. Educational Research, 40(1): 105-109.

BILLETT S, 2001. Learning through working life: Interdependencies at work[J]. Studies in Continuing Education, 23(1): 19-35.

BLAKEMORE B, SIMPSON K A, 2010. Comparison of the effectiveness of pre-and post-employment modes of higher education for student police officers[J]. The Police Journal, 83(1): 29-41.

BOWDEN D, 2000. Teacher evaluation: A comprehensive guide to new directions and practices[J]. Quality Assurance in Education, 9(1): 54-56.

BULLOUGH R V J, et al., 1997. Long-term PDS development in research Universities and the clinicalization of teacher education. [J]. Journal of Teacher Education, 48(2): 85-95.

COCHRAN-SMITH M, LYTLE S L, 1999. Relationships of knowledge and practice: Teacher learning in communities[J]. Review of Research in Education, 24(1): 249-305.

DANIELSON C, 2001. New trends in teacher evaluation. [J]. Educational Leadership, 58(5): 12-15.

DARLING-HAMMOND L, 2010. Teacher education and the American future[J]. Journal of Teacher Education, 61(1-2): 35-47.

DRIEL J H V, BEIJAAR D D, et al., 2001. Professional development and reform in science education: The role of teachers'practical knowledge[J]. Journal of Research in Science Teaching, 38(2): 137-158.

ELBAZ F, 1983. Teacher thinking: A study of practical knowledge[M]. London: ClasroomHelm.

FERRIS D R, 1995. Student reactions to teacher response in multiple-draft composition classrooms[J]. TESOL quarterly, 29(1): 33-53.

GOODLAD J. I, MCMANNON T J, 1997. The public purpose of education and schooling[M]. San Francisco: Jossey-Bass: 155.

GOODLA D, J. I, 1975. Am emphasis on change[J]. The Education Digest, 48(8): 2-8.

HATTON N, SMITH D, 1995. Reflection in teacher education: Towards definition and implementation[J]. Teaching and Teacher Education, 11(1): 33-49.

HODKINSON P, HODKINSON H, 2004. The significance of individuals'dispositions in workplace learning: A case study of two teachers[J]. Journal of Education and Work, 17(2): 167-182.

JOHN S, MARTIAL D, et al., 2007. Global perspectives on teacher learning: Improving policy and practice[R]. Paris, UNESCO: International Institute for Educational Planning: 29-34.

KELLY P, 2006. What is teacher learning? A socio-cultural perspective[J]. Oxford Review of Education, 32(4): 514-515.

LAUER P. A, DEAN C. B, 2004. Teacher Quality Toolkit[J]. Mid Continent Research for Education and Learning: 71.

Liston D. P, ZEICHNER K M, 1987. Reflective Teacher Education and Moral Deliberation[J]. Journal of Teacher Education, 38(6): 2-8.

MANEN M. V, 2008. Pedagogical sensitivity and teachers practical knowing-in-action[J]. Peking University Education Review, 24(1): 85-89.

MAR M, 2007. Powerful Teacher Education: Lessons From Exemplary Programs[J]. Hammond, 7(12): 167-169.

MASSEY, A, 1983. The effects of handwriting and other incidental variables on GCE "A" level marks in English literature[J]. Educational Review, 35(1): 45-50.

PAULIEN, C, MEIJER N. V, et al., 2001. Similarities and differences in teachers'practical knowledge about teaching reading comprehension[J]. Journal of Educational Research, 94(3): 171-184.

PHILLIPS D. C, 1995. The Good, the Bad and the Ugly: The many faces of constructivism[J]. Educational Researcher, 24(7): 5-12.

PUTNAM R. T, BORKO H, 2000. What do new views of knowledge and thinking have to say about research on teacher learning?[J]. Educational Researcher, 29(1): 4-15.

RUTLEDGE S. A, HARRIS D N, et al., 2008. Certify, blink, hire: An examination of the process and tools of teacher screening and selection[J]. Leadership and Policy in Schools, 7(3): 237-263.

RYLE G, 1945. Knowing how and knowing that: The presidential address[C] //Proceedings of the Aristotelian Society. Aristotelian Society, Wiley, 46: 1-16.

SALTER L, 2011. Preconditions for post-employment learning: Preliminary results from ongoing research[J]. The International Review of Research in Open and Distributed Learning, 12(1): 24-41.

SCHON D. A, 1983. The reflective practitioners: How professionals think in action[M]. NewYork: BasicBook.

SCHONFELD I. S, 2000. Short research paper: An updated look at depressive symptoms and job satisfaction in first-year women teachers[J]. Journal of Occupational and Organizational Psychology, 73(3): 363-371.

SHAW K. E, 2001. The intelligent school[J]. Peb Exchange Programme on Educational Building, 3(1): 147-152.

SHUHNAN L. S, 1988. The dangers of dichotomous thinking in education[A]//Peter P. Reflection in teacher education[M]. New York: Teachers College, Columbia University.

SKINNER E A, BELMONT, M J, 1993. Motivation in the classroom: Reciprocal effects of teacher behavior and student engagement across the school year[J]. Journal of Educational Psychology, 85(4): 571.

SMITH G G, 2005. Screening teachers and substitute teachers: Best methods for use in prescreening applicants to predict post-employment success[J]. SubJournal, 6(1): 17-27.

VEENMAN S, 1984. Perceived problems of beginning teachers[J]. Review of Educational Research, 54(2): 143-178.

VERLOOP N, DRIEL J V, et al., 2001. Teacher knowledge and the knowledge base of teaching[J]. International Journal of Educational Research, 35(5): 441-461.

WILSON J D, 1984. Teacher Thinking: A study of practical knowledge by Freema Elbaz[J]. Curriculum Inquiry, 14(4): 465.

ZEICHNER K M, 1994. Conceptions of reflective practice in teaching and teacher education[M]. Action and Reflection in Teacher Education. New York: Ablex Publishing.

附　　录

附录 1　职后教师教育课程现状调查问卷

敬爱的老师：

您好！您辛苦了！感谢您参加西南大学“职后教师教育课程开发”课题组的调查研究。为了深入了解教师对职后课程的实际需求和满意情况，开发出更加实用的课程，课题组特设本问卷进行调查，请仔细阅读题目后按照您的实际情况填写，您的回答仅作为研究所用，本问卷为匿名形式，答案无对错之分，且严格保密，请您放心作答。

衷心感谢您对本次调查研究的支持！

西南大学教育学部“职后教师教育课程开发”课题组

2014-12-10

一、基本情况

1．您的性别是_____。

A．男　　B．女

2．您的年龄是_____。

A．30 岁及以下　　B．31～40 岁　　C．41～50 岁　　D．50 岁以上

3．您的教龄是_____。

A．5 年以下　　B．6～10 年　　C．11～20 年　　D．20 年以上

4．您的学历是_____。

A．专科及其以下　　B．本科　　C．研究生

5．您的职称级别是_____。

A．小学/中学三级　　B．小学/中学二级

C．小学/中学一级　　D．小学/中学高级

6．您的学校所在地是_____。

A．县城　　B．乡镇　　C．农村

7．您过去参加教师培训情况是（可以多选）__________。

A．无　　B．县级　　C．市级

D．省级　　　　　　E．国家级

二、职后教师教育课程现状

1．当前职后教师教育课程目标定位如何？

观测维度	评价等级				
	1．非常不好	2．比较不好	3．一般好	4．比较好	5．非常好
切实性					
清晰度					
指引力					
操作性					
具体性					

2．当前职后教师教育课程内容安排如何？

观测维度	评价等级				
	1．非常不好	2．比较不好	3．一般好	4．比较好	5．非常好
实用性					
经典性					
学理性					
趣味性					
前瞻性					

3．当前职后教师教育课程结构设计如何？

观测维度	评价等级				
	1．非常不好	2．比较不好	3．一般好	4．比较好	5．非常好
连贯性					
渐进性					
灵活性					
科学性					
方便性					

4．当前职后教师教育课程教学实施如何？

观测维度	评价等级				
	1．非常不好	2．比较不好	3．一般好	4．比较好	5．非常好
吸引力					
情境性					
开放性					
效率					
效果					

5．当前职后教师教育课程评价情况如何？

观测维度	评价等级				
	1．非常不好	2．比较不好	3．一般好	4．比较好	5．非常好
科学性					
公正性					
发展性					
一致性					
人本性					

附录 2　职后教师教育课程现状访谈问卷

敬爱的老师:

您好！您辛苦了！感谢您参加西南大学“职后教师教育课程开发”课题组的调查研究。为了深入了解教师对职后教育课程的实际需求和满意情况，开发出更加实用的课程，课题组特设本问卷进行调查，请仔细阅读题目后按照您的实际情况填写。您的回答仅作为研究所用，本问卷为匿名形式，答案无对错之分，且严格保密，请您放心作答。

衷心感谢您对本次调查研究的支持！谢谢！

西南大学教育学部“职后教师教育课程开发”课题组

2014-12-10

一、基本情况

1．您的性别是______。

A．男　　B．女

2．您的年龄是______。

A．30 岁及以下　　B．31～40 岁

C．41～50 岁　　D．50 岁以上

3．您的教龄是______。

A．3 年以下　　B．3～5 年

C．5～10 年　　D．10 年以上

4．您的职称是______。

A．中学三级/小教二级　　B．中学二级/小教一级

C．中教一级/小教高级　　D．中学高级

E．特级教师

5．您的学历是______。

A．高中/中专/中师　　B．大专

C．本科　　D．研究生及以上

6．您的学校所在地是______。

A．县城　　B．乡镇　　C．农村

7．您过去参加教师培训情况是______。

A．无　　B．县级

C．市级　　D．省级

E．国家级

二、职后教师教育课程现状

1．当前职后教师教育课程目标定位如何？是否满足了您的实际需要？

（目标的切实性、清晰度、指引力、具体性等）

2．当前职后教师教育课程内容安排如何？

（内容的实用性、时效性、前瞻性、典型性、情境性、趣味性等）

3．当前职后教师教育课程结构设计如何

（内容的均衡度、连贯性、渐进性、灵活性、科学性、方便性等）

4．当前职后教师教育课程教学实施如何？

（吸引力、情境性、生动性、开放性、效果、效率等）

5．当前职后教师教育课程评价情况如何？

（科学性、公正性、发展性、连贯性、人本性等）

附录3 职后教师教育课程需求调查问卷

敬爱的老师:

您好！您辛苦了。感谢您参加西南大学“职后教师教育课程开发”课题组的调查研究。为了深入了解教师对职后教育课程的实际需求和满意情况，开发出更加实用的课程，课题组特设本问卷进行调查，请仔细阅读题目后按照您的实际情况填写，您的回答仅作为研究所用，本问卷为匿名形式，答案无对错之分，且严格保密，请您放心作答。

衷心感谢您对本次调查研究的支持！谢谢。

西南大学教育学部“职后教师教育课程开发”课题组

2014-12-10

一、基本情况

1．您的性别是_____。

A．男　　B．女

2．您的年龄是_____。

A．30岁及以下　　B．31～40岁

C．41～50岁　　D．50岁以上

3．您的教龄是_____。

A．3年以下　　B．3～5年

C．5～10年　　D．10年以上

4．您的职称是_____。

A．中学三级/小教二级　　B．中学二级/小教一级

C．中教一级/小教高级　　D．中学高级

E．特级教师

5．您的学历是_____。

A．高中/中专/中师　　B．大专

C．本科　　D．研究生及以上

6．您的学校所在地是_____。

A．县城　　B．乡镇　　C．农村

7．您过去参加教师培训情况是_____。

A．无　　B．县级

C．市级　　D．省级

E．国家级

二、课程需求

1．您参加职后教师教育的目的是_____。

A．获得教学新理念和方法　B．提高专业知识和技能　C．实现自我发展

D．其他（请具体说明）____________________________________

2．您最认可的职后教师教育课程内容主要是（请按主次排序）__________。

A．新课标的理解　B．新教材的利用　C．新方法的运用

D．指导学生学习　E．教学评价　F．校本研修　G．学科专业知识

H．师生心理健康　I．现代教育技术　J．教育研究方法　K．名师经验

L．其他（请具体说明）____________________________________

3．您认为最理想的课程内容组合方式是（按照理想程度排序）__________。

A．按学科组合　B．按主题组合　C．分理论与实践各占一定比例

D．按模块组合　E．按教师需求自由组合　F．主题＋模块

G．需求＋主题＋模块

4．您最认可的职后教师教育课程实施方式主要是_____。

A．专家讲授　B．与专家同伴交流讨论　C．课堂观察

D．参与式培训　E．专题沙龙　F．基于情境的案例分析

G．课题研究　H．专家指导自学工　I．实地考察

请按主次排序：____________________________________

5．您最认可的授课教师是_____。

A．课改专家　B．高校教授　C．教研人员

D．骨干教师　E．教材编者　F．行政领导

G．其他（请具体说明）____________________

6．您最认可的职后教师教育评价考核方式是_____。

A．考试　B．课程作业　C．论文心得　D．教案说课　E．课堂表现

附录 4　职后教师教育课程需求访谈提纲

敬爱的老师:

您好！您辛苦了！感谢您参加西南大学“职后教师教育课程开发”课题组的调查研究。为了深入了解教师对职后教师教育课程的实际需求和满意情况，课题组特就相关问题对您进行访谈调查。您的回答仅作为研究所用，且严格保密，请您放心作答。

衷心感谢您对本次调查研究的支持！谢谢！

西南大学教育学部“职后教师教育课程开发”课题组

2014-12-10

1．您对参加职后教师教育课程学习的态度是什么？兴趣如何？

2．您觉得当前职后教师教育课程的目标定位应该是什么样的？或者说，通过教师职后培训课程学习，你会发生什么样的改变？

3．您觉得职后教师教育的课程内容应该如何编排？或者说您想学习哪些内容？

4．您觉得职后教师教育课程的框架结构该如何设计？要坚持什么样的原则？

5．您对职后教师教育课程的实施方式有什么建议？譬如在教学方法、上课教师、上课地点、上课方式等方面有什么建议？

6．您对职后教师教育课程的评价考核有什么建议？譬如在考试合格、考试方式、考试内容、评分标准、分数管理等方面有什么建议？